品读群书治要

刘余莉 著

华夏出版社

图书在版编目（CIP）数据

品读群书治要 / 刘余莉著 . -- 北京：华夏出版社有限公司，2022.4（2025.6 重印）
ISBN 978-7-5222-0101-6

Ⅰ . ①品… Ⅱ . ①刘… Ⅲ . ①政书－中国－唐代 ②《群书治要》－通俗读物 Ⅳ . ① D691.5-49

中国版本图书馆 CIP 数据核字（2020）第 270919 号

品读群书治要

作　　者	刘余莉
责任编辑	张　平　裘挹红
出版发行	华夏出版社有限公司
经　　销	新华书店
印　　刷	三河市少明印务有限公司
装　　订	三河市少明印务有限公司
版　　次	2022 年 4 月北京第 1 版 2025 年 6 月北京第 4 次印刷
开　　本	720mm×1030mm　1/16
印　　张	16.5
字　　数	253 千字
定　　价	59.00 元

华夏出版社有限公司　地址：北京市东直门外香河园北里 4 号　邮编：100028
　　　　　　　　　　　网址：www.hxph.com.cn　　电话：（010）64618981
若发现本版图书有印装质量问题，请与我社营销中心联系调换。

目录

导　语	认识《群书治要》	001
第 1 讲	一阴一阳之谓道	008
第 2 讲	真正的"风水"在哪里？	012
第 3 讲	致富理财的秘诀在哪里？	017
第 4 讲	发怒是拿别人的错误惩罚自己	021
第 5 讲	修身始于戒贪	027
第 6 讲	好名之患	034
第 7 讲	欲不可纵	040
第 8 讲	过而不改，是谓过矣	046
第 9 讲	奢靡之害	052
第 10 讲	谦德之效	058
第 11 讲	君子欲讷于言	065
第 12 讲	境随心转	071

第13讲	交友之重	074
第14讲	境缘无好丑，好丑在于心	080
第15讲	行有不得，反求诸己	086
第16讲	君子四重	091
第17讲	好学近乎知	097
第18讲	君子坦荡荡，小人长戚戚	102
第19讲	夫妻相处之道	108
第20讲	至要莫如教子	114
第21讲	教子之方	120
第22讲	为什么要孝敬父母？	126
第23讲	"孝"的四个层次	132
第24讲	事亲当竭力	137
第25讲	慎终追远，民德归厚	144

第26讲	兄友弟恭	148
第27讲	中国式管理的精髓	153
第28讲	管理的三境界	159
第29讲	移风易俗,莫善于乐	165
第30讲	愧之,可使小人为君子	171
第31讲	爱民而安	177
第32讲	重农务本	183
第33讲	用人的重要性	189
第34讲	应当重用哪些人?	196
第35讲	用人七忌	204
第36讲	观人之法	210
第37讲	尊贤者王	215
第38讲	官人无私,唯贤是亲	222

第39讲	得人之道	229
第40讲	师尊则道隆	236
第41讲	摒"四患"与反"四风"	241
第42讲	仁者无敌，协和万邦	248
结　语	传统文化如何学习？	254

导语
认识《群书治要》

1.《群书治要》——中华传统文化的精髓

《群书治要》是唐朝时唐太宗李世民派魏徵、褚亮、萧德言、虞世南等大臣,把唐朝以前经、史、子之中修身齐家治国平天下的精髓都概括出来的一部书。它奠定了唐朝贞观之治的思想理论基础,被誉为中华传统文化的精髓。

这部书可以说是我们学习传统文化的入门书。国学在中华大地普遍升温,弘扬中华优秀传统文化的重要性也不言而喻。但是传统文化从哪里学起呢?《四库全书》吗?它的体量非常大。如果一个人从出生开始读《四库全书》,每天读八个小时,到他寿终时,手不释卷也读不完。体量这么大的书,我们如何学习呢?有了《群书治要》这部书,我们就有了入手处。从《群书治要》学起,可以用时少而获益多。

"群书治要"这几个字是什么意思?"群"是形声字,从羊,君声,本义为羊群。引申出朋辈、同类、众多等义。在这里"群"是形容词,就是众多的意思。"治"是治国平天下的政治,主要指治国的理念。因此,"群书治要"就是众多的经典之中关于修身齐家治国平天下精髓的概括。所以,学这一部书,就能了解、学习中国传统治国理政的经验、方法、教训和智慧。

我们经常说,在学习传统文化的过程中,要取其精华。那么谁有资格来取其精华呢?魏徵、褚亮、萧德言、虞世南等大臣都是社稷之臣,不仅有很好的学识，而且有治国安邦的智慧。由他们来编纂这部书，会对我们后世有重大的启发。这与一般的专家、学者来编纂这部书是不一样的。

这部书之所以被誉为中华传统文化的精髓，因为它是从 14000 多部 89000 多卷古籍之中挑选出 66 种书，再从这 66 种书中把最精粹的道理提取出来，最后汇聚成《群书治要》。

《群书治要》包含了五经、四史、诸子百家等内容。孔子以六经教导学生，"六经"是《诗》《书》《礼》《易》《乐》《春秋》的合称。后来《乐经》失传，汉代以后就留下了五经。《群书治要》把五经之中齐家治国平天下的理念汇聚在一起，此外，《史记》《汉书》《后汉书》《三国志》《晋书》以及诸子百家，如儒、墨、道、法、农家、兵家等关于治国平天下的理念也被收集在《群书治要》中。

所以这部书的内容广博而切要。取材范围很广，包含了经、史、子，但是它的内容又非常精要，每句话有每句话的启发，可以说没有一句废话，因此，我们说它是中华传统文化的精髓确实不夸张。读了这一部书，也就掌握了《四库全书》的精髓。

2. 唐太宗为什么要编《群书治要》？

唐太宗李世民是唐高祖的第二个儿子，也是唐朝的第二个皇帝。

唐太宗李世民从 16 岁起就开始带兵打仗，平息国家的战乱，27 岁就登基做了皇帝。对于怎样用圣贤教诲来治理国家，他并不熟悉。但他很有自知之明，而且也非常有悟性。

在《贞观政要·论政体》中有一段记载。贞观初年，唐太宗对大臣萧瑀说："朕年轻时就喜欢张弓射箭，自以为懂得如何识别弓箭的好坏，近来得到了十几把上好的弓箭，于是我就把这些弓箭拿给那些专门做弓箭的师傅看，没想到弓箭师傅却说，这些弓都不是良弓，都不够好。于是我就问其中的原因。弓箭师傅说，木头中心的纹理不正，这样就会使木头歪斜。纹理歪斜，这样的弓虽然强劲有力，但射出去的箭却不直，所以称不上好弓。通过这件事我明白了一个道理：我是用弓箭平定的天下，我这一生中用过的弓箭不计其数，但是我尚且不懂得识别弓箭的好坏，还不得要领。对弓箭的了解尚且如此，对于治国平天下的道理，我懂的就少之又少了。"明白了这个道理，唐太宗就定期召见五品之上的京官和中书省的官员。每次召见，唐太宗对他们都非常礼敬，赐座给他们，并与他们悉心交谈，从他们那里了解宫廷之外的状况、百姓的疾苦、政教的得失等。从这段记载中可以看出，唐太宗是一个非常好学的皇帝。

从这里也能看出，唐太宗很谦虚，而且有自知之明。他知道自己不懂得如何治理国家，于是虚心地向那些有经验的大臣请教，并且对他们礼敬有加。贞观二年，唐太宗又问黄门侍郎王珪："近代帝王和大臣治理国家多半不如古代，这是什么原因呢？"王珪回答说："古代帝王治理国家，大都崇尚清静无为，私心很少，欲望也很低，是以百姓为中心。然而，近代的君王却是以损害百姓的利益来满足自己的私欲，所任用的大臣也不再是饱学之士。汉代的宰相，没有一个不是熟读经书的。他们对每种经书都有深入的研究，都会引经据典来回答皇帝的疑问，参照经书来决断事情的好坏对错。这些人都懂得礼教，用礼来治理天下，国家才能安定太平。但是，近代以来却越来越重视武功，轻视儒术，或者是用刑法律令来治理国家，结果导致儒家的学说不再受重视，古代纯朴的民风也就荡然无存了。"唐太宗听了之后深有同感。从此以后，凡是精通儒学的官员，他都委以重任，而且经常向他们征求治国安邦的建议。这一点确实是唐太宗的高明之处。之所以这样说，是因为普通帝王治理国家都急功近利，看到严刑峻法迅速收到成效，就重视刑律，而忽视伦理道德的教育。但是唐太宗不是这样，他在重视法制建设的同时，特别重视运用儒家的伦理道德来治理国家，这也是他能成就"贞观之治"的原因所在。

法律能够制裁一个人外在的行为，但是它能否规范和引导一个人的内心，让他有羞耻心、有荣辱感，培养一个人的道德情感呢？在《群书治要·盐铁论》中有这样的论述：法能刑人而不能使人"廉"，能杀人而不能使人"仁"。也就是说，一个人会因为畏惧法律而不去贪污受贿，但是却没有廉洁的节操，这就是说法律给人严惩，让人们感到畏惧，而不敢去犯罪，但是却难以防患于未然，也培养不出一个人的羞耻、恭敬之心。法律确实可以把不孝的人判处死刑，但是培养不出像曾子那样的孝心、仁慈之心。

这就会导致出现《老子》中所说的"法物滋彰，盗贼多有"的现象，即设立的法律条款越来越多，越来越具体，越来越严密，渗透到生活的方方面面，但违法乱纪的人、钻法律空子的人依然众多，所以很多人因为畏惧法律而不敢犯错，但也有人想方设法地躲避法律制裁，不以为耻，反以为荣，认为能躲避制裁是自己聪明智慧的表现。

所以，中国古人在重视法律建设的同时，特别重视伦理道德的教育，教育让人们从心底不愿意做坏事，把做坏事看成非常羞耻的事，在人们的心底筑起一道防止作恶的堤坝。

唐太宗之所以在登基之后不久就下令编纂《群书治要》，也是因为他对古圣先贤治国平天下的教诲非常有信心。他知道自己治国理政的经验不足，所以他不仅和官员探讨，也希望能够随时翻阅古圣先贤的经典，把他们治国平天下的精髓掌握得很好。因此，他命令谏官魏徵和虞世南、褚亮、萧德言等整理了从五帝到晋朝几千年间治国理政的史料，历经五年汇编成《群书治要》。这也说明古人做学问的功底扎实，态度也很严谨，而非急功近利。

《群书治要》完成之后，魏徵在序文中这样赞叹《群书治要》的历史价值："用之当今，足以鉴览前古；传之来叶，可以贻厥孙谋。"这句话的意思是：这一部书用在当时，可以鉴览前古；传到后世，可以恩泽后世。今天，我们可以从古人治国平天下的经验、教训中获取智慧，经营自己的人生，尤其是对领导者而言，可以少走很多的弯路。站在巨人的肩膀上，可以看得更远。

这部书完成之后，唐太宗非常喜欢，他手不释卷，日日阅读。唐太宗这样不辞辛苦地学习《群书治要》，他的动力何在？他的动力就是爱护天下百姓，治理好国家，让百姓过上安居乐业的生活。不仅如此，他还胸怀天下，希望把自己的国家治理好之后，为世界各国做出表率。

3. 唐太宗的治国成效

那么唐太宗治理国家的成效如何，《群书治要》是不是产生效果了呢？

唐太宗于公元626年即位，公元649年去世，在位23年，他被誉为"历史上的一代明君"，有人称他"千古一帝"。

受《群书治要》的影响，唐太宗以能够用贤纳谏、尊儒重道、勤政爱民而著称。他以文治天下，厉行节约，使百姓能够休养生息，很快就使社会出现了国泰民安的局面,开创了历史上著名的"贞观之治",为后来唐朝一百多年的盛世奠定了基础。

我们都知道"贞观之治",那么"贞观之治"到底好到什么样子呢?我们可以从三个方面来看。

第一,当时的农业得到了空前的发展,物产丰富。史书记载,在贞观六七年的时候,风调雨顺,连续丰收,人们走到山东这些地方,都可以不用自带粮食,在路上就能直接买到,这是以往的朝代从来都没有出现过的现象。进了山东的农村,村民遇到过往的客人,都会以丰盛的食物招待他们,有时候还会赠送客人一些干粮。到了贞观八九年,还有十三年到十六年,农业又是连续丰收,我们可以想见当时粮食丰收、物产丰富的局面。

第二,贞观王朝的社会秩序好得令人难以置信。在贞观四年,也就是公元630年,全国被判处死刑的人数只有29人。到了贞观六年,也就是公元632年,判处死刑的人数虽然增加到290人,但是在这一年年末,唐太宗下令,准许他们回家去办理后事,第二年秋天再回来受刑。历代都是在秋天行刑。春生夏长,秋收冬藏,这也是按照自然节律来办理政事。结果到第二年九月,这290个被判处死刑的犯人,无一例外地全部回来受刑。由此可见,当时的贞观之治不仅仅是经济繁荣,社会秩序也非常好。

第三,贞观王朝是中国历史上唯一没有贪污的王朝,这可能也是唐太宗最值得称道的政绩。在唐太宗治理下的中国,因为皇帝率先垂范,厉行勤俭,官员一心为公,吏佐恪守本分,滥用职权和贪污渎职的现象少之又少,可以说降到了历史上的最低点,这和唐太宗运用《群书治要》的理念以身作则、重视道德教化,并且制定了一套合情合理合法的政治制度密不可分。这些成就也说明,运用圣贤之道治国,不仅有效、易行,而且快速。

从历史上看,《群书治要》这部书被日本人从唐朝带到了日本,从此之后被日本历代天皇、皇子、大臣奉为圭臬,成为日本学习、研讨中华文化的必读经典。唐朝时,交通并不是很便利,遣唐使、留学生到中国来留学,所带回去的典籍一定是精挑细选的,而要把这些典籍翻译、手抄,流传后世,也一定要挑选最精华的部分。这部书能够被日本人带回去,也从侧面说明,它确实是精髓。这部书传到日本之后,确实也起到了很重要的作用,它帮助日本创下了承和、贞观两代盛世。

《资治通鉴》基本上是一部历史书，而《群书治要》把经、史、子之中治国平天下的精髓都概括出来了，虽然它取材广泛，却不烦琐；《资治通鉴》有两百多万字，而《群书治要》只有五十卷，共计五十万字，所以确实是精华之精华。既然《群书治要》是一部宝典，如此重要，为什么相对于《资治通鉴》而言，这部书却鲜为人知呢？这是因为，唐朝的雕版印刷术还不是很发达，所以《群书治要》只是靠手抄流传了几部。唐朝之后，《群书治要》在中国本土基本上失传了。清朝嘉庆元年，日本人向中国进贡，这部书又从日本回到中国，才使这部宝典失而复得。但是，因为后来战乱频繁，这部宝典并没有引起足够的重视，而一直被束之高阁。

4. 今天为什么还要学习《群书治要》？

很多人可能有疑问，《群书治要》是唐朝所编纂的经典，而且还是总结的唐朝以前的经、史、子之中治国平天下的理念，我们今天为什么还要学习它呢？

英国著名的历史学家汤恩比专门研究了各个国家的文明发展史，最后得出这样的结论：能够真正解决21世纪社会问题的，只有中国的传统文化。无独有偶，1988年，一批诺贝尔奖获得者在联合国教科文组织总部巴黎开会，面对当时世界的恐怖主义、环境危机、道德危机，他们提出了一个共同的呼吁：人类要在21世纪生存下去，就必须汲取2500年前孔夫子的智慧。

这些人都是某一领域顶尖的科学家、思想家，都富有科学的精神，他们能提出这样的论断，绝非偶然。这说明了什么？这说明他们对中华传统文化有着深刻的理解和认同。

在《未来属于中国》一书中，汤恩比先生更是明确指出，21世纪是中国人的世纪，不是中国的军事、政治、经济等方面的世纪，而是中国文化的世纪。也就是说，只有中华文化的普遍宣扬，才能够为世界和平带来希望，带来曙光。为什么呢？《群书治要》告诉我们，中华文化认为仁者无敌、和而不同，所以它能够把不同种族、不同宗教信仰、不同文化背景的人团结在一起，凝聚成一个大家庭。

中国有 56 个民族，他们有不同的宗教信仰、各种各样的文化背景。中国的历史非常漫长，但是在漫长的历史中，中国基本上保持了大一统的局面，这靠的就是传统文化。总结历史经验，特别是盛世之所以兴盛、衰世之所以衰落的原因，仍然能够为我们今天治理国家提供宝贵的启示。领导者学习《群书治要》，可以知道成为领导者最需要具备的素质是什么。这既包括了领导者个人的道德、品行，也包含了领导的艺术和方法。

我们普通百姓每个人都在追求幸福成功的人生，但是，很多人不明理，所采取的方法都是错误的，所以结果就会南辕北辙。一个人的荣辱、成败、祸福的关键在哪里？如何处理好人际关系？如何改造一个人的命运？如何做到俯仰无愧、内心坦荡？当然，最重要的是懂得如何提升自己的道德修养，如何经营幸福美满的人生，如何使家庭和睦，甚至懂得如何开启自己本具的明德。《大学》开篇就说，"大学之道，在明明德"。怎样才能把本有的明德彰显出来，达到自利利人、自觉觉他的目的？学习《群书治要》，可以懂得人生的道路怎样才能更加顺畅。

总之，学习《群书治要》，目的就是要达到身心和乐、家庭和睦、社会和谐、世界和平。《群书治要》值得我们每个人认真学习。

第1讲
一阴一阳之谓道

> 《周易》代表了中国人的智慧，其最有名的哲学命题是"一阴一阳之谓道"。天地与人无不包含一阴一阳的矛盾双方，一切事物无不处在不断运动变化的过程中，此消彼长，此长彼消。无论是自然界的四季交替，无论是王朝的盛衰更迭，也无论是人生的浮沉起伏，均逃不出这个规律。

《周易》，也被称为《易经》，是群经之首。《周易》中有一句话，叫"一阴一阳之谓道"。大家感觉阴阳很玄虚，但其实可以从自然界的现象中观察到阴和阳。比如，有日就有夜，有寒就有暑，有春夏就有秋冬，有潮涨就有潮落。这些自然界现象，都是一盈一虚，一消一长。我们用这个道理来观察人世间的变化，是不是也是如此呢？比如人心的一忧一喜，人事的一治一乱，也都体现了"一阴一阳之谓道"的规律。所以，古人常用太极图来表示阴阳变化的规律。太极图的半边是阴的，半边是阳的，中间还有一个界线，如果过了这个界线，就意味着阴阳失去了平衡。失去平衡就会引起变化，这就叫"阴极则阳生，阳极则阴生"。也就是说，物极必反，盛极必衰，消极必长。中国人经常说的"富不过三代"，其实体现的也是这个道理。"富不过三代"，它的根本原因在哪里呢？第一代创业的人往往都是白手起家，兢兢业业，艰苦奋斗，用自己的双手打下了基业。到了第二代，条件好了，但是还能够耳闻目睹父辈创业的艰难，还知道克勤克俭，使事业发展壮大。但是到了第三代，他们一出生就过上了衣来伸手、饭来张口的生活，不但没有体会到祖辈父辈创业的艰难，不知道克勤克俭，励精图治，还学会了骄奢淫逸，铺张浪费。久而久之，就把祖辈父辈辛辛苦苦打下的基业败坏光了。所以，"富不过三代"是必然的结果。在当代社会，"富不过三代"甚至变成了"富不过两代""富不过当代"，其原因也在于缺少伦理道德方面的教育。古人说"国有国法，家有家规"。但请问，现在还用家规来教导子女的人有多少？所以孩子教育不好，是有原因的。当然也有因重视教育而超过三代的家族。

"一阴一阳之谓道"这个规律，曾国藩体会得最深刻。曾国藩是"晚清四大名臣"之一，官至两江总督、直隶总督、武英殿大学士，但是他在官位二十多年，从来没有在省里为自己买过一亩田地、建过一所房屋。他还对军中的僚属宣誓说，不取军中一钱寄回家中。有的人直摇头，说"根本不可能"。最根本的原因，是这类人对自己丧失了信心，没有了自信心。我们自己真的做到不取公家的一文钱挪作私用了吗？我们自己都做不到，怎么相信曾国藩就能做到？其实我们和曾国藩的区别也不是很大，特别是我们的智商可能还比曾国藩高，有一个例子就足以说明这一点。曾国藩小时候读书特别用功，有一天他在背一段经典，结果翻来覆去就是背不下来。这个时候天色已经有点暗了，家里来了一个小偷，他就趴在房顶上听曾国藩背书。曾国藩不上床睡觉，小偷就没有机会入室行窃。这个小偷等得有点儿不耐烦了，他跳进房里，把曾国藩所背诵的那一段经典，从头到尾一字不差地背了一遍，然后就扬长而去了。这说明了什么呢？说明曾国藩小时候并不是很聪明，记忆力也不是很好。但是为什么后来他有那么大的成就呢？他和我们的区别在哪里呢？区别在于他特别诚敬、勤俭，对古圣先贤的教诲深信不疑。他一生的成就，很大程度上得益于熟读圣贤经典。这也是我们和曾国藩的区别所在。

曾国藩在他的家书中这样写道："家败，离不开一个奢字。人败，离不开一个逸字。讨人厌，离不开一个骄字。"一个家庭、家族、企业、政党，乃至一个国家，其破败的原因是什么呢？那是因为生活过分奢侈、浪费，以至于入不敷出。也就是说,家中再有钱,家财万贯,也抵不上一个"败家子儿"的破败,因为他要吃好的、穿名牌,还有很多不良嗜好,如赌博、喝酒、好色等等。人败离不开一个逸字。假如一个人以前都是走上坡路,步步高升、平步青云,突然转折了,开始走下坡路了,请问这个转折点何在呢?什么时候认为自己奋斗得差不多了,该享受一下人生了,这时候人生的转折点就出现了。有的人是上了大学之后,觉得自己奋斗得差不多了,开始吃喝玩乐;有的人是在有一份好的工作后,开始吃喝玩乐;还有的人是在获得了一官半职后,开始享受人生。所以,什么时候过上过分安逸、不思进取的生活,什么时候人生的转折点就出现。而一个人讨人厌、不讨人喜欢,走到哪里都不受欢迎,就是因为一个"骄"字,即自以为是、妄自尊大,不把别人放在眼里。《周易》有六十四卦,每一卦都有六爻,人们就是根据爻辞的吉凶,判断事情的发展前景。在六十四卦之中,只有一卦是六爻皆吉的,这一卦就是谦卦。而谦卦的卦象,是地山谦。什么意思呢?高山都是在平地之上的,但在谦卦之中,高山宁愿居于平地之下。

《尚书》中说:"满招损,谦受益,时乃天道。"意思是说,谦虚使人受益,骄满给自己带来损失,这是自然的规律。这是因为,一旦一个人有了骄满之心,觉得自己比别人强,就很难有好学的品质,他的人生也就很难有进步了,而谦虚使自己受益。

孟子说:"爱人者,人恒爱之;敬人者,人恒敬之。"如果你有一颗恭敬礼让之心、仁爱之心,那么别人也会以恭敬仁爱之心回报你。中国人有句话说,多一个朋友多一条路,多一个敌人多一堵墙。那么靠什么去赢得更多的朋友?正如古圣先贤告诉我们的,要靠自己的真诚恭敬之心。古圣先贤让我们去做怎样的事、培养怎样的美德,并不是对人的一种要求、束缚,也不是他们拍脑袋拍出来的,而是在观察天地之道的基础上提出来的趋吉避凶的规律。所以《易经》中说,古代的圣贤上观天象下察地理,得出了关于世间一切事物产生、发展和变化的规律。我们把这个自然的规律称为"道"。中国人经常问:"你知道了吗?"实际上就是你知"道"了吗?很多人说"我知道了",其实并不知"道"。这是因为,如果我们真正知道了"道",按照自然规律去做,我们的生活一定是幸福美满的，事业一定是成功的，社会一定是和谐的，国家也一定是安定的。所以，孟子也说"得道者多助，失道者寡助"。

《说文解字》给"德"下了一个定义："外得于人，内得于己"。意思是说，"德"和"获得"的"得"是相通的。我们经常说"得道之人"，儒家所说的圣人，道家所说的真人，都是"得道之人"的代名词。而"得道之人"所表现出的品质，我们就称为"有德"。所以说"德者，得也"。那么怎么知道自己是一个有德的人呢？外得于人，内得于己，即我们可以从内外两个方面观察。从外在方面看，得到了众多人的支持与拥护，无论你走到哪里，他人都对你肯定、赞叹、恭敬。从内在方面看，可以获得心灵的安宁。一个有德之人是内外皆有所得的人。所以，做一个有德的人，并不是圣贤要求的，而是符合自然规律的。如果我们想有幸福、美满、成功的人生，就要按道去做，要做一个有德的人。

现在很多人特别喜欢读《周易》，但是他们没有抓住根本。掌握了《周易》中最重要的两句话，也就可以看出一个人的前途祸福。第一句话是：积善之家，必有余庆；积不善之家，必有余殃。古人说得非常肯定，不是说可能会有余庆，可能会有余殃，而是说一定会有余庆，或者一定会有余殃。第二句话是：善不积不足以成名，恶不积不足以灭身。《春秋左氏传》上也说，"多行不义必自毙"。很多人没有按着经典去做，做了很多恶事，最后锒铛入狱。

"经者，长也"，经典所描述的都是恒常不变的道理。如果我们经常读诵这些经典，掌握了这些恒常不变的规律，就可以把握自己的未来前程。比如，《尚书》中有这样一句话："内作色荒，外作禽荒，甘酒嗜音，峻宇雕墙，有一于此，未或弗亡。""内作色荒"，就是对内兴起了迷恋女色之风。"荒"是指荒淫无度，对一切事情过分放纵的意思。"外作禽荒"，喜欢打猎也没有节制，做得很过分。古代的游戏，主要就是狩猎。"甘酒嗜音"，是指喜欢饮酒，沉溺于靡靡之音，喜欢声色犬马。"峻宇雕墙"，是指住的房屋又高又大，墙上雕刻着花纹，可以说是雕梁画栋。下面这句"有一于此，未或弗亡"很重要，也就是说，以上这几件事，只要有一件在我们的生活中出现了，就没有不灭亡的。如果我们能够学习这些经典，防微杜渐，防患于未然，就不会走到这一步。

第 2 讲

真正的"风水"在哪里？

> 风水是我国历史悠久的相地之术，人们对生活和工作的居住地或者埋葬的环境进行选择和处理，以达到趋吉避凶的目的，原本的核心思想是人与大自然和谐相处，但在长久的演变过程中，却被涂上了一层厚厚的迷信色彩，至今迷惑着许多人。那么，什么是真正的"风水"？真正的"风水"又在哪里？

现在很多人对传统文化感兴趣，但是，很多人学习传统文化时走上了迷信之路，喜欢找人看一看风水，调一调办公室的座位朝向。当然，不能说风水是没有道理的，但这些都是枝节，真正的"风水"在哪里呢？这需要熟读经典，才不会上当受骗。

《群书治要》记载，鲁国的国君来向孔子请教，问他说："我听说向东扩展房屋是一件不吉祥的事，这件事到底可信不可信呢？"孔老夫子没有正面回答他，而是说："我听说天下有五种不吉祥的事，但向东扩展房屋并不包括在其中。"哪五种不吉祥的事呢？第一，"夫损人而自益，身之不祥也"，也就是常说的损人利己。其实损害别人根本不会对自己有利，帮助别人才会真正利于自己。损害别人，别人会怀恨在心，一有机会就打击报复，也有可能给自己招来杀身之祸。这是个人的不吉。第二,"弃老而取幼,家之不祥也"。很多人把老人抛弃不管,不赡养、不照顾,甚至打爹骂娘,把所有的关爱放在孩子的身上,结果把小孩子惯成了"小公主""小皇帝"。家没有了后继的人才,就一定会破败,这是家庭的不吉祥。第三,"释贤而任不肖,国之不祥也"。疏远且不任用贤德的人,任用的都是不贤德之人,这是国家的不吉祥。第四,"老者不教,幼者不学,俗之不祥也"。年老的人不愿意教,年幼的人没有好学的心,这是社会风气的不吉祥。第五,"圣人伏匿,愚者擅权,天下不祥也"。圣贤的人都隐居起来了,愚者、不肖者占据了领导岗位,专权跋扈,这是天下的不吉祥。中国古代的读书人都有报国的志向,是"穷则独善其身,达则兼善天下"。为什么会隐居呢?因为政治很昏暗,官场很腐败,真正有德行、有才学的人不被认可,被排挤了,他有才华也施展不出,就隐居起来了。

这个故事告诉我们:"福田靠心耕,一切福田不离方寸。"什么叫方寸呢?就是这颗心。古人说:"福人居福地,福地福人居。"一个地方即使"风水"很好,一个没有德行的人去住上一段时间,好的"风水"也会被他破坏了。而"风水"好的地方,是有福德的人居住的结果。所以,看"风水"不是最重要的,最重要的是提升自己的道德修养,把自己变成一个有德行的人。

"福田靠心耕。"我们把一个人的福分比作一块田地,这块田地怎么耕种?靠自己的心来耕种。那么以什么心来耕种,田地的回报才会特别丰厚呢?古人告诉我们,有三种田是回报最丰厚的。也就是说,一个人的前途从三个方面来看就知道了。第一,看他是不是知恩报恩;第二,看他是不是有恭敬之心;第三,看他是不是有悲悯同情之心。

首先,我们来看恩田。如果一个人知恩报恩,饮水思源,他就是在给自己培福,他的前途就是光明的。中国人特别强调孝敬父母,原因何在呢?因为父母养育儿女的恩德是无人可比的,父母对儿女的付出无私无求,而且无微不至。这么大的养育之恩,当然应该记在心上去报答。所以,《孝经》上说:"不爱其亲而爱他人者,谓之悖德;不敬其亲而敬他人者,谓之悖礼。"比如我们逢年过节都想着要去送礼,但是给谁的礼物想得最周全呢?给谁的礼物特别用心去准备,生怕人家不高兴、不满意,不符合人家的需要呢?答案是给领导、生意合作伙伴的礼物,给有利于我们的人的礼物。从恩义的角度来看,对我们恩德最大的是父母，我们应该对给父母的礼物最用心。比如大学放假回家的时候，首先想到给谁买礼物呢？那个时候我们很单纯，没有受社会上的功利思想的污染，首先想到给父母买礼物，然后给兄弟姐妹买礼物，这是自然而然的。但是随着我们的成长，受社会功利主义的影响越来越深，逢年过节，我们想着去送礼，用心周到地准备给领导、生意合作伙伴的礼物，却忽略了父母，这就是悖德悖礼的现象。再比如，下班之后领导说："我们要去见一个重要的客人，你不要回家吃晚饭了，跟我去接待一下吧！"我们是什么样的态度呢？我们常常是兴高采烈、受宠若惊地跟着领导去了。但是如果我们的父母说："哎呀，我们家都已经缺这个缺那个了，好久没有去超市买东西了，你能不能陪我去趟超市？"我们是怎么回答的？我们会很不耐烦地说："我哪有时间？我还有很多事要忙，你就和你那老朋友一起去好了！"

下面我们来看敬田，就是对别人有恭敬之心。《论语》中有句话："四海之内，皆兄弟也。"四海之内皆兄弟是结果，原因在哪里？"君子敬而无失，与人恭而有礼。四海之内，皆兄弟也。"这是孔子的弟子子夏说的。一个人无论走到哪里，对每一个人都很恭敬，彬彬有礼，为人处世、待人接物没有什么过失，能够看到对方的需要，为对方着想，这样的人走到哪里，哪里都有自己的兄弟姐妹。现在的年轻人和别人相处一个月，不是自己不喜欢别人了，就是别人不喜欢自己了，出现了很多的矛盾。原因就是，在家的时候他是小公主、小皇帝，所有的家人都要看到她/他的需要，在意她/他的感受。而当诸多的小公主、小皇帝走到一起的时候，如果不出现矛盾纷争，就不正常了。

有的人肩不能挑担，手不能提篮，没有责任感，也不能够承担责任，还好高骛远、妄自尊大，这样的人走到哪里都不会受欢迎。为什么呢？因为他总是看不到别人的需要，不会为对方着想。

孔老夫子一生所奉行的是"温良恭俭让"的德行，他做到了温和、善良、恭敬、俭朴、礼让。老子，道家的创始人，他也提出了"处柔守慈"的处世原则。一个人有恭敬之心，有仁爱之心，就会"爱人者，人恒爱之；敬人者，人恒敬之"。你对别人有恭敬之心，别人对你也回报以恭敬，这样，无论走到哪里，都会事事如意。

接着就是悲田。悲田就是对人要有恻隐之心，要有同情心。这里的"悲"就是拔人于苦的意思。看到他人处于痛苦之中，我们要发自内心地同情他人，而且做一些事情来帮助他人摆脱痛苦。孟子也说："恻隐之心，仁之端也。"同情心、恻隐之心是仁爱的开端。

从被新加坡人视为"国宝"的许哲女士身上，我们能够看到一个有同情心的人过得多么幸福快乐。许哲小时候看到了她母亲所做的一件事，这件事奠定了她一生为人处世、待人接物的原则，那就是要去帮助别人。有一天，她母亲准备了一桌很丰盛的饭菜，正当全家人要吃饭时，门外响起了敲门声。她母亲放下碗筷打开门，看到了一群衣衫褴褛、面有饥色的人。这些人好像好几天都没有吃饭了。他们向她母亲哀求，要讨一点饭菜吃。看到这样的情景，母亲二话不说，转过身来把桌子上所有的饭菜都端给这些人吃。当母亲看到这些人脸上露出笑容，有了能够吃一顿饱饭的那种满足感时，极为欣慰。这给许哲女士留下了很深的印象，从此她就下定决心，自己一生要去做帮助别人的事。后来，她去了南美洲的巴拉圭，无私无求地照顾那里的人。

她母亲九十多岁时，给她打电话说："你要照顾别人、帮助别人，在哪儿都可以。现在我年纪大了，也需要你的照顾了。"她接到母亲的电话后，就回到了新加坡照顾她的母亲，直到母亲过世。

她回到新加坡之后，在很多人的支持下办了几十所养老院。每一所养老院办好以后，她就默默地退出来，把这些养老院交给别人管理。她还默默地照顾了很多八九十岁的老人，这些人其实比她年纪还小，但是生活贫苦，也没有人照顾。她身体健康，所以经常给他们送食物等，照顾他们的生活。她很少给自己买新衣服，而是从垃圾箱里捡回来衣服洗干净就穿。她这样做，一方面是出于节俭，另一方面也是从照顾的对象的心理出发，为他们着想，因为她所照顾的这些人都是很贫苦的人，如果她自己穿得很好，比如穿了一件旗袍，又戴了一条金项链，然后说，我给你们送食物来了，这些接受照顾的人会觉得心理上有距离，像被人施舍一样。即使是去帮助别人，她也是从被帮助者的心理感受出发，考虑到他们的需要。

有记者问她："你长寿的秘诀是什么？为什么活到一百多岁还能够身体健康、无忧无虑呢？"她说："我最大的快乐，就是看到我所关心、帮助的人的脸上露出了笑容,我也为这种笑容所感染,所以整天很开心,没有烦恼。"许哲女士的这种感受说明了帮助别人就是帮助自己。在帮助别人的过程中,我们释放了自己的压力,获得了自己的快乐并得到成长。

  有两个词语特别值得我们学习。第一个是助人为乐。帮助别人不是为了快乐,它本身就是一件很快乐的事。第二个是知足常乐。如果一个人不知足,他永远都快乐不起来。所以俗话说:"人生解知足,烦恼一时除。"这两点做好了,人生就会幸福美满。

第 3 讲
致富理财的秘诀在哪里？

> 孔子说："君子爱财，取之有道。"财富是人人向往的，但如果不是用"道"的方式获得，君子是不会接受的。财有"吉财"与"凶财"之分，只有"吉财"才能给自己带来真正的快乐和幸福，而"凶财"最终只能给自己和家人带来灭顶之灾。在获取财富的道路上，我们究竟该怎么走呢？理财致富的秘诀在哪里？

在中国古代，即使没有读过圣贤书的普通百姓，也都知道财分两种。一种是吉财，就是我们通过自己的聪明智慧，奉公守法下获得的钱财，这种财给我们带来的是吉祥如意、幸福美满。另一种财叫凶财，就是通过不正当的手段获得的不义之财。它给我们带来的不是幸福如意，而是不尽的凶灾。所以，不义之财，送给别人，别人都不敢要，因为他们知道后果不好。

在道家的劝善书《太上感应篇》中也做了这样一个比喻："取非义之财者，比如漏脯救饥，鸩酒止渴，非不暂饱，死亦及之。"取不义之财的人，就如同吃有毒的肉、喝有毒的酒（"漏脯"，屋檐漏下的雨水滴在干肉上，古人认为时间久了这个肉就有毒；"鸩酒"，即有毒的酒），用它们来止息自己的饥渴，不仅达不到预期的目的，反而会给自己招来杀身之祸。

民国期间，曾国藩的外孙聂云台先生出任上海总商会的会长。因为他是曾国藩的外孙，又是商会的会长，所以他和一些权贵的后代子孙交往很多。耳闻目睹了这些后代子孙败落的情形后，他非常感慨，就把这些案例全都记录下来，写了一本叫《保富法》的书。这本书特别值得我们一读。它提醒我们，赚钱容易，发财致富不难，贪财也不难，但是要保持富贵达到三代以上，那可就难上加难了。他用历史事实和身边的案例向我们证明了"货悖而入者，亦悖而出"的规律。

古人提醒我们，"立名于一世，失之仅顷刻"。很多人从小学到初中，到高中，到大学，到研究生，到工作岗位，这一路走来，付出了很多艰辛的努力，过五关斩六将，终于有了一个好的位置，可以让父母安心，让家人骄傲。但是，如果在诱惑面前把持不住自己，做出了错误的选择，那么之前所有的努力都会前功尽弃，付诸东流。那是顷刻之间的事。所以古人提醒我们，面对财色名利的诱惑，要"战战兢兢，如临深渊，如履薄冰"，如"十目所视，十手所指"，这样才不至于利令智昏，欲令智迷。

至于"利"，凡是有利于自己的条件和环境，很多人都会去谋求。古人告诉我们，要"见利思义""见得思义"，在利益面前，首先要考虑它是否符合道义。不符合道义的，即使别人送给你，你也不能要。对财色名利的贪恋，会让自己步入危险的境地。

春秋战国的时候，鲁国的宰相公仪休不仅廉洁奉公，不与民争利，而且对属下要求很严格。但他有一个嗜好，就是特别喜欢吃鱼。有人投其所好，送给他一些上好的鱼，他看了看，就派人送了回去。送鱼的人感到奇怪，说，我知道您爱吃鱼，所以特意选了一些上好的鱼送给您，为什么您不接受，又给送回来了呢？公仪休的回答非常有味道。他说："正是因为我爱吃鱼，所以我今天才不能接受您的鱼。为什么呢？我爱吃鱼，我是宰相，我也买得起，我自己去买不就好了吗？如果我今天接受了您的鱼，养成了爱贪爱占的毛病，结果越贪越多，有一天因为贪污受贿被关进了监狱，请问，那时我还能吃得到鱼吗？还有人会再送鱼给我吗？正是因为我爱吃鱼，所以我今天才不能接受您的鱼啊。"《群书治要》中这样的历史故事非常多，发人深省，它让我们从这些历史故事中受到警示，知道什么是正确的抉择。我们学习历史，就是要学习和汲取中华民族传承下来的宝贵思想财富,从中获得精神鼓舞,升华思想境界,陶冶道德情操,完善优良品格,培养浩然正气,做到自重、自省、自警、自立。

《大学》中说,"德者本也,财者末也"。一个人的财富、名声、地位,都是枝叶花果,其根本在他内在的德行,所以古人说"厚德载物"。没有深厚的德行,给你再高的位置、再多的财富,也必然会招来灾祸,因为你承载不动。

《大学》所说的"财聚则民散,财散则民聚",意思是钱赚到手了,你把它散出去,换得的是民心,人心都向着你。如果你把钱赚来了,都聚集在自己的手中不肯散财,那么民心都背离,人民也会离你而去。

古诗云"千金散去还复来",这个钱,你从左手散出去了,用来做慈善事业,照顾那些需要照顾的人,结果右手又把钱赚回来了。

在我国,很多供财神的人都喜欢供文财神范蠡,为什么呢?中国古人供奉范蠡,其实不是迷信,而是一种教育,是从供奉的这个人的身上学到一种致富方法,学到一种品质。范蠡本来是越王勾践手下的一名谋士,他曾经协助勾践打败吴国收复失地。但是,在庆功的时候范蠡发现,勾践是可以共患难、不可以同富贵的人。传说他带着西施趁着月色逃离了越国,来到了当时的齐国。从此之后,他隐姓埋名,开始做生意,很快就赚了一笔钱。钱赚来之后,他没有用来过骄奢淫逸的生活,反而把这些钱全都散了出去,帮助那些穷亲戚、旧邻居和需要帮助的人。然后他又从小本生意做起,赚了一笔钱后,他又像上次一样把钱全都散了出去,如此往复做了三次。所以,历史上有"三聚财三散财"之称。

范蠡这个故事告诉我们,要舍得。"舍得舍得,不舍就不得,小舍就小得,大舍就大得。"如果这个财富是你的,你舍都舍不掉。不要把赚得的钱用于竞奢斗富,骄奢淫逸,而是用于帮助那些需要帮助的人。

现在世界 500 强企业的平均寿命是多少年?是 40 到 50 年。中国大企业的平均寿命是 7 到 8 年,小企业的寿命就更短,是 2 到 9 年。所以,企业界有一句话:"江山代有人才出,各领风骚三两年。"

为什么企业不能够持续发展呢?原因很复杂,但其中或许是没有按照经典来做事。《大学》告诉我们:"有德此有人,有人此有土,有土此有财,有财此有用。"按照这一句话来做事,企业或许有可能长久发展,立于不败之地。我们要做事业,首先应该具备什么条件呢?很多人说是钱。钱是需要的,但是,如果一个人有钱而无德,百万、亿万的家产也会被他败散掉。所以,"德者本也,财者末也"。想做企业,首先要具备深厚的德行。你自己有德行,所感召的才是好的人才,才是和你志同道合的人才,而不是为了名利而来的。没有德的人在你这儿也待不了,因为"同声相应,同气相求"。

"有人此有土",你自己有德行,感召来的人也是和你一样有德行的人。这些人志同道合,同心协力,就会有土。在农业社会,土就是资源的意思,是增长财富的资源。在现代社会,土则包括市场营销能力、人力资源、各种技术等。人才多了,就有各种各样的资源和能力。大家众志成城,把自己的能力都发挥出来了,各种资源也得到充分的利用,就自然会创造财富。这就叫"有土此有财"。财富创造出来之后,用在哪里至关重要。这时一定要注意"德日进,过日少",就是使自己的德行不断提升,使自己的过失不断减少。所以,要回馈员工,让员工的付出得到肯定,让他们觉得在这样一个企业工作,非常荣耀,非常有前途、有发展;要回馈消费者,让消费者用最少的付出获得最好的服务、最有质量的产品,成为你的回头客;还要回馈社会,即取之于社会,用之于社会,向国家纳税,做慈善事业等。这样,企业的社会地位就会越来越高,从而形成良性循环。企业就会逐渐发展壮大,立于不败之地。这就叫"有财此有用"。财用在何处,的确非常重要。

第 4 讲

发怒是拿别人的错误惩罚自己

> 无论何种方式的发怒，对人的身心健康都是一种伤害。只要一发怒，我们就将成为情绪的奴隶。而人一旦掌控不了自己的情绪，就会做出错误的判断和决定，结果是既损事业又伤身体。如果引起我们发怒的原因是别人犯错，则应宽仁以待，换位思考，将心比心，转"怒"为"恕"、为"忍"，这样，我们的心态自然也就平和下来。

中国的文字确实是智慧的符号，除了表音、表意，每个字还有各自深刻的含义。如"怒"字，上面是"奴隶"的"奴"，下面是"心"。这个字告诉我们，当一个人发怒的时候，就是把自己的心变成了奴隶。你已经不能够掌控自己的情绪了，所以才会发怒。有人说"都是谁让我很生气"，这有待商榷。为什么呢？因为从逻辑上说，没有一个人能够走进你的内心，那个让你生气的人是谁呢？是我们自己，不是别人。

有一篇文章叫《握住自己快乐的钥匙》，写得非常好，其中有一段话是这样写的：

> 一个成熟的人，握住自己快乐的钥匙，他不期待别人使他快乐，反而

能将快乐与幸福，带给别人。

每一个人心中，都有一把快乐的钥匙。但我们却常在不知不觉中把它交给别人来掌管。为什么是不知不觉呢？因为习惯成自然，我们已经习惯于用这种方式来为人处世、待人接物了。

比如，一位女士抱怨说："我活得很不快乐，因为先生常出差不在家。"她把快乐的钥匙放在了先生的手里。

一位妈妈说："我的孩子不听话，叫我很生气。"她把快乐的钥匙交在了孩子的手中。

婆婆说："我的媳妇不孝顺，我可真命苦啊。"她把快乐的钥匙交在了媳妇的手中。

还有一个人说："我很难过，因为老板总找我茬。"他把快乐的钥匙交在了老板的手里。

一位年轻人从文具店里走出来说："那位老板服务态度恶劣，把我给气坏了。"他把快乐的钥匙交在了文具店老板的手里。

这些人都做了一个相同的决定，就是让别人来控制自己的心情。

当我们允许别人掌控自己的情绪时，我们便觉得自己是受害者，对现状无能为力，抱怨与愤怒成为我们唯一的选择。我们开始怪罪他人，并且传达着这样一个信息——我这样痛苦，都是你造成的，你要为我的痛苦负责。

一个成熟的人，能握住自己快乐的钥匙，他不期待别人使他快乐，反而能将快乐与幸福带给别人。他的情绪稳定，为自己负责，和这样的人在一起，是一种享受，而不是压力。

如果我们和情绪不好的人、喜欢抱怨的人在一起，我们会觉得很有压力。为什么呢？因为不知道为什么他就发火了，让旁边的人都很紧张。

那么诸位朋友，你们快乐的钥匙在哪里呢？是放在了别人的手上吗？那就赶快把它拿回来吧！

这篇文章提醒我们，要握住自己快乐的钥匙，成为自己情绪的主人；人的身体通过锻炼可以变得更健康，人的心灵也可以通过修养变得更加平和。

第4讲 发怒是拿别人的错误惩罚自己

《黄帝内经》上说，怒伤肝，喜伤心，忧伤肺，思伤脾，恐伤肾。一个人经常发怒，脾气不好，会有一个比较明显的特征：肝脏会有各种各样的问题。怒伤肝，怒对人的身体有很大的损伤。

有人在专门研究人的情绪和健康之间的关系后说："恨、怨、恼、怒、烦，人生五毒丸，吃了半丸就生病，吃了一丸要你的命。"这也提醒我们，一个人的身体不好，特别是五脏六腑有这样或者那样的问题，和恨、怨、恼、怒、烦这五种不良的情绪有关。所以，我们要转怒为恕。

这个"恕"字，上面是一个"如"，下面是一个"心"。这个字告诉我们，要做到"如其心"。如谁的心呢？如对方的心。能够换位思考，将心比心，你就能转怒为恕了。孔老夫子的弟子子贡向他请教，有没有一个字是可以终身奉行的？孔老夫子说，有，这个字就是"恕"，也就是"己所不欲，勿施于人"。当别人犯错误的时候，我们就要扪心自问，自己是不是圣人，是不是完人，是不是一个错误都不会犯？仔细一想，自己也不是圣人，自己还有这样或那样的问题，怎么能够要求别人一个错误都不犯呢？当别人犯错的时候，我们应该想一想，如果自己犯了错，希望别人怎么对我呢？我们是不是希望别人能体谅我们的苦衷，考虑我们的处境，给我们一个改过的机会呢？那么，当别人犯错的时候，我们也要设身处地，换位思考，给他一个改过的机会。这个"怒"字，棱角分明，把棱角磨得圆滑一点，就变成了"恕"。这个"恕"字确实是可以终身奉行的。

《弟子规》中说："将加人，先问己；己不欲，即速已。"任何事情，在我们施加给别人之前，应先扪心自问：我希不希望别人以这样的方式、态度来对我？如果我不希望别人这样对我，就不能以这样的方式对待别人。《大学》中也说："所恶于上，毋以使下；所恶于下，毋以事上……所恶于右，毋以交于左；所恶于左，毋以交于右。"

《孔子家语》中写道："君子有三恕。"哪三恕呢？"有君弗能事，有臣而求其使，非恕也。"你不能把领导侍奉好，让领导满意，而你有属下，却希望他能够竭忠尽智，这就不是恕道了。"有亲弗能孝，有子而求其报，非恕也。"你不能够孝敬父母，让他们安心满意，却希望儿女能够孝顺你，有报恩之心，这也不是恕道。"有兄弗能敬，有弟而求其顺，非恕也。"不能恭敬兄长，却希望弟弟妹妹能够顺从你、恭敬你,这也不是恕道。所以,要做到恕的话,首先要求自己做到,然后换位思考、将心比心。

什么叫"如心"呢?我们真如自性的心就叫"如心"。"如心"是什么样的心呢?是一种同体的感受。意思是说,我不仅和自己是一体的,和他人是一体的,而且和万事万物都是一体的,这个心才叫"真如之心"。你有了这种心,有了"同体"的感受,我们才能生起对别人无私无求的帮助之心。什么叫"同体"呢?看到别人很悲伤,你也会感觉很悲伤;看到别人很快乐,你也从心底里感到快乐,这就叫"同体"的感受。你和万事万物是一体的,他有伤痛你也会感觉到伤痛,这个心才叫"如心"。

古人有这样一句话:"天下熙熙,皆为利来;天下攘攘,皆为利往。"世间人每一天都很忙碌,工作很辛苦。是什么力量在推动着呢?观察一下可以发现,不是名,就是利。如果没有名,没有利,这件事很多人就不做了。不可否认的是,还有很多人既不为名也不图利,依然在辛辛苦苦地努力工作,背后推动的力量又是什么?就是"如心"。"同体"的感受使他把他人的痛苦看成自己的痛苦,产生对他人的帮助之心。

谈到克制怒气,有人自然而然地想到了"忍"。

第一个层次是力忍。用力克制自己的怒气,不打击报复别人。当然,如果仅仅停留在这一层次,总有一天会忍无可忍。所以,这个功夫要向上提升。

第二个层次是忘忍。要心胸很大,对别人的不好转头即忘,"宰相肚里能撑船",不和别人计较。

第三个层次是反忍。中国古人说:"行有不得者,皆反求诸己。"他人做事情不圆满、不够好,一定是我给他的指导不够,给他的教导不足。

如果一个人和别人相处时都是彬彬有礼,唯独对我很傲慢、不尊敬,那一定是我自己傲慢,才使得别人对我也很傲慢。假如我事事不去责怪别人、不生气,反而能反省自己,这个心就变得很平静了。

第四个层次是观忍。《金刚经》中有一首偈子:"一切有为法,如梦幻泡影,如露亦如电,应作如是观。"过去发生的事,就像做了一场梦,虚幻不实;就像一个泡沫,一下子就破灭了;又像打雷闪电一样,短暂易逝。引发怒气的事,其实也是梦幻泡影,也不是真实存在的。都是过去的事了,就不要再斤斤计较了。如果记在心上，每想起一遍就把自己气个半死，这确实是拿别人的错误惩罚自己。

第五个层次叫喜忍。当别人诽谤我们、批评我们、讽刺我们的时候，我们不仅不生气，还要高兴。为什么？因为这个人又来提升我的境界了，又来锻炼我忍辱的功夫了。如果没有那些斥责自己的人，我们怎能知道自己的功夫不够？我们还以为自己的修养已经达到很高的境界了。正是因为有人来批评、诽谤、讽刺我们，我们才知道，原来自己还不能做到如如不动，还很在意别人的看法。

第六个层次，也是最后一个层次，最高的忍辱功夫，那就是慈忍，即不仅不打击报复别人，反而想着帮助他、提升他、成就他。我们每个人都应当有这种责任感、使命感。

很多人都有爱发脾气的毛病，有的人认识到发脾气的坏处后，会想方设法地克制自己的怒气。

比如，美国休斯敦有一位银行家，他小时候就经常发脾气，他讲述了小时候克服发怒这一坏习惯的经历。

> 我小时候脾气很坏，经常动怒，父亲规劝过我很多次，都没有效果。有一天，父亲给我一小桶铁钉子和一把铁锤子，并且告诉我说："你每生气一次，就在后院那个栏杆中间的柱子上钉一颗钉子。"
>
> 第一天，我在那个柱子上钉了十六颗钉子，因为那天我生了十六次的气，发了十六次的脾气。
>
> 后来因为怒气少了，每天的钉子逐渐减少，我也发觉控制自己的脾气比到后院钉钉子要容易很多。最后，我变得不发脾气了。
>
> 两个月之后，我把情绪转变的情况告诉父亲。他再劝我："很好，如果你一天不发脾气不动怒，就去后院的柱子上拔掉一个钉子吧。"
>
> 经过大约七个月，我把柱子上所有的钉子都拔掉了。父亲语重心长地说："孩子，看到柱子上那些小孔了吗？那柱子上千疮百孔，再也不像以前那样好看了。"当你向别人发脾气时，你的恶言恶语就像那些钉孔一样，在人们的心灵上留下了疤痕；也像你用刀子刺向某人身体，拔出刀后，无论你对人家说多少次对不起，那伤口都永远不可愈合了。

所以，大家要记住，坏脾气使人与人之间的交流和沟通变得更加困难，而不是更加容易。很多人都希望借发脾气来解决问题，但事实上，不仅没有解决问题，还带来了更多的、更严重的问题。

中国人有一句话叫"火烧功德林"。比如你以前对朋友特别好，特别讲义气，可以为朋友两肋插刀，为他做很多事。有一次你不高兴，发了一通火，说了几句伤害人家的话，结果人家就记住了那几句伤害他的话，把你以前对他的好全都忘记了，这就叫"火烧功德林"。观察一下经常发脾气的人，你会发现他们的人际关系都不是很好，没有哪个能够维持长时间的友谊。想改掉爱生气的毛病，可以学学心理暗示的方法。晚上，你站在镜子面前，对着镜子说："我从今以后对任何事情都不再生气了。"早晨起来还是用同样的方法，但是说的内容不同："我已经不生气了。"

俗语说："江山易改，禀性难移。"虽然你坚持了几天，但是遇到不顺心的人和事，可能仍然会火冒三丈，请不要因此而丧失信心。经过不断练习，一定可以成功地控制自己的情绪。发怒是拿别人的错误惩罚自己，很少有人是因发怒而把事情处理好，那么为什么不变得聪明一点，换一种方法？通过不断提醒、练习，最后，即使在你面前发生了最令你愤怒的事，你都不会轻易发火了。

第 5 讲
修身始于戒贪

> 《礼记·大学》有云:"古之欲明明德于天下者,先治其国;欲治其国者,先齐其家;欲齐其家者,先修其身。"个人、家庭、国家和天下,存在必然的联系,因此,修身成为齐家治国平天下的"基石"和"压舱石"。而"贪欲"是一切祸害的根源,所以,制欲戒贪是修身做人的第一要则。欲成大事,必先修其身;而修身,始于戒贪!

《群书治要·列子》中记载,楚庄王向詹何请教:"怎么治国?"詹何回答:"我仅明白修身,却还不明白治国的道理。"楚庄王很真诚地说:"我得以尊奉宗庙,拥有整个国家,我希望学会怎样来守护它。"从这里可以看到,楚庄王是一个非常有责任心的人,一心一意想把楚国治理得强大,让百姓安居乐业。詹何回答说:"我不曾听说过君主自身修养很好,而他的国家却没有秩序的;也不曾听说过君主自身修养不好,而他的国家却安定的。所以,根本就在于自身修养。我不敢用治理国家这种次要的事情来答复。"楚庄王听了之后说:"你讲得很好。"

在《群书治要》这部书中,有大量篇幅是论述在位者、从政者应该如何修身的。《大学》中说:"自天子以至于庶人,壹是皆以修身为本。"所以,君主自己的身修好了,齐家治国平天下也不是难事了。修身又从戒贪开始,这是合乎治国平天下的次第的。

如果君主是贤德的君主，他也必然会用贤明的臣子。《书经》上说："有不世之君，必能用不世之臣；用不世之臣，必能立不世之功。"领导者要率先垂范，从自身做起，反对奢靡之风，厉行节俭。如果领导者能够起到很好的表率作用，下面的管理人员也会效法。

修身从哪里开始？格物致知、诚意正心、修身齐家治国平天下。领导者一定要戒止贪心，不与民争利。如果想独占财利，必定会招致民怨，甚至导致灭亡。

《史记》记载，周厉王登位后，贪图财利，亲近荣夷公。忠臣芮良夫劝谏他说："王室大概要衰微了吧！"为什么？下面就说到了"夫荣公好专利而不知大难"这一句话。这个荣夷公喜欢独占利益，却不知道会因此造成严重的社会问题。"夫利，百物之所生也，天地之所载也，而有专之，其害多矣。"财利是天地之间万物所依赖生存的资源，而独占的现象造成资源分配不均，害处可就大了。"天地百物皆将取焉，何可专也？"大家都需要用到这些财利，怎么可以独占？"所怨甚多，而不备大难，以是教王，王其能久乎？"独占财利，所惹怒的人一定会很多，他这样做却不知道会有大的祸患，还用这个方法来教唆君王，君王的统治怎么能够持久？

这里芮良夫的劝谏非常诚恳，也非常直接，可以说是不惜冒着生命危险来劝谏君王。这是古代忠臣一贯的做法。如果看着君王做错事而不去劝告，就是陷他于不义。芮良夫接着说："普通人独占财利，还被称为强盗。您如果干这样的事，来归附您的人就会很少了。荣夷公若被重用，周朝必定会衰败。"

可惜的是，周厉王没有听从劝谏，还是任用荣夷公为卿士，让他主管国事。周厉王施行暴虐的统治，奢侈骄傲，国都的民众都纷纷议论他的过失。这时，召公（召穆公）又来劝谏他说："民众都忍受不了您的政令了。"周厉王很恼怒，找到一个卫国的巫师，派他去监视那些指责自己的人，只要这个巫师来报告有谁诽谤自己，便立刻把他杀掉。于是议论朝政的人愈来愈少，诸侯也不来朝见了。

周厉王更加严厉，结果"国人莫敢言，道路以目"，国都的民众都没有人敢讲话了，在路上相遇时，也只是互相用眼色示意一下。这下周厉王高兴了，他得意地告诉召公说:"你看,我能消除非议了,民众都不敢乱讲话了。"召公说:"防民之口,甚于防水。水壅而溃,伤人必多。民亦如之。是故为水者决之使导,为民者宣之使言。"召公这句话也成为历史名言。这句话的意思是说,您这不过是塞住民口罢了,堵住人民的嘴巴比堵住河流的后果还要严重。河水堵塞蓄积,一旦决口,受到伤害的人一定很多。堵住民众的口也是如此。所以,善于治水的人要疏通河道,使水流通畅;管理民众的人,要让民众发泄,让他们讲话。放手让民众讲话,政事的好坏得失都可以从这里反映出来。民众想在心里,说在嘴上,成熟的意见便可予以推行。若是堵住他们的嘴不让他们发表意见,那么支持您的能有几个人呢?

周厉王仍然不听。三年之后,大家联合起来反抗,袭击周厉王。周厉王逃到彘地。后来,宣王即位,整顿政事,效法文武成康的遗风,诸侯重新归附周朝。

唐太宗李世民之所以能够创下"贞观之治",和他熟读《群书治要》密不可分。《贞观政要》上记载着唐太宗与臣子的谈话,从中可知,他确实是把这些教诲运用在治国之中了。

《贞观政要·论贪鄙》中记载,贞观初年,唐太宗对侍臣们说:"如果人有一颗价值连城的明珠,没有不视之为宝贵的,但是,如果拿着宝珠去射鸟雀,岂不是很可惜吗?而人的性命比明珠要珍贵得多,但人一看到金银钱帛就不畏惧法律的惩罚,立即就收受,这就是不懂得爱惜性命。明珠是身外之物,尚且不能拿去射鸟雀,怎么能用比明珠更加贵重的生命来换取财物呢?群臣如果能够尽忠职守、正直公道,有益于国家、有利于百姓,那么官职、爵位立即就可得到,不必用这种受贿的手段求取荣华富贵。赃物、贿赂暴露以后,人自身也将受到损害,确实是很可笑的。"

在这里,唐太宗用了一个"明珠射鸟雀"的形象比喻,以此来告诫官员,要珍惜自己的官位,不贪污受贿、以权谋私,否则只会得不偿失。

贞观二年,唐太宗又对侍臣说:"我曾经说过,贪婪的人不懂得爱财的道理。例如,五品以上的官员,俸禄优厚,一年所得的收入本来就很多了。如果接受别人的财物贿赂,不过几万钱而已。一旦丑行暴露,就会被革去官职和俸禄,这样做哪里是懂得爱财的道理?他们是因小失大,得不偿失。过去鲁国的丞相公仪休很喜欢吃鱼,但从不接受别人送的鱼。"

  这里唐太宗引用了《群书治要》中的典故"公仪休拒鱼",得到了这样一个结论:从不接受别人送的鱼,他就可以长久地吃上鱼。"且为主贪,必丧其国;为臣贪,必亡其身。"如果国君很贪婪,必定亡国;做臣子的、做领导的很贪婪,必定丧命。他还列举了历史上的一些故事,提醒臣子不要做这种得不偿失的事。唐太宗作为皇帝,秉持了"建国君民,教学为先"的理念,时时警告朝廷百官,让他们引以为戒。

  贞观四年,唐太宗对公卿大臣们说:"朕整天都不敢懈怠,不但忧念、爱惜百姓,也想让你们能够长守富贵。天高地厚,朕长久以来小心谨慎,以敬畏天地。你们如果能总是像朕敬畏天地这样,小心地遵守法令,不但百姓安乐,自己也可常得快乐。古人说:'贤者多财损其志,愚者多财生其过。'"

  "贤者多财损其志",原本贤德之人,财富一旦多了,可能就会骄奢淫逸,过着放纵的生活,不思进取,其志向就不像以前那么坚定了。

  "愚者多财生其过",给没有智慧的人很多钱,他不知道拿着钱去做利国利民的事,反而拿着钱无恶不作,结果就是富不过三代,甚至是富不过当代,这一生还没有过完,就已经败落,甚至锒铛入狱了。所以唐太宗说:"这话可以引以为戒。如果徇私贪污,不但破坏国法,伤害百姓,即使事情没有败露,心中怎能不常怀恐惧?也有因恐惧多了而导致死亡的。"

  "大丈夫岂能为了贪求财物,而害了自己的身家性命,使子孙总是蒙受羞耻?"一旦锒铛入狱,不仅害了自己,自己的家人、儿孙都跟着蒙羞。无论他们走到哪里,都有人在背后指着说:"你看,他们家的谁谁谁,因为贪污受贿,被关到监狱里了。"从这些对话中可见,唐太宗是一个真正明理的人,他不仅是这样说的,也是这样身体力行的。

  贞观七年,唐太宗到蒲州参观考察。当时的蒲州刺史赵元楷是隋朝的旧臣。在隋大业十二年隋炀帝游江都(即今天的扬州)时,负责供应美酒、饮食的,就是赵元楷。隋炀帝与萧后以及宠幸的美女酒杯不离口,赵元楷因"献异味"而被提升为江都郡丞,初尝"媚主"的甜头。得知唐太宗来蒲州巡视,他故技重演,令老年人穿着黄纱单衣,准备在路旁迎接、拜见皇帝。同时,他下令修饰官署的房屋,修建、装饰城楼和城墙以讨好唐太宗。除此之外,他还暗地里饲养了几百头羊,喂了几千条鱼,准备送给皇亲贵戚。

唐太宗知道这件事后,把赵元楷叫来斥责说:"我巡察黄河、洛水之间的地区,经过了几个州,凡是用度所需,都由官府提供。你给我们饲养羊、鱼,雕饰庭院屋宇,这种行为无疑是已灭亡的隋朝的坏风气,现在不能再实行了,你应该理解我的心意,改变旧习。"因为赵元楷已经习惯于阿谀奉承,为人很不正派,所以唐太宗就说这样的话,以示警诫。赵元楷听后又惭愧又害怕,几天吃不下东西,不久就死去了。

从这里我们可以了解到,为什么隋朝很快就灭亡,而唐太宗能够在短短的时间里恢复天下的安定,创下了"贞观之治"——就是因为唐太宗能够从古籍之中汲取经验教训,明白修身是治国之根本的道理。

贞观十年,治书侍御史权万纪上书说:"宣州、饶州的大山中有很多银坑,如果开采出来,利润很大,每年可收入银钱几百万贯。"领导者听到这样的建议一般会怎么做呢?如果是贪财好利之人,一定会非常高兴,说他的建议好,马上去开采。但是唐太宗说:"我贵为天子,这些东西一点儿也不缺乏。我缺乏的是什么?我需要的是什么?我只需要有好的建议来推行善事,以益于百姓。更何况国家增加几百万贯的钱,怎么比得上得到一个德才兼备的人才呢?"

这全都是古圣先贤的教诲。古人不以金银财宝为宝,而是以人才为宝。

他接着说:"你不推举贤能,建议善事,也不揭发奸邪之人,使权贵豪强震惊敬肃,只会说出租、出售银坑以获取利益的事。过去尧舜把璧玉扔进山林,把宝珠沉没于深渊,因而美名被称颂千古。后汉的桓帝、灵帝却重利轻义,是近代有名的昏庸之君。你这样做,是要把我当作桓帝、灵帝吗?"从这一段对话中我们能够看出,明君的风范确实与众不同。不仅如此,他当天就勒令权万纪停职回家。

《论语》中说:"苟子之不欲,虽赏之,不窃。"如果领导者没有贪欲之心,即使奖赏人们去偷窃,他们都不会去的。如果领导者特别喜欢这些珍奇之物,贪财好利,那么上行而下效,整个社会也都会竞相追逐利益。

贞观十六年,唐太宗又对侍臣说:"古人说,飞鸟栖息于树林中,还唯恐树木不够高,要筑巢于树木的顶端;鱼藏于水中,还唯恐水不够深,穴居于水底洞穴之中。然而它们仍然被人捕获,这是为什么?因为就是它们贪图诱饵、抵不住诱惑。现在大臣接受任命，居高官、享厚禄，应当忠诚正直，清廉无私，这样才没有灾祸，长守富贵！古人说：祸福无门，唯人自召。那些以身试法的，都是因为贪图财利，这与那些鱼和鸟又有什么不同？你们应当好好想想这些话，作为借鉴和告诫。"

"祸福无门，唯人所召。""积善之家，必有余庆；积不善之家，必有余殃。"这些话古代适用，今天也适用；在中国适用，在西方也适用。

比如说，著名的安然公司在2001年突然破产了。为什么破产？根本原因就是公司的领导者想独占财利。2001年，安然公司在"世界500强"公司中位居第七位，营业额有上亿美元，是实力非常雄厚的一个公司。这样的一个公司为什么说破产就破产了？我们知道，西方国家很重视制度建设，他们的制度看似很合理：要聘请一个人当公司的CEO（首席执行官），光给他工资是不够的，还必须让他持有公司的股份，这样才能调动他的积极性，使他愿意为公司的利益去打拼。

一个公司的发展也和一个人的成长一样，有起有伏。当公司的经营效果不是很好时，公司的股票就不会增长了，这样就会影响CEO的收入。股票不增长怎么办？这些聪明人就开始想办法了。为了保证自己的收益不受损失，当这个公司没有利润时，他们就开始做假账创造利润。在短短的几年时间里，他们为公司做了6亿美元的假账，掩盖了29亿美元的负债。董事会的29个成员，因为持有173万股安然公司的股票，获益高达11亿美元。

这11亿美元让29个人分，每个人分到的确实很多，诱惑也很大。但是这样的丑行迟早会暴露。安然公司破产后，其CEO被判处有期徒刑100多年。而另一位董事会的高级成员，刚用贪得的钱买了一辆豪华轿车，还没享受，就在豪华轿车中开枪自杀了。

为什么会出现这样的问题？原因很简单，就是"利令智昏"。在利益面前，人们失去了冷静，昏头昏脑，最后做出了不理智的行为。事情败露之后，安然公司宣布破产，这个"世界500强"企业毁于一旦。

安然公司的破产被称为美国经济界的"9·11"事件，这并不是因为安然公司做假账的数额最为巨大，而是因为在安然公司破产之后，美国政府开始调查各大跨国企业做假账的情况，结果发现各大跨国企业几乎都有做巨额假账的经历。比如，一家著名的通信公司在一年零一个季度之内伪造了38亿美元的假账，而另一家著名的国际企业在5年之内做了60亿美元的假账。可以说是一个比一个更严重。2002年，美国政府发表了一个报告，指出2001年因为各大企业的这些假账，给美国政府造成的经济损失是两千亿美元。

通过这个案例我们就明白了"多行不义必自毙"的道理。

不仅如此，生态破坏、资源危机、环境污染等问题的出现，归根结底也都是人的贪欲所致。这些道理如果大家明白了，就可以少走很多的弯路，避免很多的错误。

第6讲
好名之患

> 在我们身边，贪好虚名的现象不但有，而且还衍生出诸多变种，其危害程度绝不亚于贪财好色。想出名，尤其是想获得美名，虽然是人之常情，但如果我们做人做事的动机和目的是为了博取美名、贪图虚名，就违背了做人做事的本然和良知，必将遗祸无穷，掉入或误身或误事或误国或腐败的深渊。

《群书治要》卷四十八《体论》中说："人主之大患，莫大乎好名。人主好名，则群臣知所要矣。"意思是说，领导者的祸患，没有比爱好虚名更大的了。一旦领导者爱好虚名，下属就很容易知道他想要的是什么，然后投其所好。

"夫名所以名善者也，善修而名自随之，非好之之所能得也"。美名是为了褒扬善行的，自身注重修养，美名自然会随之而来，并非因为个人喜好就能得到美名。《论语》中说："不患无位，患所以立；不患莫己知，求为可知也。"不要担心自己没有好的位置发挥才能，这不应是我们担心的重点，应该担心的是有什么样的德行、能力使自己立功、立德、立言于社会，甚至传承千古，值得后世子孙学习，给他们以启示和教导。不要担心自己的名声不够显扬,而应该追求足以使名声得以显扬的德行和能力,做到实至名归。

《群书治要》中记载了邹穆公的故事。邹穆公做国君时,对自己要求很严格,既不讲究美味,也不讲究衣饰华丽,但是对老百姓却非常宽厚,爱民如子。邹国虽然很弱小,但是鲁国和卫国这样的大国都不敢轻视它,齐国和楚国也不能够威胁它。当邹穆公去世时,邹国的百姓非常哀伤。邹国四邻的百姓,听说邹穆公过世,全都朝着邹国的方向表达哀思,连琴瑟的声音都消失了。直到穆公过世一年之后,才重新响起了琴瑟的声音。贾谊评论道:"故爱出者爱反,福往者福来。"能够以仁爱之心对待别人,别人回报的也是仁爱。正如《孟子》中所说的:"爱人者,人恒爱之;敬人者,人恒敬之。"能够给天下人带来福祉的人,自身也自然会有福气。

"苟好之甚,则必伪行要名,而奸臣以伪事应之。"君主如果过分地喜好美名,贪图虚名,就一定会用虚假的行为来求取美名,奸邪的臣子也会以虚假之事来应和,属下也会弄虚作假来附和君主的好名之心。君主如果喜欢虚名,自然就喜欢听恭维、赞颂、肯定的话。同声相应、同气相求,他身边聚集的臣子也必然是谄媚、巴结、阿谀奉承之人,也将会听不到自己的过失,看不到事实的真相。

《群书治要》中记载了齐宣王好射的故事。齐宣王很喜欢射箭,而且特别喜欢听别人夸自己能够使用硬弓,显示自己的臂力过人。其实他所用的弓,拉力不超过三石(一石相当于一百二十斤,三石就是三百六十斤)。齐宣王把弓交给左右的侍从们,侍从们故意拉到一半就停下来,假装自己拉不动,还说:"要拉开这样的弓,所需的力量不会少于九石,除了大王您还有谁能使用它?"于是齐宣王一辈子都认为自己所用的弓的拉力是九石,这难道不是很可悲的吗?这说明,一个君主、一个领导者好大喜功、图虚名,就会吸引阿谀奉承的臣子来投其所好。

如果一个人因为贪好虚名而弄虚作假、谄媚领导,最终受到了褒奖,普天之下的人就会起而效法。君主以虚伪来教化天下,却想让天下人正直、信实、敦厚、质朴,的确是太难了!可见,领导者如果好大喜功,下面就会出现浮夸风。假冒伪劣充斥,也是因为虚伪之风盛行所导致的。

君主深居高位又处于深宫之中,好像在容易迷路的云梦泽游玩一样,需要左右之人来指正方向，所以，选取左右之人非常重要。但是，如果今天君主左边的人说，圣上的功勋真是伟大啊，明天右边的人又说，圣上的声名真是显赫啊，君主每天都听到臣子这么说，而不用事实加以考察对照，就会扬扬自得，认为自己可以与尧舜齐名，自己的教化远播，实现了天下太平。所以，如果一个人的左右之人经常赞美他、称颂他，久而久之他就会自以为圣明。

如果领导者喜欢听谄媚巴结的话，好大喜功，喜欢虚名，那么任用的群臣就会个个卑微平庸，都不称职，那些正直的人是不会来辅佐这样的君主的。

《群书治要·晏子》中记载，晏子去世之后十七年，齐景公宴请诸位大臣饮酒，大家兴致很高，又去射箭。齐景公射出了一支箭，箭脱靶了，但是没有想到的是，大厅之中饮酒的诸位大夫异口同声地说："好箭法！好箭法！"齐景公一脸怒气，大声叹息，把箭抛开了。齐景公很生气的是，自己射的箭都脱靶了，臣子们还称赞他的箭法好，阿谀奉承已经到极致了。

齐景公对刚走进来的弦章说："弦章，我失去晏子已经有十七年了，再也没有听到有谁指出我不对的地方。今天我射箭脱了靶，但叫好的声音却整齐划一，如同出自一人之口。"弦章很有智慧，他回答："这是诸位臣子没有才德！以他们的才智，不足以明察君主的过失；以他们的勇气，不敢触犯君主的龙颜，这才出现了众口一词的局面。但臣也听说，君主喜欢穿的，臣子们就喜欢穿；君主喜欢吃的，臣子们也喜欢吃。尺蠖（一种像毛毛虫的无脊椎动物）吃了黄色的叶子，身体就发黄；吃了青色的叶子，身体就发青。可能君主您还是喜欢听谄媚之言吧！"齐景公听后说："你的话很有道理！"齐景公也很能反省，知道今天的局面和自己有关系，是因为自己喜欢听谄媚巴结的言语。

不称职的臣子，只会依君主的命令行事，不敢有自己的主张。如果臣子们看到问题都不敢犯颜直谏说实话，都是唯领导马首是瞻，怎么能治理好国家呢？

一个人好名有很多种表现。好名的心很微细，它不像好利那样直接贪图钱财。好名是无形的，要懂得认真去反省。好名有什么表现呢？

第一个表现是没有夸赞就没有做事的动力。

如果自己做了事，却没有人肯定、夸奖，做事的动力就不足。换句话说，名闻利养的心在推动着我们努力做事。古人说："天下熙熙，皆为利来；天下攘攘，皆为利往。"如果一件事既没有名又没有利，还有多少人去做？

第二个表现是听不进批评和忠言劝谏。

现在很多人没有学过《弟子规》，不知道"闻誉恐，闻过欣"，很难听进别人的批评，导致关系一般的人都不敢向你指正问题。只有身边至亲之人，发现问题，担心你走弯路，才愿意批评你。但是你已经习惯于听赞扬了，习惯于听好话了，因此，即使是至亲之人对你的批评建议，你也听不进去，甚至产生逆反心理，最后导致众叛亲离。

要想让能够犯颜直谏的朋友来到我们的身边，经常指正自己的过失，就必须培养起"闻誉恐，闻过欣"的雅量，听到别人指出我们的过失要非常欢喜。孔子的弟子子路是"闻过则喜"，听到别人指正他的过失，就非常高兴，非常愿意接受。大禹就更进了一步，"禹闻善言则拜"，听到别人进谏，指正他的过失，就向对方行礼表示感谢。所以大禹能常常看到自己的过失并加以改正，福分自然就到了。就像脸上有一个黑点，别人告诉我们："你脸上有一个东西，赶紧把它擦掉，免得出去被人笑话。"我们都感谢他给自己指出来。如果做人处世、待人接物都不圆满，别人指出来了，我们却没有虚心受教的态度，那就是因为我们的好名之心太重了。

《孔子家语》中也有类似的教诲："药酒苦于口而利于病，忠言逆于耳而利于行。汤、武以谔谔而昌，桀、纣以唯唯而亡。君无争臣，父无争子，兄无争弟，士无争友，其无过者，未之有也。"良药吃起来虽然很苦，但对病的康复是有帮助的；忠言虽然不好听，但对修正自己的行为是有帮助的。商汤、周武王的臣子都能够直言不讳，犯颜直谏，所以汤武就兴盛起来了。夏桀王和商纣王的臣子都是唯唯诺诺，不敢犯颜直谏，即使有犯颜直谏的，也都被处决了，余下的臣子都不敢再提建议，桀纣就灭亡了。如果君主、领导者没有勇于直谏的属下，做父亲的没有敢于争辩的儿女，做兄长的没有敢于和他争论的弟弟，做士大夫的没有敢于挑刺的朋友，而这些人还不犯错的，是从来没有过的事。

一个人认识自己是最难的，很多时候人的眼睛都向外看，看到的都是别人的过失，很少有反省自己的。有人说，人生中背着两个包袱，一个包袱上写着他人的过失，另一个包袱上写着自己的过失。我们在走人生之路的时候，往往把写着他人过失的包袱放在了面前，一低头就能看到，而把写着自己过失的包袱放在了背后,怎么看也看不到。

对症的办法就是把两个包袱调换一下,这样就可以更多地看到自己的过失。孔老夫子告诉我们,"见不贤而内自省也",看到别人有这样的问题,马上反省自己是不是也有类似的问题。反省之后才知道,他是来提醒我们的,我们也有这样的问题。另一个很好的办法就是要有善友,可以规劝自己的朋友、兄弟姐妹。这就需要自己心量大,愿意接受别人的批评和建议,而不是一味地找借口、找理由。

好名的第三个表现,就是做了一点点好事,取得了一点点成就,获得了一点点奖励,就生怕别人不知道,希望人尽皆知,尽量宣传自己。

好名的第四个表现就是喜欢高高在上,希望被人尊敬、被人赞美。一旦没有受到足够的尊敬,就会不高兴,甚至生闷气。要想知道自己有没有好名的心,其实很容易。比如,我去讲课,下课后听到有人叫"刘教授",自己心里有没有一丝丝的高兴?心里是否想"你看,别人都认识我"?这个心念一起,就要警惕了。听到别人说"刘教授,我们能不能照张相留念",自己心里就很高兴,想着"你看我名声这么大,别人都要纷纷跟我合影",这也是好名之心。

这时应像古人所说的"闻誉恐"。听到别人称呼我们,知道很多人在看我们的东西,我们应该战战兢兢、如临深渊、如履薄冰,生怕有一句话讲错了,让人产生误解,给人以错误的引导。没有形成这样的态度,就很容易被名闻利养污染,自己还沉迷其中,不知道反省。还要想到,今天我们能够站在讲台上,和大家一起分享学习传统文化的心得,得益于很多人在背后的默默付出。比如,我们能够走到今天,我们的父母、兄弟姐妹付出了多少的辛劳,我们的老师做了多少辛苦的工作,我们才有机会和大家一起学习。我们要时时刻刻都有感恩的心,希望自己能够把所学的贡献给大众,对大众的幸福人生、对社会的安定和谐有所帮助,"不求有功,但求无过"。

不能够正确地面对挫折也是好名的一个表现。我小时候学习很好,考试总是第一名,一旦考第二名就觉得是很大的失败,不能够正确地面对挫折,患得患失的心特别重,生怕自己做得不够完美。现在出现心理问题的学生大多不是那些考试成绩很差的学生,而恰恰是那些每次考试都考得很好的学生,他们的心理问题可能更多。

好名还有一个表现，就是嫉妒心特别强，不能够接受别人的名声比自己还大、别人比自己更受重视的现实。当老师表扬某位同学时，当领导表扬某位同事时，我们的心是"见人之得，如己之得"吗？见到别人取得成就，就如同自己取得成就一样高兴吗？很多人的反应恰恰相反，就像条件反射一样，嫉妒心、愤愤不平之心就产生了。"我做得比他还好，为什么领导就看不到我，反而表扬他？""为什么我付出了这么多，就没有被看到、没有被重视呢？"如果我们想到，人和人都是一体的，他做好事和我做好事无二无别，别人做了好事，我们去帮助他、成就他，他所做的好事就是我所做的好事，这样心态也就平和了。

一个人特别好名，患得患失的心特别强，还表现为特别在意别人的看法。比如，与人相处时不那么自在，担心自己讲课的效果不好，不知道别人评价如何，这些都是好名的表现。好名的心确实很微细，也非常难以克服，需要时时警觉。

《了凡四训》中说："世之享盛名而实不副者，多有奇祸。"在世间享有很大的名声、妇孺皆知的人，如果名不副实、德不配位，就多有意想不到的、突如其来的灾祸。所以，我们要更加小心谨慎，保持谦虚低调的态度。

第 7 讲
欲不可纵

> 吃喝玩乐是人最基本的生存条件，也是人的基本欲望，但凡事都有个度，过度的吃喝玩乐就是纵欲，轻则伤身败德，重则招来万劫不复之灾。《老子》中写道："五色令人目盲，五音令人耳聋，五味令人口爽，驰骋田猎令人心发狂，难得之货令人行妨。"老子此言意在提醒世人，纵欲和贪图身体享受将导致最终的败亡。

修身是治国之本，而修身，始于戒贪。我们前面讲到了贪财、贪名，接下来我们讲贪吃、贪喝、贪玩、贪乐。

这些全都属于欲望。《群书治要·老子》中有一句话："五味令人口爽"。五味，就是指酸甜苦辣咸五种味道，在这里其实也是泛指各种味道，或者调和各种味儿而成的美味食品。口爽，这个"爽"字，有丧败的意思。也就是说，过度重视这些美味，会伤害到自己的味觉。比如说，如果特别喜欢辣、辛等味道，且过度吃，这样吃到最后，自己的舌头都吃坏了，不敏锐了。而有一些食物的原味儿，比如说青菜，那原本的清香，我们就尝不到了。所以人对食物的欲望越淡，口味越轻，他的味觉就越敏感，他就能够吃出食物的原味。

现在有很多人都特别喜欢吃味道重的食物。比如吃一碗面，要放很多胡椒、辣椒、酱油等等。比如有人说,吃辣椒有三种境界。第一种境界叫不怕辣,第二种境界叫辣不怕,第三种境界叫怕不辣,越吃口味就越重了,给身体造成了很大的负担,最后得这样或者那样的病。现在的高血糖、高血脂、高血压、心脏病等,往往和食物味道过重有关。欲望随着口味也越来越重,最后自己也控制不了自己。

中国人有一句话说"病从口入"。"病从口入"不仅仅指吃了不卫生的食物,它也告诉我们,吃了不该吃的食物,会导致各种疾病。它提醒我们,不该吃的东西要少吃、不吃。

再看喝。《群书治要》最后一章《抱朴子》中有一篇文章叫《酒诫》,这一篇文章把饮酒的危害,可谓描写得淋漓尽致。

这篇文章写得非常好,我们一起来学习一下。它说:"夫酒醴之近味,生病之毒物,无豪锋之细益,有丘山之巨损。君子以之败德,小人以之速罪。耽之惑之,鲜不及祸。""酒醴"中的"醴"是一种甜酒,酒和醴的味道接近,都可以称为"致病的毒药",对人没有丝毫益处,却有像山丘那样大的害处。君子因为喝酒而败坏了德行,小人因为喝酒而招来了罪过,但是人们却沉迷于酒醴之中。

"世之士人,亦知其然,既莫能绝,又不肯节,纵口心之近欲,轻召灾之根原,似热肠之恣冷,虽适己而身危。"世间的士人,都知道饮酒的危害,一提起饮酒的过患,都能说得头头是道。但是很多人不能戒除,也不肯有所节制,而放纵自己的内心和口腹之欲,忽视了声名受损和招致灾祸的根源。这就好像人在有内热时喜欢喝冷饮一样,虽说一时适意,但是身体却受到了伤害。"小大乱丧,亦罔非酒。然而俗人是酣是湎。"小到个人的祸患,大到国家的灭亡,无不是由酒造成的。而世俗之人却依然畅快淋漓地饮酒,沉溺其中不能自拔。

酒所引起的灾祸,可以说多得难以记载。但是人们欢聚时,却没有人舍得放弃饮酒。举杯之声不绝于耳,不管能不能喝,都开怀畅饮。把残留的酒滴说成没喝完的剩酒,不依不饶,认为对方迟迟不喝,就是看不起自己。把整瓶酒都倒给所敬之人,殷勤反而变成了不厚道。劝酒不肯端杯,催促不肯饮尽,难看的脸色、难听的话,也就因此而产生了。

当然也有很多人说，饮酒可以减轻压力。其实这句话似是而非。为什么呢？饮酒其实就是麻醉自己。人什么时候才需要麻醉自己？什么时候才需要打麻醉药？人生有痛苦的时候，才需要麻醉自己。那么，人生为什么会有痛苦呢？原因就是自己该尽的责任没有尽到，该承担的本分没有承担起来，所以才会觉得痛苦。"借酒浇愁，愁更愁"。把五伦关系都处理好，人生才会越走越充实，才不会觉得空虚。这才是从根本上解决问题，才能够获得幸福美满的人生，而不需要用酒来麻痹自己、躲避痛苦。

很多人还说，饮酒还能够交好多朋友。其实饮酒能够交到的朋友，都是酒肉朋友。有酒有肉是好兄弟，但是人遇到急难的时候，这些朋友又都在哪里呢？所以交朋友要以道义相交，而不能交酒肉朋友。还有人说，酒是中国的文化，是中国传统文化的一个重要的组成部分。那么，什么才是中国真正的酒文化呢？

《左传》中记载，鲁庄公二十二年，陈国发生了动乱，太子御寇被杀，公子陈完流亡到了齐国，齐桓公任命他做卿。陈完辞谢说："我是流亡到齐国的人，您收留我对我来说就是很大的恩惠了，怎么敢接受这么高的官位呢？"最后齐桓公任命他做工正，也就是主管工匠的官职，陈完就接受了。随后他请齐桓公喝酒，两个人喝得很高兴，不知不觉到了晚上。齐桓公说："我们点上灯接着喝酒吧。"因为他们喝得正是高兴的时候，还没有尽兴。如果是普通人，看齐桓公喝得这么高兴，也一定会答应他的要求，但是陈完却没有答应。他说："我只是选择了在白天来招待您，没有选择在夜晚招待您，所以不敢听从您的命令。"这就等于直接把齐桓公拒绝了。陈完还陈述了拒绝的理由，他说了这样一句话："酒以成礼，不继以淫，义也。以君成礼，弗纳于淫，仁也。"中国人说"无酒不成席"，酒是用来干什么的呢？它是用来帮助完成礼仪的，不能够没完没了地喝下去，这才符合义，这才是适宜的。能让君主完成礼，同时又不让君主饮酒过度、伤害身体，这才是对君主真正的爱护，这才是"仁"。

话说到这种程度，齐桓公当然就不好意思再喝下去了，所以一场酒席也到此结束了。从这个故事中我们看到，即使是国君的要求，古人若觉得不符合礼、太过分，他也会婉言拒绝。做什么事情都不要过度，都要有分寸，要符合礼的节度。

所以，什么是中国的酒文化？这个酒是帮助完成"礼"的，点到为止，这才是中国的酒文化。绝对不是让人沉湎于酒、满足口腹之欲，喝得没完没了，最后伤身败德。所以，喝酒不能喝得酩酊大醉，也不能喝得失去了斯文、失去了体面、失去了领导的威仪。领导者要明白：什么是文化？文化的本质是"以文化人"，也就是看了这首诗，听了这首歌，读了这篇文章，能够改变人的气质，使人转恶为善。把错误的行为改正，提升自己的气质，这才叫文化！

"酒文化"一定是促人转恶为善、转凡成圣，让人的境界不断提升的。一上升到文化的层次就有这个意味了。真正的酒文化是"酒以成礼，不继以淫"。怎么戒酒呢？一些现代人总结出一个很好的办法，就是看一看喝醉酒的人的丑态，你就明白了，原来自己喝醉酒之后，也是这样丑态百出，失去了威仪，惹人嘲笑。你就能把酒戒了。

有人总结了饮酒后容易产生的九种过失。

第一是"颜色恶"。经常喝酒的人，脸色就变黑了。我们常说"酒色之徒"，"酒色之徒"的脸色都发暗。

第二是"下劣"。饮酒之人醉酒之后东倒西歪，站都站不稳，威仪不肃，容易被人轻视厌恶。

第三是"眼视不明"。经常饮酒使得眼睛昏花，视力下降，看不清楚。

第四是"现瞋恚相"。一个人饮酒之后，不能控制自己的情绪，这时候很容易产生怨恨心，无论对亲属还是对贤善之人，都可能发脾气，特别是当他有抱怨的人或事时，又处于醉酒之后，常常神志不清，不能够控制自己。《六韬》上记载，要想知道一个人能不能够胜任将军之职，有一个方法，那就是"醉之以酒，以观其态"，也就是让他喝醉酒，看他是不是酒后失言，酒后失态。

第五是"坏田业资生"，即对他的事业有损害，特别是经商。酒醉的时候头脑不清晰，这个时候还要谈生意，就很容易出麻烦，给自己的事业造成危害。如果真的签了约，可能后悔莫及。

第六是"致疾病"。饮酒过度，身体失调，导致患慢性病、急性病，等等。所以，如果一个人好饮酒，身体就不可能健康。

第七是"益斗讼"。醉酒的人容易发狠，与人争竞时会产生怨恨，这叫"嗔毒"。人不饮酒的时候还能够控制自己，但是饮酒之后自制力往往下降，容易引起争斗,甚至还会因为好勇斗狠而不计后果。

第八是"恶名流布"。常常醉酒,舍弃善法,没有人称赞他,反而会恶名流布,远近皆知。

第九就是智慧减少。饮酒使人昏迷,颠三倒四,愚痴狂悖,记忆力下降,聪明智慧也日渐减少。

饮酒有这么多的过患,所以我们确实应该下勇猛心来戒酒。

前面讲了吃、喝,接下来是玩。《老子》中有一句话说,"驰骋田猎令人心发狂"。"田猎"就是打猎的意思,古代的游玩主要就是打猎。骑着马驰骋打猎,追逐野兽,会让人心神不宁,心性会被引发得比较狂野。而人在猎杀野兽时,他的心是一种杀戮之心,这种杀戮之心和人的本性仁慈之心是不相应的。比如《孟子》中说:"君子远庖厨,所以全吾恻隐之心也。"君子为什么要远离厨房呢?因为厨房里经常会有杀鸡、杀猪等杀生场面。如果一个人经常看到这种场面,久而久之就会认为这是非常正常的事了,他的仁慈之心就逐渐地被埋没了。所以君子远离厨房,就是为了保全自己的恻隐之心。

古代的人没有现在的人这么多的游戏方式,他们主要的游戏方式就是打猎。特别是像唐太宗这样武将出身的人,非常喜欢打猎。有一次,唐太宗外出打猎,途中遇上了大雨,他的雨衣都被浇漏了。这个时候他就问谷那律雨衣的事。谷那律是当时的谏议大夫,他有一个绰号叫"九经库"。历史上有很多的经书,最初是"六经":《诗经》《尚书》《礼记》《周易》《乐经》《春秋》,这是孔老夫子教导学生用的"六经"。后来《乐经》失传,到汉代的时候就置"五经博士",留下了"五经"。到唐朝就演变为"九经"。"九经"就是《诗经》《尚书》《礼记》《周易》《春秋》,而将《礼记》分为《周礼》《仪礼》《礼记》,将《春秋》分为《春秋左传》《春秋公羊传》《春秋谷梁传》。所以当时有"九经"之说。唐朝的明经科考九经也就是这个"九经"。谷那律被称为"九经库",说明他对这些经典非常熟悉。"九经库"是褚遂良给他起的绰号。我们现在讲的"十三经"是唐朝以后才确定的。

这时唐太宗就问谷那律:"雨衣怎样做才不会漏雨呢?"谷那律很幽默,实际上也是为了启发唐太宗,他说:"如果能够用瓦做雨衣,这个雨衣肯定不会漏雨。"我们想一想,怎么可能用瓦片来做雨衣呢!那根本不可能,穿在身上也很重，不方便。所以唐太宗"听思聪"，他听出了弦外之音。谷那律的意思，不是让他用瓦片来做雨衣，而是希望他不要经常出来打猎，这样就不会被雨浇到了。唐太宗对他的回答大为赞赏，赏了他五十段锦，还有一条黄金为饰的带子。从这里我们也看到，唐太宗虽然喜欢打猎，但是他也熟读经书，知道打猎的害处。所以当谏议大夫提醒他的时候，他也非常高兴地接受，并且还鼓励官员给他提各种各样的建议。虽然这个建议有违他的嗜好，他也欣然接受。反过来看现代社会，现在孩子虽然不打猎了，但是他们打游戏了，打电动玩具了，而且这些游戏都是以打人杀人的多少作为晋级的标准。最后打到什么程度呢？一个十二三岁的孩子把别人杀了，居然一点儿都不惊恐。为什么呢？因为他每天都在游戏上杀啊打啊，杀到最后自己都麻木了。警察问他：你怎么犯了这么大的罪？他怎么回答呢？他说，等一下他就活过来了。这种现象就是把人的精神损害了，人的神经系统出问题了，分不清哪是模拟的，哪是现实的生活了。

《淮南子》中记载，衰败之世的社会风气有一个重要的特点，那就是："贵远方之货，珍难得之财"，也就是重视远方而来的东西，珍视难得的财物，而不注重生活的必需品。这样就会使天下质朴敦厚的风气日渐淡薄。所以，这种"贵远方之货，珍难得之财"的风气一旦形成，人们就会去抢购、收藏这些东西，想方设法地获得这些东西。那些没有钱购买的人就会想方设法地偷盗，所以偷盗的现象也会越来越严重。

第 8 讲
过而不改，是谓过矣

> "人谁无过？过而能改，善莫大焉。"这是一句规劝人们知错就改的名言。人做事很难不犯错。过，有无心之过和有心之过。然而，不管有心抑或无心，改了就好，怕就怕明知自己有过、有恶而不愿改、不想改、拒绝改，那就是过上加过，恶上更恶，最终将伤害自己的身心，乃至招来灾祸甚至导致丧失生命。

《群书治要·鬻子》中说："大忌知身之恶而不改也，以贼其身，乃丧其躯，有行如此，之谓大忌也。"

这句话的意思是，人生最大的忌讳，就是明明知道自己身上有很多的缺点却不能够改正，这会伤害自己的身心，导致丧失生命，一个人有这样的行为，实在是人生的大忌。

人不能够改过，可能有四个方面的原因。

第一，没有认识到这等错误的严重危害。《周易》上说："小人以小善为无益而弗为也，以小恶为无伤而弗去也，故恶积而不可掩，罪大而不可解也。"意思是说，小人认为，做一些小的善事没有什么益处，就不屑去做；做一些小的恶事无伤大体，便不改过。结果罪恶日积月累，以至达到了无法掩盖和不可解救的地步。由此可见，灭家亡身都是有过失而不能改所导致的。所以古人说:"勿以恶小而为之,勿以善小而不为。"

第二,因为志向不坚定,改过的愿望不迫切。

苏轼在研究了古人取得成就的原因后说:"古之立大事者,不惟有超世之才,亦必有坚忍不拔之志。"明代思想家王阳明也说:"志不立,天下无可成之事。"要想成就一番事业,必须先立志。"志"就像目标一样,人生有了目标才不会受诱惑。就像登山时,如果目标是山顶,我们就不会在前往山顶的过程中,看到沿途的鲜花很好看就停下来去欣赏,就不会被这些东西诱惑。

那么,应该树立什么样的志向呢?清朝思想家唐甄曾说:"其为志也,以至于尧孔而不少让。"要立像尧帝、孔子这样的圣贤人的志向,也就是说,要把成圣成贤作为自己人生的目标。所以,改过的关键在于是否确立了人生的目标。

我们知道自己本具纯净、纯善的本性,人生的意义就是要"明明德",所以要把所有与"明明德"不相关的东西都放下,与此不相符的东西都改正。比如自私自利、名闻利养、五欲六尘、贪嗔痴慢、是非人我等。不放下这些东西,受损失最大的是自己,实在是辜负了此生人之为人的机缘。明白了这一点,我们才能够勇于改过。

曾国藩先生终其一生都在教导家人和后世子孙要铭记迁善改过的重要性。他年轻时,"自负本领甚大,每见人家不是",自己才华横溢,就看不起他人,经常挑剔他人的过失。30岁的时候才开始意识到自身的不足,立志学做圣人。他改正自己过失的方法就是写日记,通过日记记录自己一天的言语行为。到了晚上,回忆这一天,自己的言语哪一点说得过分了,哪一点不符合圣人的要求,然后加以反省、自责。同时,他公开自己的日记,让身边的好友来监督自己。

《了凡四训》中说,要"日日知非,日日改过"。假如"一日不知非,则一日安于自是。一日无过可改,则一日无步可进"。为什么天下聪明的人很多,他们的德行却不能得到提高,善业没有不断增长?原因就在"因循"二字耽误了一生。"因循"就是不能够改正自己的过失,没有勇猛心。所以,袁了凡先生以身作则,厉行改过迁善,最终改造命运,心想事成。如果一个人成圣成贤的志向不够坚定,他改过的愿望也就不那么迫切了。

第三个不能改过的原因是身边没有好的榜样。我们所接触到的物质环境、人际坏境等，很多都导致我们退堕，而非让我们成圣成贤。我们身边的亲朋好友大多在追名逐利、唯利是图，并且习以为常，我们也就习惯成自然，自己有过失不仅看不到，即使看到了也不愿意改正了。所以古人说，选择一个好的修学环境对自己的修养特别重要。

"蓬生麻中，不扶自直"。蓬草生在麻中，没有人扶它，也会向上生长，长得很直。懂得亲师择友，亲近善良的、贤德的老师，选择善友，这比什么都重要。古人还说："亲附善友，如雾露中行，虽不湿衣，时时有润。"和那些善良的、有德行的人交往，就像在雾水中、露水中行走一样，虽然身上的衣服没有湿，但是你时时能够感受雾露的滋润，不知不觉自己也成为一个有德行的人。所以，对于好的老师、朋友、好的修学环境，要特别珍惜，这样才能够"德日进，过日少"。

第四个不能够改过的根本原因是一个人缺乏孝敬之心。孝是中华传统文化的根，敬是中华传统文化的本。孝敬之心也是慈悲心的根本，也是改过的动力所在。

经过调查发现，很多成为高考状元的学生家境都非常贫寒，他们的父母为了供他们上学历尽千辛万苦，甚至卖血筹学费。孩子不忍心辜负父母的期望，所以拼命读书，最后成为高考状元。关于这一点，我自己也深有体会。我上初二时，从县级中学调到一个市级中学去读书，这个学校的教学进度很快，我也不是很聪慧的人，第一次参加数学考试，满分120分就得了58分，在自己的学习生涯中从来没有得过这么低的分数，不仅不及格，还少得可怜。看到这样的分数，自己很受不了，伤心地落泪。到初三毕业考试的时候，120分的卷子，我得了满分；还有一个100分的卷子，我得了98分。一年的时间提升这么快，原因就是不忍心让母亲失望，因为母亲供我们读书历尽了千辛万苦，她用自己一个人的退休工资，供我们三个孩子读书。为了不让母亲失望，我就非常刻苦，结果在一年之后，成绩大幅度地提升，最后我考上了我们市也是我们省的重点高中。所以，一个人能否取得成就，很大程度上不在于他多么聪明，多么有智慧，天生的资质有多好，很大程度上在于他有没有一颗孝心，有没有一颗感恩之心。

很多人之所以能够戒酒、戒毒、戒色，弃恶从善，吃苦耐劳，就是因为学习传统文化之后，有了孝心，不希望父母再为自己担忧，所以把多年养成的不良习气，全都克服了。戒毒所的人说，用现代所谓科学的戒毒方法，能够真正戒掉毒瘾的人，只有百分之二而已，少得可怜。但是，吸毒人员在学习传统文化之后，有了孝心、责任感、感恩之心，戒毒成功的比例就大大地提升了。

关于改过，《了凡四训》这本书讲了怎样改过，为什么要改过，改过有什么效果。这本书对我们帮助很大，我们看一看，怎样改过呢？

《了凡四训》告诉我们，改过要有三种心，第一就是羞耻心。

"但改过者，第一，要发耻心。思古之圣贤，与我同为丈夫，彼何以百世为师？我何以一身瓦裂？耽染尘情，私行不义，谓人不知，傲然无愧，将日沦于禽兽而不自知矣。世之可羞可耻者，莫大乎此。孟子曰：'耻之于人大矣。'以其得之则圣贤，失之则禽兽耳。此改过之要机也。"意思是说，改过，第一就是要有羞耻心。什么是羞耻心呢？想想古代圣贤比如孔子、孟子，他们和我同是人，为什么他们能够成为百世的师表，而我却是一身瓦裂（"瓦裂"指破碎的陶制器皿，形容一文不值），过分地放纵感官的享受和欲望的满足，偷偷地做着一些不仁不义的事情，这样还不以为耻，以为别人都不知道，就一天一天地堕落为禽兽，还自以为是。世上最让人可羞耻的事无过于此了。所以孟子说，"耻"这个字对于一个人而言太重要了。人有了羞耻心，就可以"知耻近乎勇"，进而改过自新，成为君子，成为贤人，成为圣人。"耻"的繁体字写法是一个"耳"加一个"心"字，解释为"辱也，从心，耳声"。看到这个字，很容易知道什么叫"耻"。"耻"是一个人听到别人说自己的过失，心生惭愧，体现在表情上就是面红耳赤。所以，"耻"是心有所惭愧所表现出来的一种状态。

如果一个人有羞耻心，做了错事感到惭愧，"知耻近乎勇"，他就能改正自己的过失，进而成圣成贤。

这句话告诉我们，圣贤人和一般人的区别在于，他虽然也有过失，"人谁无过"，但是他知过能改。"过而能改，善莫大焉"，犯了过失知道惭愧，进而勇于改过，就能够成圣成贤。这个"知耻"并不仅仅是说你做事犯了错而知道惭愧、知道羞耻，而且还说，因为我们现在没有成为圣贤人，成为人人效仿的君子，这是我们要感到羞耻的。

相反，如果一个人没有了羞耻心，那么确实堕落得离禽兽不远了。《礼记》

上说:"鹦鹉能言,不离飞鸟;猩猩能言,不离禽兽。今人而无礼,虽能言,不亦禽兽之心乎?"鹦鹉能够学舌,能够学人讲话,但是它不过是飞鸟而已;猩猩有的时候智力也很高,也会学人讲话,但它也不过是禽兽而已。现在的人不懂得用礼来约束自己不当的欲望和行为,即使能够讲话,也只是变成了会讲话的禽兽了。

所以,如果你学到了这个"耻"字,因听到别人说自己的过失而面红耳赤,并进而改正,你的道德学问就会不断提升,气质也就随之改变了。

第二,要有畏心,就是要有畏惧之心。有了畏惧之心,才有诚敬。"畏"就是害怕的意思,当然害怕中也含有恭敬。在过去,学生对老师,儿女对父母都有敬畏之心。敬畏就是既敬爱又害怕。如果没有了这种敬畏之心,就不知道行为要有选择,就会想做什么就去做什么,这样的话,什么坏事都做得出来。中国古人不仅仅畏惧世间的法律,也畏惧天理,但是现在的很多人,会钻法律的漏洞,不畏惧法律,更不相信天理,所以是"无法无天"。当然在现代社会中,社会舆论的监督也越来越严密,一个人做了不如理、不如法的事,经常会被网络曝光,这也可以让人感到敬畏。所以言行举止都要小心谨慎,要能够对自己负责,否则确实是"一失足而成千古恨",悔之晚矣。

第三,就是要有勇心,也就是说勇猛精进改过自新。《了凡四训》说:"人不改过,多是因循退缩。""因循",就是迟延拖拉,得过且过,没有恒心,没有毅力,更谈不上意志,没有一定要改正过错的心。他不知道为什么要改过,觉得何必活得那么辛苦呢?"退缩",就是退转,有的人一开始也下决心,但是遇到了困难,受到了阻碍。有的人下定决心要戒烟、戒酒,如果有好的朋友在旁边经常提醒,又没有人诱惑他,他可能还能够戒上半个月、一个月,但是如果有朋友叫他去吃吃喝喝,大家又在一起抽烟,他就很难再把握自己。

《了凡四训》说:"吾须奋然振作,不用迟疑,不烦等待。"这就是有勇猛心的样子。要振作起来,立刻就改,而不是说等到明天,等到明年,或者再给自己规划一个改正的日子。"明日复明日,明日何其多!"如果你要等到明日,那就永远也改不了,所以应该立刻就改,当下就改,就像《了凡四训》上所说的:"小者如芒刺在肉,速与抉剔;大者如毒蛇啮指,速与斩除,无丝毫凝滞。此风雷之所以为'益'也。"它告诉我们,小的过失就像扎在肉里的刺,需要赶快把它剔除；大的过失就像毒蛇咬了我们的手指，要立刻把手指斩断，否则毒扩散了就会导致生命有危险。人改过也需要像这样毫不犹豫，当机立断。如果一个人具备了羞耻心、畏惧心、勇猛心这三种心，那么有过就会改，改过之后就会有一些效果。

《了凡四训》指出，除了具备这三种心，改过还有三种方法。

第一是从事上改。比如说，我们以前喜欢生气，喜欢说谎话，从此以后就不生气，不说谎话了，这是从事上改。但是只从事上改而不明理就比较难以改得彻底，所以《了凡四训》上说："善改过者，未禁其事，先明其理。"在还没有改这个具体的事前，首先要明白为什么要改的道理。这就是第二种方法，即从明理上改。

当然最好的方法是第三个方法：从心上改。

《了凡四训》中说："过有千端，惟心所造，吾心不动，过安从生？"这说明了一个很大的道理。所有的过失都是心的一种产物，如果心不动，没有恶念、邪念，总是怀有慈悲，并且善意地对人，就不会产生这些过失了。凡是恶念、邪念产生的时候，就能够意识到并把它制止，这是最高明的改过的方法。中国人有一句话："不怕念起，就怕觉迟。"不怕你念头生起了，邪念、恶念产生了，怕的是你让它连续不断。恶念一生起马上就能够转念，这是最重要的。这就是告诉我们，"种种诸过，不必逐类寻求"，种种过失，不必一桩一桩地去想、一桩一桩地去改。也就是"一心为善，正念现前，邪念自然污染不上"，"一心为善"就是念念为了他人，为了社会，为了国家，不是为了自私自利。如果你还夹杂着私利，这个善念就不纯。"正念"是相对于"邪念"而言的。"邪念"当然就是错误的观念、见解、行为，这种错误会对他人、对社会乃至对国家有伤害。因此，从心上改是最高级、最根本的改过方式，以至可以杜绝"过"的产生。

如果我们具备了这三种心，学会了三种改过的方法，进而去力行，那么过失就很容易改正了。关于改过的方法和效果，大家可以看一看《了凡四训》。

第9讲
奢靡之害

> 唐代诗人李商隐在《咏史》一诗中写道:"历览前贤国与家,成由勤俭破由奢。"奢靡的生活方式好比"温水煮青蛙",在不知不觉中整垮我们的身体,消磨我们的意志,败坏我们的德行,最终给我们带来祸殃。奢靡一旦成为整个国家上行下效的风气,那么,个人和国家将会"殃祸立至"。奢靡之风危害甚大,我们必须保持高度的警惕。

《群书治要·汉书》中说:"自成、康以来,几且千岁,欲为治者甚众,然而太平不复兴者,何也?"这句话提出了一个很好的问题。从成康盛世到当时的汉代,将近一千年了,想使国家大治的人,大有人在,哪一个领导者不希望国家得到治理、社会和谐呢?但是太平盛世却没有再出现,这又是什么原因呢?成康盛世是"刑措四十年而不用",也就是说,刑罚搁置了四十年都没有使用;"囹圄空虚","囹圄"就是监狱,监狱里都没有犯人,达到了这样的治理效果。后世为什么达不到这样的效果?下面就作了回答。"以其舍法度而任私意,奢侈行而仁义废也。"就是因为废弃了治国的常理、常法。"法度",是指恒常不变的礼法,这种礼法,我们可以概括为"五伦""五常""四维""八德"。也就是说,不再讲"仁、义、礼、智、信"了,也不再讲"父子有亲,君臣有义，夫妇有别，长幼有序，朋友有信"了，也不再讲"忠、孝、仁、爱、信、义、和、平"八德了，也不讲"礼、义、廉、耻"四维了。把这些治国的常理、常法都废弃了，凭着自己的私心、喜好来治理国家，奢侈盛行而仁义被废弃了。这是因为，人一旦产生私欲，就会为了满足自己不断膨胀的欲望而过上奢侈浪费的生活，而一旦奢侈浪费了，他就会不惜盘剥人民的血汗，不可能对百姓有仁爱之心，所以"奢侈行而仁义废"。这就是国家不能够再出现太平盛世的重要原因。

这句话我们可以用历史上的一些经验来证明，比如说，历史上曾经出现过很多的盛世，如文景之治、贞观之治等，而这些盛世的出现，无一例外都是因为当时的皇帝有这种认识，所以能够力行节俭，反对奢靡。这就是《老子》中所说的"我无欲，而民自朴"。特别是作为领导者，处在最高位的天子，如果他没有过多的欲求，那么民风就自然而然会归于淳朴。

比如，汉文帝时，有一个人向汉文帝贡献了一匹千里马，日行千里的宝马。面对这件事汉文帝是怎么做的呢？汉文帝下诏书，很幽默地说："鸾旗车在前先行，随班的车在后紧跟着，吉日出行一天行五十里，军队行军一天只行三十里，那么朕骑着千里马，日行千里，独自先到哪里去呢？"于是他将千里马归还，而且还付给献马的人行程的费用，并且下诏书说，朕不接受进贡，不要再进献贡品了。做皇帝的都不认为这些远方之货、难得之物贵重，结果会怎样呢？结果就是闲游的娱乐被禁绝了，珍奇美丽之物的赠送也杜绝了。后来，汉文帝的谥号为"文"。他确实懂得以"文"化天下，也是这样把国家治理好的。

唐太宗创建了贞观盛世，他又是怎么做的呢？《贞观政要·论俭约》中记载，唐太宗在贞观元年时对侍臣说："自古以来，帝王凡是要大兴土木，都必须顺应民心。从前大禹凿九山，通九江，耗费人力巨大，但是老百姓却没有抱怨。这是为什么呢？这是因为他所作所为是民心所向，反映了百姓的意愿。但是秦始皇营建宫室，人民都反对，为什么呢？因为秦始皇是为了满足自己的私欲，违背了民心。朕现在想建造一座宫殿，材木都已经准备好了，但想想秦始皇的教训，就决定不再兴建了。古人曾说：'不要因为做无益的事情而损害了有益的事。见不到引起贪心的东西，心就不会被扰乱。'从这里就可以看到，如果人见到诱人之物，他的心就容易被污染。比如看到那些精雕细镂的器物、珠宝玉器、服装玩物等，如果纵情享受，灭亡的日子就会立刻到来。"

所以唐太宗提出，宅第、车服、婚嫁、丧葬等，如果用度超过了规定，过于奢华，都要禁止。从此以后二十多年，社会风俗崇尚简朴，衣服没有锦绣，国家富饶，没有出现百姓挨饿受冻的情况。

到了贞观二年，又有公卿上奏皇帝说："依照《礼》，夏季的最后一个月可以居住在建在高台上的楼榭中。现在暑天还没有退，秋季的连绵大雨刚刚开始，皇宫低下潮湿，所以请陛下营建一座楼阁来居住。"唐太宗怎么回答的呢？唐太宗说："朕是有气力衰竭的病，不适宜居住在低下潮湿的地方，但是如果同意了你们的请求，浪费实在太多太多。从前汉文帝想建一座露台，但是想到要花费相当于十户中等人家的收入，他就放弃了这个念头。朕的德行比不上汉文帝，耗费的财物却要超过他，难道这是作为民之父母的国君之道吗？"所以，尽管公卿再三上书奏请此事，唐太宗终究都没有答应。由此可见，唐太宗通过学习《群书治要》，确实把《群书治要》中的历史教训应用到治国理政之中了。他知道要控制自己的欲望，不能以损害百姓的利益满足自己的私欲，这样才创下了"贞观之治"。

现在全国上下都在反对奢靡之风，这是什么原因呢？这是因为我们的国家领导人对于奢靡之害有深刻的认识。比如，《礼记》上说："国奢，则示之以俭；国俭，则示之以礼。孔子谓：'礼，与其奢也，宁俭。'"意思是说，如果国人奢侈，就要教导人们崇尚节俭。相反，如果国人节俭，就要用礼仪来教导他们。既不要过分，也不要不及，过分的节俭也是不符合礼仪的，特别是当客人、外宾来访的时候。我们自己平时可以很节俭，但是招待客人时要符合礼的规定，如果太过节俭也会让对方不舒服，也会有失礼之处。所以孔子说："礼，与其奢也，宁俭。"这里强调礼，本质上是表示恭敬，与其搞得太奢华、太浪费，宁可节俭。节俭是根本，什么事情都要适度。

古人说："暴殄天物，则必招天谴。好蠹民财，则必招民怨。纵欲败度，殃祸立至。"如果对自然界所生产的物品不知爱惜，而是过分地耗费，结果一定会有灾殃。

现在我们发展市场经济，有很多人先富起来了。但是，部分先富起来的人却没有学习礼仪,不知道拿钱去救济百姓,而是把钱用在了奢侈浪费上,如购买名牌衣服、轿车、配饰、化妆品、手提包等,都不知道钱该用在哪里好了,结果富不过三代,甚至是富不过当代。我们读了《群书治要》,就明白了,为什么有一些人,在"有钱有势"之后,自己依然很简朴,但是拿着钱去兴办教育,去救济贫穷的人。比如,早年下南洋的那些华人,他们自己辛辛苦苦创业起家,事业有成之后仍然保持着勤俭的作风,对于祖国的建设却慷慨解囊,特别是对于建设学校、资助贫穷的孩子上学等,他们毫不吝啬。因为他们明理,在传统文化潜移默化的熏陶下,知道奢侈既对自身不好,还会产生一系列的社会问题。那么奢靡之风会产生怎样的社会问题呢?

《群书治要·墨子》中对这一点也有所阐述,并且讲得非常深刻。《墨子》中说:"富贵者奢侈,孤寡者冻馁。欲无乱不可得。"富贵的人都铺张浪费,贫困的人却受冻挨饿,这种情况下要想保持天下不乱,是不可能的事。所以,《墨子》中又说:"君诚欲天下之治而恶其乱,当为衣服不可不节。"君主如果真想让天下太平,并且厌恶天下混乱,那么在生活饮食方面就不能够不节俭、不审慎了。

《管子》中把这个道理论述得更加有逻辑性。《管子》中说,奢靡之害确实非常严重,以前圣君制造车船,是为了方便百姓办事,而今天君主制造车船,就不同以往了,车船的完备、坚固、轻巧、便利全都具备了,却仍然要向百姓横征暴敛。为什么呢?因为他们要用彩色的刺绣装饰,用精雕细刻来装饰舟船。结果怎么样呢?结果女子放弃了纺织去学习刺绣,男子放弃了耕种去学习雕刻,所以百姓受冻挨饿。根本的原因在哪里呢?就是因为没有人再去纺织耕种了。君主制造的车船如此的华美,上行下效,左右亲近的臣子也都会纷纷仿效,但是老百姓却饥寒交迫。在这种情况下,作奸犯科、违法乱纪的事就越来越多,刑法也就越来越苛刻。刑法越来越苛刻,国家就会动乱,因为人民有怨气、不服。君主真正要想使天下太平,在制造车船的节俭上,就不能不审慎了。这里虽然是讲古代制造的车船的华美,但是细细品味,与现代也有异曲同工之处啊。我们现代用的汽车,也制造得越来越精致,结果导致了石油的浪费,造成了大气的污染,而人们还在纷纷追求奢侈。

《管子》还进一步分析说,当一个国家形成了奢侈浪费的风气时,它的花费就会非常多，其结果是什么？"用费则民贫"，花费很多，老百姓就会贫穷。在一些西方发达国家，有的人为了保持奢侈的生活方式，满足自己不断膨胀的欲望，就借债，已经借到第二代、第三代了。这种不合理的现象，根源在哪里呢？根源就是自私自利。为满足私欲，过奢华的生活，连子孙后代的利益都不考虑，所以很多发达国家的人一出生就背着债务。"民贫则奸智生"，一些人已经习惯于过奢侈浪费的生活了，因为由奢返俭难，没有钱花的时候就会很难受，他就会产生奸诈的念头，所以"奸智生则邪巧作"，即邪巧的做法也就出现了。

"奸邪之所生，生于匮不足；匮不足之所生，生于侈"，奸邪的行为之所以产生，就是因为一些人匮乏不足；而匮乏不足产生的原因，就在于一些人过上了过分奢侈浪费的生活。所以，要从根本上杜绝奸邪欺诈的行为，就要从提倡节俭、遏制奢靡之风开始，这是国家和每一个家庭的当务之急。

如何杜绝奢靡之风呢？《群书治要·后汉书》中说："上之化下，犹风之靡草。今上无去奢之俭，下有纵欲之弊。"意思是说，在上者对在下者的影响，就像风能够把草吹倒一样，风向哪边吹，草就向哪边倒。现在在上位者不去奢从俭，在下位者必然会有纵欲之弊。我们现在看到，很多地方忙着盖政府办公大楼，而且越盖越奢华。老百姓也会效仿。在农村，农民外出打工回到家里，把房屋越盖越高，而且还互相攀比。你们家盖了两层，我们家得盖三层，不能够比别人低。这种攀比之风就兴起来了。而在城市，房子的装修越来越奢侈，越来越浪费，这都是没文化的表现。《史记》上记载："尧之王天下也，茅茨不翦，采椽不斫。"尧在治理天下时，为什么能够垂拱而治呢？他住的房屋非常简陋，没有过多的装饰，茅草盖的屋顶不加修剪，用栎木做的椽子也没有砍削。栎木也称为柞木，这种木头非常廉价。

君主一旦开启奢侈之风，一些臣子也会极力劝谏，因为臣子也都读圣贤书。比如《周语·楚语》上记载了这样一个故事，楚灵王建造了章华台，建造得很奢侈。他和伍举一起登上楼台，问："你看这个楼台美吗？"伍举回答说："我听说，国君以尊敬、任用贤人为美事，以安定人民为乐事，以听从善言为耳聪，以能够招纳远方的民众为贤明。我还没听说过以建筑物的高大庄严、彩绘雕刻的考究精致为美的。先君庄王建造匏居台，它的高度仅能观望预示吉凶的天象就够了，大小仅够容纳宴用的食器和餐具，所用的木材不妨碍城郭守备之所需，所用的经费不由府库支出，百姓不会因此而耽误农时，官吏不必改变上朝的常规。庄王因此能够平定动乱、战胜敌人，而不被诸侯所憎恶。如今，您建造这座高台，劳民伤财，致使五谷不丰、官吏烦劳，历时几年才建成，我不知道它究竟美在何处？所谓的美，应对上下内外、大小远近都没有害处，这才称得上美。如果是看起来美观，但将财钱用尽，还要盘剥百姓应有的利益，使自己富有而使百姓贫穷，怎么能算美呢？作为一国之君，要领导百姓并且与百姓共处，如果百姓都瘦了，君主又怎么能独肥？先王建造台、榭，不过是用来讲习军事、观望显示吉凶的天象而已。他的选址不占用耕地，建造不浪费钱财，施工不烦扰官吏的事务，时间上不耽误百姓的耕作。建造台榭选择的是贫瘠坚硬、不适合耕种的土地，用的是加固城防剩下的木料，官员、属吏是在政事之余才到现场去参与，利用百姓四季的农闲时间来完成。建造台榭，是为了使人民受益，没有听说是用以穷尽百姓钱财的。如果您认为这楼台美观，把建造楼台视为正事，那么楚国就危险了。"

我们为什么要学习《群书治要》？

学习它可以使人们建立一种共同的荣辱观和道德观。到底什么是荣，什么是耻？什么是美，什么是丑？是以建造豪华奢侈的办公大楼为荣，还是以勤俭节约为荣？大家读了《群书治要》之后，就会达成一致的认识。《群书治要》中没有太多具体的政策、制度、方法，它讲的就是道理。如果人人都明白了这个道理，就可以达成共识，自然而然就知道该怎么做了。

第10讲
谦德之效

> 古人说："满招损，谦受益。"自满会招致损失，谦虚才能得益。人因自满而傲慢，再由傲慢更自满，这其实反映的是能力的欠缺和德行的缺失。有此双重负能量的作用，必然会给自己、给团队乃至给国家带来损害甚至灾难，"满招损"就成为必然，从而进一步反证了"谦受益"这个命题的正确和重要。

很多人都喜欢学《周易》，希望通过学《周易》使事业亨通，做事趋吉避凶。那么怎样才能做事亨通呢？《群书治要·周易》中有这样一句话："天道亏盈而益谦，地道变盈而流谦，鬼神害盈而福谦，人道恶盈而好谦。谦，尊而光，卑而不可逾，君子之终也。"一句一句地来看，"天道亏盈而益谦"中的"天道"就是自然规律，我们可以从自然界的现象来观察"亏盈而益谦"的道理。比如，农历十五的时候月亮是满月，满月过后它就开始亏损，一天一天地减少。古人正是观察到这个现象之后，教导人要谦卑退让，要舍财不贪。"天道"是一件很简单的事情，那就是过分的要受到制裁，不足的要受到补益，这就是老子所说的天道"损有余而补不足"的规律，而老子把这个规律也运用得非常充分。比如他说，我有三宝，"一曰慈，二曰俭，三曰不敢为天下先"，他还把"处柔守慈"作为自己的处世原则，这都是从观察天道中得出的为人处世的道理。

"地道变盈而流谦",大地,它的法则就是改变盈满而充实谦卑。同样是在地上注水,水会自然而然地流向低洼的地方,所以中国有句话说:"海纳百川,有容乃大。"为什么大海能容纳百川呢?一个重要的原因就是它谦卑处下,它处在最低的地方,所以河流都自然地流向它。《老子》中也说"上善若水"。为什么呢?"水善利万物而不争,处众人之所恶",水有一个特点,它总是给万物带来好处,但是他从不从万物那里要求什么,索取什么,不求回报,而且它与人无争,与世无求,而最重要的特点就是"处众人之所恶"。一般人都喜欢高高在上,厌恶在下面,但是水却不同,它是处在众人所不愿意处的、所厌恶的地方,也就是说它非常卑下,"故几于道",几乎和"道"接近了。所以说"道"在低处,一个人只有谦卑下来,他才能够得道,也才能够和明德相应。

"鬼神害盈而福谦",鬼神都是危害骄傲自满的,而施福给谦虚的。"人道恶盈而好谦",这句是重点。人与人相处都是厌恶骄满的,而喜欢谦虚的。特别是领导者,他要想成就一番事业,必须召集很多德才兼备的人。那么怎样才能够召集德才兼备的人呢?作为领导者,他必须谦卑有礼,"礼贤下士",所以,在《群书治要·文子》中有这样一句话:"能成霸王者,必得胜者也;能胜敌者,必强者也;能强者,必用人力者也;能用人力者,必得人心者也;能得人心者,必自得者也;能自得者,必柔弱者也。"能够成就霸业或者王业的人,一定是得胜之人;能够战胜敌人、战胜对手的人,一定是强大的人;强大的人,一定懂得用众人的力量;能够用众人力量的,一定是能够深得人心的人;能够得人心的人,一定是自得之人。什么是自得之人呢?这就是《大学》开篇所说的,能够"明明德"的人,而谦虚就是我们性德的体现,是本性中就有的。一个人一旦傲慢,就不能够明德了。所以,能"自得者,必柔弱者也",能够自得的人,一定是把谦卑柔弱作为最根本的修养。当然,这里的"柔弱",并不是软弱,而是可以包容万物而不争,最终达到"弱之胜强柔之胜刚"的效果。水至柔,但是滴水可以穿石;虽然它很柔弱,但是它可以胜刚强。当然,它本身并没有"胜"的念头,它自然而然地达到了这个效果,为人所信服。

下面讲"谦,尊而光",就是当一个谦卑的人处于尊贵的地位时,仍然能够谦虚处下，他的德风、德行之光自然就会影响到他身边的人，甚至还影响到远方。所以，当一个人身处高位时，如果没有接受圣贤教诲，没有良好的引导，往往会自视甚高，恃宠而骄。《群书治要·文子》中说："生而贵者骄，生而富者奢，故富贵不以明道自鉴，而能无为非者寡矣。"一个人，他生来就处在高贵的位置上，往往就容易骄慢；一个人，他生来就处于富裕的家庭，花钱就容易大手大脚，养成奢侈的习惯，因为他不知道这个钱来之不易，不知道珍惜。所以"富贵不以明道自鉴"，如果一个人生来就有钱、就有权，但是没有学道，没有按照圣贤的教诲去做、去提高自身修养，结果就是"而能无为非者寡矣"，能够不做错事的，这样的人是很少很少的。这句话提醒我们，"人不学，不知道；人不学，不知义"。所以，学习圣贤经典，向古圣先贤求得人生可持续发展之道，对于我们的人生至关重要。

"卑而不可逾"，纵使他的地位卑下，不是高官，也不可逾越。怎么不可逾越呢？他的德行、风范不可逾越，他的德行、学识可以教化一方。就像孔老夫子，他没有高贵的地位，没有权势，没有财富，但是他被称为"素王"。为什么呢？就是因为他的德行不仅影响了当时的人，他的三千弟子、七十二个贤人跟着他不离不弃，而且他影响了世世代代的中国人；不仅影响到中国人，而且影响到外国人。现在世界各地都建立了孔子学院。外国人为什么希望学习孔子的教诲呢？就是因为，他们认为孔子是一个真正有学问、有道德、有智慧的人，他的这些学说至今对于我们建设和谐社会仍然有帮助。这个例子也告诉我们，孔老夫子虽然没有身居高位，但是他的德风却不可逾越，他的道德学问不可逾越，这被称为"道德之威，君子之终也"。如果君子能够自始至终都保持谦卑的修养，不会因为拥有了地位、财富、学问而改变自己的谦虚，就可以善始善终。由此可见，是谦虚的品德让一个君子能够善始善终。

《群书治要·尚书》中指出："惟德动天，无远弗届。满招损，谦受益，时乃天道。""惟德动天"，就是只有德行能够感通天地。"无远弗届"，没有它到不了的，不管多远的地方，其人民都会被感动，来归附、归顺，或者来求道、求学。"满招损，谦受益，时乃天道"，"时"是一个通假字，通"是"，也就是"这"和"此"的意思；自满会招来损失，谦虚会得到益处，这是一个自然的规律。历史上也有"惟德动天，无远弗届"的例子，《群书治要·说苑》上记载了周公的故事。"周公摄天子位七年，布衣之士，执贽而所师见者十人，所友见者十二人；穷巷白屋，所先见者四十九人，进善者百人，教士者千人，官朝者万人。当此之时，诚使周公骄而且吝，则天下贤士至者寡矣。苟有至者，则心贪而尸禄者也。尸禄之臣，不能存君也。"

这个故事，用文言文讲起来非常简短，它的意思是，周公代理天子之政七年。在这七年之中，他以拜师之礼所求见的有十个人。"执贽"的"贽"就是"礼物"的意思。他以朋友的礼节去求见的有十二个人；贫寒之士，但是可以优先见到周公的，有四十九个人；周公所举荐的贤良的、德才兼备的人，有上百人之多；他所教导的读书人有上千人；他给那些朝拜的人封官，这样的人有上万人之多。如果周公在代理天子之位时骄慢又吝啬，来求见他的贤德之士，就很少很少了，他所感召的，将会是有贪心的或者是尸位素餐之人，这样的人是不能够帮助君主治理天下的，不能够使国家长存。

这个故事告诉我们，周公虽然身处高位，但是对于有德行、有学问的人，仍然非常谦虚礼敬。只有这种谦虚礼敬的态度，才能感召这么多的人才来到他的身边不遗余力地帮助他。

《尚书》上还有这样一句话："能自得师者王，谓人莫己若者亡。"能够自己就得到老师的人，就能够称王天下，建立王道政治。为什么他能够自己就得到老师呢？因为他以尊师之礼恭敬对待这些贤德之人，把他们尊奉为师。这说明他自己有谦虚的态度，所以这些人才愿意指正他的过失，帮助他处理朝政。"谓人莫己若者亡"，认为别人都不如自己的人就会灭亡，灭亡的原因就是自高自大。

"满招损"，自满、傲慢会招来损害。为什么会招来损害呢？首先，自己的德行受到了损害。"大学之道，在明明德"，而一旦一个人傲慢了，其实就是和自己的性德相违背了，那么受到损失的不是别人，首先是自己，因为不能够让自己的明德加以彰显，不能够明心见性，这是最大的损失。其次，一旦一个人骄傲自满、轻视别人，就会与别人产生对立，让别人心里不舒服，别人就会找麻烦，自己做事的时候就会有障碍。再次，骄傲自满的态度还会招致失败，做事不能够圆满顺利，这也是一个很大的损失。所以中国人有一句话，叫"骄兵必败"，它来自历史经验的总结，《国语》中就记载着这样一个故事：

周襄王二十四年,秦国的军队攻打郑国。军队路过周天子所管辖的京畿北门时,恰好被王孙满看到了,王孙满就对周襄王说:"秦国的军队一定会打败仗,一定会受到上天的罪罚。"周天子一听就很惊讶,说:"你怎么看到他的军队路过,就能够下这样的断言,就知道他一定会打败仗呢?"王孙满回答:"因为他经过周天子的地方,应该行礼的,这叫尊重天子。可是他的军队经过时,只是把头盔摘下来了,身上的甲却没有脱下来,而且走了几步路之后,就马上又跳上了车,也就是说,这些士兵行礼只是应付一下,在内心对周天子并没有恭敬之心,并不是诚心行礼。而且这样应付应付马上就跳上车的人,总共有多少人呢?有三百辆战车,三百辆战车的士兵都是以这种应付的态度来行礼的,也就是说整个军队大部分对周天子都很傲慢。"王孙满接着分析,"他们的军队非常轻狂又骄傲,觉得自己很了不起,就不会深谋远虑,不会做好万全的准备。而且轻狂了就不会慎重,傲慢则会无礼,人一旦无礼,做什么事都会随随便便。但他们是要去打仗的,要进入很危险的地方,以这样的态度去应战,绝对必败无疑。"

古圣先贤确实观察得很细微,他们熟读圣贤书,能够看到一个人的未来如何,发展趋势如何。一个人轻狂了,他就不慎重。面对战争都不慎重,还随随便便,怎么会不打败仗呢?果然,秦国攻打郑国没有成功,军队回来时,到了晋国的边境,被晋国打得落花流水,三员大将都被抓走了。所以"满招损",看这个军队的作风,就能够看到它战败的结果。因此我们对自己的一言一行要进行深刻的反省。

"谦受益",谦虚令人受益。"谦则受教有地,而取善无穷。"这句话出自《了凡四训》,《了凡四训》最后一章专门讲"谦德之效",其中有一个例子是,一个人叫丁敬宇,他的年龄最小,但是极其谦虚。了凡先生看了之后,就对旁边的朋友费锦坡说:"这个人今年一定能够考中。为什么呢?因为在所有的人当中,他是最谦虚、最恭敬的,甚至受到别人的侮辱,他都能够忍受;受到别人的诽谤,他都不去辩解。"后来开榜,果然最年轻的丁敬宇考中了。

《群书治要·周易》中还有一句话:"劳谦君子,万民服也。"

"劳谦"是什么意思呢?有人解释成勤劳,实际上解释为"有功劳而谦虚的君子"更加合适,因为一个人有功劳,就容易傲慢,但是,一个人有功劳还谦虚、礼敬，必然会得到万民的景仰和归附。所以，一个人如果不居功自傲，就不会招致嫉妒，而且还会让人更加信服。

曾国藩对这些道理理解得特别深刻。看别人都求圆满，求五福临门，曾国藩却给自己的书房取名为"求阙斋"。这个"阙"通"缺"，就是要求一点缺失。因为他自己有权有势，又才华横溢，可以说近乎完美了，如果这个时候不谨慎，又居功自傲，可能会被皇帝视为眼中钉，群臣也会嫉妒他。所以他自己为人处世、待人接物非常小心谨慎，而且做到了推功于上、让利于下。这样，无论是上级还是下级，都希望他有成就、能成功，而不是嫉妒他。所以古人说：要"让功于众，让位于贤，让名于上"。这是有胸襟、有气度的人在为人处世、待人接物中遵循的原则。

历史上的圣贤者确实把这些教诲都运用在治国中。比如，《群书治要·史记》上记载，周公的儿子伯禽要代周公去鲁国就任，临行前，周公反复告诫伯禽：我是文王的儿子、武王的弟弟、当今成王的叔父，对天下人而言，我的身份不低了，但是我还要"一沐三捉发，一饭三吐哺"。也就是说，在洗头发的时候，突然有人来见我，那么我不能让这个人在那里等我，这样是失礼的，于是我就赶紧把头发盘好，出去见这个人；正吃着饭，有人来提意见了，也不能让人在那里等着，要马上把饭吐出来。这样重复多次。即使我这样恭敬谨慎，还恐怕错失天下贤德之人，所以你到了鲁国一定要谨慎，不要因为你是国君，就对世人骄慢。正是因为周公礼贤下士，所以他能够把国家治理好。

观察一个人德行如何，未来的发展前途如何，其中一个重要的方面，就是看他是不是足够谦虚。如果一个人功成名就之后，不够谦虚，不能够尊敬他人，反而傲慢无礼、自视甚高，那么他的事业很可能是昙花一现。

《说苑》上记载着孔子的一个故事，这个故事很有意思。孔子带着学生去瞻仰鲁桓公的庙时，看到庙里有一个欹器。什么是欹器呢？就是很容易倾覆的器皿。孔子就问守庙的人："这是什么器具？"守庙的人回答："这可能就是叫作'宥坐'的器物了。"孔子说："我听说过'宥坐'这种器具，它有一个特点，就是里面空的时候它就会倾斜，装水装得适中的时候它就会端正，装满水后它就倾覆了。贤明的君主以此来警诫自己，把它放在座位的旁边，所以取名叫'宥坐'。"说完之后，孔子就回头对学生们说："来来来，我们试着往里面装水,看看有什么结果?"结果,当水达到容器一半时,容器就直立起来了;把水装满时,容器就倾倒了。孔子看了之后非常感叹地说:"万物之中,哪有一个东西是装满了而不颠覆的呢?"

这时,他的弟子子路上前问了一个很好的问题:"老师,那想要持满而不倾覆,有没有什么办法呢?"孔老夫子回答:"聪明睿智,守之以愚;功被天下,守之以让;勇力振世,守之以怯;富有四海,守之以谦。此所谓损之又损之道也。"这句话的意思就是,聪明能干又有智慧,就要用愚笨的姿态来保持;功盖天下,就要用推让的姿态来保持;勇力震撼当世,就要用胆怯的姿态来保持;拥有四海的土地财富,就要用谦逊的姿态来保持。这就是"损之又损之道",换句话说,就是"谦退再谦退""低再低"的方法。

《格言别录》中也有几句类似的教诲:"物忌全胜,事忌全美,人忌全盛。"这都是从物极必反的道理中推导出来的为人处世的规律。"步步占先者,必有人以挤之。事事争胜者,必有人以挫之",一个人如果傲慢无礼,喜欢和别人竞争、斗争,步步占先,结果也一定会有人把他挤掉。所以,即使才华横溢,有钱有势,仍要有谦卑、尊人的态度,这样才能够处事顺利,常保吉祥。

第11讲
君子欲讷于言

> 孔子对言与行的关系有过许多论述："君子欲讷于言而敏于行"，"君子食无求饱，居无求安，敏于事而慎于言，就有道而正焉，可谓好学也已"，"先行其言，而后从之"……孔子认为，作为一个君子，在工作方面应当勤劳敏捷，说话谨慎小心，这是日常言行的基本要求。人的精力是有限的，言多，行动就会受影响，承诺就无法兑现。

"君子欲讷于言"这句话出自《群书治要·论语》。《论语》记载："子曰：君子欲讷于言而敏于行。"我们要注意这个"欲"字，这里不是不能说，而是要做到"欲讷于言"。这个"讷"就是说话迟钝，不抢着说，似乎说不出话来，这是指君子。凡是君子，说话都慎重，怕驷不及舌。

所以四书五经中强调慎言的重要性。比如《群书治要·周易》记载："君子居其室，出其言善，则千里之外应之，况其迩者乎？居其室，出其言不善，则千里之外违之，况其迩者乎？"君子虽然是在自己家里说话，他说的是善言，那么千里之外的人都会应和他、赞同他，更何况身边的人？但如果一个人在家里说的话不是善言，那么千里之外的人也会背弃他，更何况身边的人呢？

中国古人说：话多伤气，对人的身体有影响，这不是纯粹的理论，而是从长期的经验积累中得出的总结。为什么有的人寿命长有的人寿命短呢？很大程度上是因为有的人注重养生，有的人却不重视养生。这就像买了一辆车，同样的车，有的人用了很长时间依然很好，而有的人用了不长时间就坏掉了。这就是因为人们对车的保养程度不同、爱护程度不同。

所以道家特别讲究养生之道，而其中很重要的一条就是讲求收敛，收敛自己的精、气、神这三种要素。比如说在夜间睡眠的时候不要仰着睡，要右卧如弓；不要张开口，吐气要均匀。白天也是这样，不必要的时候要闭着嘴用鼻子呼吸，呼吸均匀、柔和。如果一个人心里不平和、呼吸很急促，或是运动之后大口呼吸，对人身体里的细胞损伤会很大。做事的时候心里也要平静，不要浮躁。有的人一边做事一边心里着急，或者做着自己不愿做的事，心里越不高兴越逼着自己做，这样对身心两方面都不利。

如果我们是为了发泄心里的闷气而到处宣传恶事，受到的损失会更大。所以，要做到心平气和不是很容易。内心平和，在生理方面就不会伤气。《周易》中说：吉人之辞寡。吉祥的人往往话少。一般人说话无非表达自己的心情，或者是讲人讲事。但是，凡是说话牵扯到人与事就关系到人的利害，关系到事情的成败，所以在说话之前要想一想，这些话说出来对人究竟是有好处还是有坏处。有修养的人脑子一转就知道了；修养不够的人如果一时没有注意，冲口而出，就可能把别人伤害了，自己还不知道，也不考虑这些事。当然，这里的"言"不仅仅是说话，也包括写文章发表各种言论。

中国人经常说一句话："君子一言，驷马难追"。这句话出自《论语·颜渊篇》。棘子成曰："君子质而已矣，何以文为？"君子讲本质就好了，何必要讲那么多的文事和礼貌呢？子贡却说："惜乎！夫子之说，君子也。驷不及舌。"可惜啊，你竟这样说君子，这样说就错了。因为君子并非如此，君子的特点可以用"文质彬彬"四个字来形容。君子不仅本质好而且也注意外在的形式和礼貌，他也讲文。只讲文而不讲质不行，就像有人行礼鞠九十度标准的鞠躬礼，但是心里并没有对对方的恭敬。这就叫只有文而没有质，当然是不正确的。另一方面，只讲质不讲文也是不完美的。就像很多农民到城市里做工，他们心地善良，为人淳朴，但是有的人乘坐公共汽车时不穿上衣。虽然他们有很好的本质，但是缺少了外在的形式，也不会让人有好的观感。所以子贡说，君子应该文质彬彬,既讲外在的形式、礼貌,也讲本质,君子话说出之后驷马难追。所以子贡又说"驷不及舌",意思是说,话一说出,用四匹马拉着车子追也追赶不上。

《论语·子张篇》也有相关的记载。子贡说:"君子一言以为知,一言以为不知,言不可不慎也。"君子的一句话说出来,说得好人家觉得有智慧,说得不好人家就会认为没有智慧。所以你看言语重不重要呢?古人说言为心声,一个人的修养、学问都体现在言语中。

《论语》中记载,颜渊问仁,孔老夫子回答,克己复礼为仁。如果能够克制自己的欲望返回到礼的要求,这就是仁了。颜渊很好学,他说,请您给我详细讲一讲怎么落实,孔老夫子就说了四句话:"非礼勿视,非礼勿听,非礼勿言,非礼勿动。"意思是说,视听言动都要符合礼的要求,其中很重要的一条就是非礼勿言,即话说出口要符合礼的要求。礼的内容有很多,比如对人要恭敬,不能够损害他人。凡是不符合礼的话都不能说。但是现在很多人都以说黄色段子为乐,在言谈时经意不经意之中引用一个黄色的笑话,这是不符合礼的要求的。

《孔子家语》中记载着这样一个典故:孔子到周家去观礼,来到周家的始祖后稷庙的庙口,发现这个庙里有一个金人,金人的塑像三缄其口。这个金人的背后有一段铭文,写着:"古之慎言人也!"所以,后来形容一个人说话要谨慎就是缄口。从这里就可以看出,周家很早就在研究讲话的艺术、说话的学问。

古人讲礼,对于说话是不是符合礼非常注意,教人要守口如瓶。我们平时无论说话还是做事都要注意不要说错话。诽谤某一个人一定是不可以的。如果说了一句普通的话,虽然没有针对一个特定的人,但是话说出来伤风败俗,也会影响社会大众的心理,这个罪过也很大。

言语方面还会犯的一种错误就是虚言。古人有一句话:"虚言折尽平生福",但是很多人就是喜欢夸夸其谈,喜欢自夸。

喜欢自夸的原因在哪里?其实自夸是因为犹豫怯懦,在别人面前感到有压力,所以要在别人面前展示自己现实中没有的能力,或者说是比自己实际拥有的要好得多的东西,但是这样一来,往往会给自己带来很大的压力。如果有人向我们炫耀他的优越性，我们就要知道这恰恰就是证明他并不具备这种优越性。无论这种优越性是学识，是勇气，还是财富，或者社会地位，我们可以从这种自吹自擂中推断出他是这方面一无所有的失败者。一个真正具有能力并且人生成功的人，他是不会大肆渲染自己的成功的，因为他满足于自己实实在在拥有的一切。

而且我们还发现一个规律，如果在别人面前炫耀自己将拥有的，或者已经拥有的，那么我们常常会很快失去自己已经拥有的，或者将要拥有的，并且还会经历许许多多的挫折。如果我们喜欢自我夸耀，就会使得那些本来应该在我们命运中出现的实实在在的美好愿望离我们远去。或者即使实现，也会倍加艰辛。所以一定要改正自吹自擂的习惯。

《周易》中特别讲到"括囊"，"囊"就是布袋，代表人的口，"括囊"就是把布袋的口扎起来，里边的东西自然出不来了，这就是提醒我们口不能乱讲话，要像布袋的口被绳子扎起来一样。口为祸福之门，言多必失，因此要慎言慎行。慎言的范围很广泛，比如，不能粗鲁骂人，不能挑剔、抱怨、指责、批评、怨天尤人、勾引、诱惑、搬弄是非，等等。

不妨观察一下自己的言语。如果我们从早到晚都是抱怨、指责、批评，实际上就是在口吐毒舌，而不是口吐莲花。结果不仅浪费了时间，也损害了自己的健康，影响了别人的心情，最终受到伤害的其实是我们自己。所以不口出恶言不仅仅是为别人负责，更重要的是为自己负责。

我们知道，现代的很多心理学家都在研究言语的暗示作用。我们说的话无形之中会影响别人，给人造成一种心理暗示，特别是夫妻两个人相处，或者是教育孩子的过程中，这种暗示的心理影响会很大。比如："你怎么就不如谁家的×××呢！你看人家又能挣钱又受领导的赏识，提拔也快，你怎么就不能向人家学习呢？"或者说自己的孩子："你看谁谁家的小明，奥数是一等奖，不仅如此，还多才多艺，又会弹钢琴，诗还写得不错，你怎么连人家的一半都比不了呢？"如果经常用这样的方式和家人交流，结果往往是对方掉头就走，不听你那一套了，而且这些言语会产生潜移默化的暗示作用。比如，我曾经听过这样一个故事，有一个孩子数学学得很不好，成绩经常不及格，为什么呢？因为每一次考试成绩出来，他的父亲看了之后都会骂他，说："你的脑子

第11讲 君子欲讷于言

是怎么回事？连这么简单的题都不会做。"结果他越骂孩子就越没有信心，成绩越来越差，总是考不及格。很幸运的是，这个父亲有一次听了一堂关于幸福人生的讲座。他突然明白了，原来孩子的学习成绩不好和自己对他的态度有关系，从此以后，这个父亲就改变了对孩子的态度。每当孩子的成绩有小小的提升，他就这样鼓励："你看这次成绩又提升了，说明你有进步，加油，下一次一定能做得更好。"在父亲的不断鼓励之下，孩子越来越有自信，成绩也越来越好。

还有一个关于夫妻相处的故事。有两个人结婚不久，妻子本来特别喜欢唱歌，她的歌声也很美，所以在做家务时经常不由自主地哼出来，但是她的丈夫不太喜欢唱歌，比较喜欢安静，结果每一次他的妻子唱歌的时候，他就会说："你那个歌声真的是太难听了，就像乌鸦叫一样。"他说了一遍又一遍，妻子就认为自己的歌声很难听，再也不好意思在大庭广众之下唱歌了。后来她的丈夫过世了，这个女子改嫁，这个丈夫特别喜欢听歌，有一次她在做家务时不由自主地哼唱起来，被丈夫听到了。他说："你的歌声真美，从来没有听过这么美妙的歌声。"一开始她还觉得丈夫在讽刺她、挖苦她，但是没想到她每一次唱歌她的丈夫都真诚地鼓励她、赞美她，结果她越唱越好，甚至去参加业余歌手的比赛也能获奖。

这个故事告诉我们，言语对人的影响是潜移默化的，特别是自己身边最亲近的人。比如，父母对儿女说的话影响会很大，因为孩子很小时对自己的认知都来自父母。如果家长认为这个孩子在某一方面好，并且经常夸赞、肯定孩子，那么孩子常常会在这个方面做得更好。如果父母认为他在某一方面不行，认为他在这方面根本就没有天赋，久而久之孩子就不敢去尝试了。这一点我们在生活中也能观察到。

我们说"讷于言"，重点是教导我们说话要谨慎，而不是该说的时候也不说。《论语》中记载，孔子说："侍于君子有三愆：言未及之而言谓之躁，言及之而不言谓之隐，未见颜色而言谓之瞽。""愆"就是过失的意思。这句话的意思是：侍奉君子容易犯三种过失，这三种过失都是在言语方面的。第一就是话未到当说的时候就说，这被称为"躁"；第二，话当说而不说，这被称为"隐"；第三，没有观察君子的颜色就说话，这被称为"瞽"。郑康成注解：

"躁",不安静也。比如,君子还没有问你话,你就自己抢先去说,这就犯了心浮气躁的毛病。

集会时,如果在座的大多数是晚辈,那么你可以说话随便一些,但是,如果在座的都是长辈,你不问自说,这就说明你心浮气躁。

什么是"隐"呢?孔安国注:"隐",不尽情实也。比如,君子问你了,你就应该把话明白地说出来,这时不说,就犯了隐匿之过。不论长辈还是晚辈问你问题,你的回答都吞吞吐吐,这也很容易得罪人,也是过错。"瞽"就是指眼睛看不清楚。"颜色"表示意向,我们说话的时候要观察君子的意向。比如,对方已经很不高兴了,你还在继续指摘他的过失,这就叫盲目,大为失礼。所以这也是过失。

第 12 讲
境随心转

> 中国古人常讲境随心转,这个"境"包括人的身体、所处的环境、人际关系等等。当我们身处逆境时,如果我们不是挑剔、抱怨、愤怒指责、被境界所改变,而是以一种积极的心态,想方设法去转变境界,事情就会出现转机。

《群书治要·后汉书》中记载,鲁公在做中牟县令时,以道德教育作为治理手段,不用刑法。比如,有一个叫许博的人,因为田产和他人发生了纷争,有关官员拖了很久也处理不好这件事情,到了鲁公这里,鲁公耐心地教导他们,给他们评论是非曲直,结果双方都非常自责,而且都暂时停下耕作并互相推让田界。还有一位亭长从老百姓那里借了一头牛,结果借了就不还了,老百姓就找到了鲁公,于是鲁公就把亭长叫过来,要他把牛还给人家,但是这个亭长仍然不听从。那么鲁公怎么做的呢?鲁公叹息了一声,说:这是教化不行的结果。于是他准备辞官不做了,县内的吏员们都哭着挽留他。亭长看到这样的情景,觉得很惭愧,就把牛还给了人家,而且还要求到狱中服罪。鲁公赦免了他,也不再追究。从此以后,无论是官吏还是百姓,都对鲁公更加心悦诚服。

建初七年,中牟县的邻县发生了蝗虫灾害,出现了蝗虫危害庄稼的事情,但是蝗虫却没有进入中牟县。这件事被当时的河南尹袁安听到了,他有点不相信，就派了一个叫费清的人视察中牟县，打探这件事情。鲁公就带着费清来到了田间，正好有一只野鸡飞过来停在旁边，它一点都不害怕人。野鸡旁边有一些儿童在玩耍，费清就问孩子们，你们为什么不去捕捉野鸡呢？孩子们说，这只野鸡还要喂养它的小鸡，它的小鸡需要母亲喂养啊，所以他们不愿意去捕捉野鸡。

费清听了之后说："我到此地的目的就是察看你的政绩如何。现在蝗虫不犯中牟县境，这是第一件让人感到奇异的事。教化是基于鸟兽，这是第二件让人感到奇异的事。即使小孩都有仁爱之心，这是第三件让人感到奇异的事。我再待在这里只是白白地打扰贤者，浪费您的时间啊。"于是他就告辞回到了府中，把所看到的情况向袁安禀告。这一年中牟县还长出了双穗的谷物，这也是一种吉祥的景象。袁安就上书把这些情况一五一十地汇报给皇帝，皇帝对此也感到非常惊异。

很多人认为历史上记载的这些事情比较神秘，但实际上一点也不神秘。我们觉得神秘是因为我们不懂得其中的道理，中国古人常讲境随心转，这个"境"就包括你的身体、所处的环境、你的人际关系等等。

如果在生活中能很好地运用境随心转的道理，我们就能够转变境界。那么我们如何运用境随心转的道理呢？

我们来看一个故事。一个秀才要去赶考，他已连考了两次都没有考中，这是第三次了，所以考试之前战战兢兢，有点紧张。在考试前三天，他做了三个很奇怪的梦：第一个梦是梦到自己的白菜种到了墙头上；第二个梦是梦到自己站在雨里穿着蓑衣，还打着一把伞；第三个梦是梦见一个棺材挂在他家门前的树上。这三个梦都很奇怪，他感觉一定和考试有关。

于是他就跑到丈母娘的家里，想找丈母娘帮他解梦，因为丈母娘是一个解梦高手。但是很不巧，丈母娘被别人请走了，只有小姨子在家。小姨子看他惊惊慌慌的，就问他："你有什么事情啊，这样惊慌失措、身心不安呢？"他说："我做了三个梦，感觉这三个梦都和考试有关系，想让丈母娘帮我解梦，但是真不巧，她不在家。"

小姨子一听就笑了，说这么多年我听母亲解梦，不用学都听会了。你把这三个梦说给我听听。小姨子听完第一个梦后说，你梦见白菜种在墙头上，一般来说植物要根深才能叶茂，结果你把白菜都种到墙头上了，怎么能够长得好呢，这一定是白种，意思是说你去考试希望也不大。秀才听了之后就不免有些失望，但他还是抱着一点点的希望，把第二个梦也说了出来。小姨子说，下雨天你站在雨里穿着蓑衣就够了，你却又举了一把伞，这不是多此一举吗？意思是说你进京赶考也是白去，不用白跑一趟了，多此一举。秀才听了就更加失望了，但他还是抱着最后一点希望把第三个梦也说了。小姨子说，这不是更明显吗，棺材都挂到树上了，这不是死无葬身之地吗？

这三个梦是一个比一个解得差，秀才非常失望。他耷拉着脑袋往回走，结果很幸运的是，他在路上遇到了他的丈母娘。丈母娘一看，女婿的心情不是太好，就问他到底出了什么事情，他就把刚才的经历和丈母娘说了一遍，丈母娘听完就笑了，对秀才说，你小姨子学解梦学得不够深，所以把这些梦全都给你解错了。我再重新给你解一下这些梦。你看第一个梦，白菜种到墙头上，种得这么高，这不是"高中"吗，你去京城赶考一定会高中的。秀才一听精神为之一振。丈母娘又说，第二个梦也很好啊，你看你站在雨里穿着蓑衣就够了，你又打了一把伞，这不是双保险吗？说明你肯定能够考中。第三个梦就更好了，你看这个棺材都挂到了树上，挂得这么高，这不是"高官悬挂"吗？你这次进京赶考不仅能高中，而且还能获得一官半职，衣锦还乡啊。这个秀才越听越高兴，越听越有信心了。结果怎么样呢？结果他进京赶考果然名列前茅。

这个故事说明了心念对人产生的影响和境随心转的道理，而且也告诉我们，同一件事情，从不同的角度来看，得出的结论是不一样的，它对我们的影响也就不一样。这就好比桌子上有半杯水，消极的人看到后会认为是半空的，他说你看我只剩下半杯水了，所以很沮丧。而积极的人看到这半杯水后会觉得是半满的，他会想我还有半杯水可喝呢，他就会很开心。所以，同样是半杯水，不同的人得出的结论不同，原因就在于我们看待它的角度不同，我们的心态不同。

境随心转的道理让我们拥有一种积极的心态，教我们在面对外部的境遇时，不是挑剔、抱怨、愤怒指责，而是想方设法去转变境界，而不是被境界所改变。所以我们要学会"只为成功找方法，不为失败找借口"，学会为自己的行为百分之百负责，而不是怨天尤人。

第13讲
交友之重

> 一个人一生的学业和事业能否成功,关键就在于他选择什么样的老师和什么样的朋友,在于他所接触的是什么样的人。有仁德的老师,有仁德的朋友,可以使自己的人生少走很多弯路。同时,交友不仅要讲究道义、信义,还要讲究恩义,这样,友情才经得起考验,能够天长地久。

交朋友的时候要选择哪些人呢?要选择有仁德之心的人。孔老夫子特别强调:无友不如己者。这里的"如"解释为"似","不如己者"就是不似自己的人。比如,我们讲仁义忠信,他讲自私自利,那么他和我们不是同类,就不能和这样的人交朋友。

《群书治要》中很多地方都特别强调亲仁,也就是要亲近有仁德之心的人。比如在《孙卿子》中,也就是在《荀子》中,有一段话讲得特别好:"夫人虽有性质美,而心辩知,必求贤师而事之,择贤友而友之。"意思是说,虽然这个人的本质不错,是美善的,心智也非常聪慧,但也一定要求贤师去学习,选择贤友来交往。

一个人一生的道业、学业、事业能否成功,关键在什么地方呢?关键就在于他选择什么样的老师和什么样的朋友。"得贤师而事之,则所闻者尧、舜、禹、汤之道也"，意思是说，如果你的老师是真正贤明的老师，那么你所听到的都是尧舜禹汤这些圣人的道理。孔老夫子一生"述而不作，信而好古"，他学习的都是尧舜禹汤文武周公的道理，他最钦佩的人就是周文王、周武王，还有周公这些古圣先贤。如果和一个贤德的人交往，你每天所听到的都是圣贤的教诲。"得良友而友之，则所见者忠信敬让之行也"，如果你交到了好的朋友，你所见到的就是忠诚、信实、恭敬、礼让的品行。

"身日进于仁义而不自知也者，靡使然也"，你每一天都在仁义、道德方面有进步，但是你却不知不觉，这是潜移默化的结果。这就像我们在衣柜中放了香料，放得久了，我们再穿衣服时衣服上面也有香味。相反，"今与不善人处，则所闻者欺诬、诈伪也，所见者污慢、淫邪、贪利之行也，身且加于刑戮而不自知者，靡使然也"。如果你现在所结交的都是不善之人，所听到的都是狡诈、虚伪的言语，所看到的都是邪恶、卑下、放荡、自私自利的行为，就会使自己被处罚而不自觉，这也是潜移默化的结果。

我们学习《群书治要》《论语》等圣贤经典，听的都是孔子、孟子这些圣贤者的教诲，然后再看一看他们的弟子们是怎样奉行的，我们的仁义道德也会潜移默化地提升。所以重要的就是看你所接触的人是哪些人。

《群书治要》上记载着这样一个典故：在楚国有一个人很会看相，他给很多人都看了，看得很准。楚庄王知道了这件事，他很好奇，就把看相的人请来了，问：我听说您很会看相而且看得很准，有没有这回事呢？这个人是怎么回答的呢？他说，我并不是会给人看相，我只不过是会观察这个人所结交的朋友而已。如果我所看的这个人是布衣百姓，他所结交的朋友个个孝敬父母、尊敬兄长、淳厚善良、行为谨慎、畏惧法律，这样的人，他的家庭会一天比一天兴旺，他做人也会一天比一天好，这样的人被称为"吉人"，吉祥的人。如果我所看的这个人是一个侍奉君主的大臣，他所结交的朋友都是诚实守信还好做善事的人，这样的人侍奉君主会一天比一天好，他的官职也会一天比一天高，这样的人就被称作"吉臣"，吉祥的臣子。如果我观察的这个人是一个君主，是一国之君，他的朝臣都是贤德之人，左右侍奉的人都是忠诚之人，这个君主一有过失，他的左右都敢犯颜直谏，指正他的过失，这样的君主治理的国家一定会一天比一天更安定，他自己也会一天比一天受人爱戴，天下人也会一天比一天心悦诚服,这样的人就被称为"吉主",吉祥的君主。最后他还强调说,其实我并不是会给人看相,我只不过是会观察这个人所结交的朋友而已。

这个故事中看相的人只是观察了这个人所结交的朋友,通过他的朋友就能够判断出他的前途命运如何。这个故事告诉我们,亲近仁者,包括亲近有仁德的朋友,对我们自己人生的影响是非常深远的。有些人就是因为择友不慎,在人生的道路上付出了惨重的代价,使自己一生的命运发生了转变。

对于一些手握权力的领导者而言,一旦拥有了权力,就会把权力当成资源来开发。如果掌权者迷恋资源开发,追求权力,早晚都会出事。所以有人说,行贿的人,人人都是垂钓者,而受贿的人,个个都死在鱼钩上。

现在的社会诱惑太多,陷阱太多,面对纷繁的物质利益,要做到君子之交淡如水。要保持清醒的头脑,划出公私分明的界限。

《群书治要·墨子》中也记载了一个故事,它很形象地说明了"近朱者赤,近墨者黑"的道理。有一天墨子看到一个染丝之人,之后就非常感叹地说,你看这个洁白的丝,放进青色的颜料里进行洗染,拿出来之后就变成了青色;放进黄色的颜料里进行洗染,拿出来之后就变成了黄色。如果投入的颜料有变化,那么所洗染的丝的颜色也会跟着发生变化。把丝放进五种不同颜色的颜料里,它就变成五种不同的颜色。所以他得出结论说,对于所浸染的人、事、物,不能不谨慎。

《群书治要·孔子家语》中记载了孔子的一个典故,这个典故说明孔老夫子非常有智慧,也非常有远见。孔子说,我过世之后,子夏的德行会一天比一天增进,但是子贡的德行会一天比一天减损。曾子听了之后感到很奇怪,就问,夫子啊,你为什么这样说呢?凭什么判断他们的德行会增进或者减损呢?孔子说,子夏有一个特点,他喜欢与比自己贤德的人相处,喜欢和这些更有道德、更有学问的人相处,而子贡恰恰相反,他喜欢和那些不如自己的人交往,别人称赞他有道德、有学问,可能他就感觉很好。所以孔子后面又说了一句,"不知其子,视其父;不知其人,视其友;不知其君,视其所使"。这也是教我们观察人的方法,也就是说:如果你不知道这个儿子是什么样的人,看他的父亲就知道了;如果你不知道这个人为人如何,看一看他所结交的那些朋友大概就知道了;如果你不知道这个领导是什么样的人,看看他所使用的是什么人,就知道了。后面还得出一个结论,这个结论也是流传至今的一句名言:"与善人居,如入芝兰之室,久而不闻其香,即与之化矣;与不善人居,如入鲍鱼之肆,久而不闻其臭,亦与之化矣。是以君子必慎其所处者焉。"这就是告诉我们,与善良的人交往,就如同走进了一个种满芝兰的房间,你刚进去的时候感觉很香,有一种兰花的香味,但是在这个屋子里待久了,不知不觉就闻不到这个香味了,与它同化了。与不善良的人交往,就如同走进了一家卖咸鱼的店铺,刚进去的时候感觉腥臭难闻,但是待上一段时间之后,也就没有那么明显的感受了。这说明我们也与之同化了,还不知不觉。这些都告诉我们,谨慎地结交朋友是非常重要的。

一位职务犯罪人员在狱中这样告白:"一个人有什么样的朋友就有什么样的生活,有什么样的生活就有什么样的人生,人际关系、朋友交往看似小事,实为关键。好的朋友不会带你步入误区,甚至还在你迷途时当头棒喝,促你清醒。而不好的朋友注定在不好的方面影响你,诱发你人性中罪恶的一面,使你意志消沉甚至沦为罪犯。"他这一段迟来的忏悔道出了人生交友的真谛,领导者面对财色名利时的贪欲,一旦遇到恶意的引诱很容易利令智昏,陷入欲望的泥沼而不能自拔,使得人生也走上不归之路。所以,有仁德的老师、仁德的朋友随时提醒,可以使自己的人生少走很多的弯路。

朋友应该如何相处才能够天长地久呢?朋友要以道义相交往。古人有一句话说:"以利交者,利尽则交疏。"意思是说,如果我们彼此是以利益来交往,有利益时,在一起感情很深,一旦利益没有了,交情也就疏远了。"以势交者,势倾则交断。"如果以权势来交往,一旦势力倾覆了,彼此的交情也就决裂了。"以色交者,花落而爱渝。"如果以色相来交往,当我们年纪大了脸上长皱纹时,这个爱也就终止了。那么应该怎么办呢?"以道交者,天荒而地老。"如果我们彼此是以道义、恩义、情义来交往,这样的友情就经得起考验,能够天长地久。现在很多人感叹自己交不到真心的朋友,为什么呢?其实原因还要从自己身上找。我们以利害之心与人交往,也就结交不到真心的朋友,这也就是《周易》所说的"同声相应,同气相求"。

《周易》上说:"方以类聚,物以群分。"这都是自然而然的感应。你想交到有恩义、有道义的朋友,自己首先要培养出有恩义、情义、道义的处世态度，而朋友之间有道义的最初表现就是信任：不失信于朋友，不欺骗朋友。在这方面，古人给我们树立了很好的榜样。比如在汉代时，张绍和范适同在太学里读书，感情非常好，读完书之后各自拜别，要回自己的家乡。他们约定，两年之后的今天范适要去拜访张绍。过了两年，张绍对母亲说："今天我有一个朋友要来拜访我，所以要多准备一些饭菜招待。"他的母亲说："这是两年之前的约定，而且我们两家相隔千里之遥，他会不会来啊？"张绍很肯定地说："我这个朋友非常守信，他一定会来的。"母亲看他说得这么肯定，就准备好饭菜，结果到了约定的时间，范适果然来了。他们彼此讲信用，所以交情也越来越深。

这样的故事，在我国历史上有很多。比如春秋战国时的季札，是吴国的公子。有一次他出使鲁国，途中经过徐国，徐国的国君宴请招待他。吃饭时徐国的国君盯着他身上的佩剑不停地看。佩剑是古人出使的信物，国君一直看他的佩剑，季札就明白他的心意了。于是他心想，等我完成出使任务之后就把这剑赠送给徐国的国君。在回来的路上，季札得知徐国的国君已经过世了，但是季札仍然信守承诺来到徐国国君的墓前，把剑挂在了他墓前的树上。随从人员感到很奇怪，就问他："这句话您又没有说出来，又没有答应要把剑赠送给徐国的国君，您何必如此呢？再说了，即使您答应过他了，他现在已经过世了，您又何必这样认真呢？"季札回答说："虽然徐国的国君过世了，但是我的心已经许诺了，我不能够违背自己的心意。"

交朋友不仅要讲究信义，还要讲究恩义，做到贫贱之交不可忘。《论语》中讲到这样一句话："故旧不遗，则民不偷。""故旧"就是老朋友，"偷"就是淡薄的意思。这句话是说，如果君子不遗弃他的老朋友，国民的风俗就不会凉薄。所以要想人人都能够厚道，就应该做到"故旧不遗"，也就是说不能够忘记亲戚朋友。《礼记·檀弓》中记载，原壤原来是孔子的老朋友，原壤的母亲去世了，孔子就帮他置备棺椁，结果这个原壤却跳到做棺椁的木材上唱歌。这是严重的违礼行为。于是孔子的弟子就劝孔子说，与他绝交吧，不要再做朋友了。孔子说："亲者毋失其为亲也，故者毋失其为故也。"意思是说亲人总归是亲人，朋友总归是朋友，不能轻易抛弃。我们学习圣贤之道，就应该学习他们那种不遗故旧的做法，这样才能够让社会风气越来越淳厚。中国古人特别强调贫贱之交不可忘,在四书五经中也有很多这方面的教诲,比如在《群书治要·诗经》中有一首诗《伐木》,主要讲的就是朋友之交,强调重视朋友、故交,不能够忘记老朋友。自天子至平民百姓,没有人不需要借助朋友之力就能够成就功业的。这首诗写道:"伐木丁丁,鸟鸣嘤嘤。出自幽谷,迁于乔木。嘤其鸣矣,求其友声。相彼鸟矣,犹求友声。矧伊人矣,不求友生。"意思是说,当年在山里和朋友一起伐木的时候,还能够听到鸟儿嘤嘤的鸣叫之声。小鸟偶尔从深谷中飞出,迁居于高大的树木。高居的小鸟依旧嘤嘤而鸣,不停地呼唤着幽谷内昔日的友人。小鸟也知道不忘故旧,何况是我们这些人,怎么会不寻求旧友呢!这也是提醒我们,即使身居高位,也不能够忘记故旧和朋友。

第 14 讲

境缘无好丑，好丑在于心

> 有一位哲人说过，我们的痛苦并不是问题本身带来的，而是我们对这些问题的看法所引起的。物质环境和人事环境本身没有绝对的好与坏之分，就看你怎样处理、对待，看你的心态如何。我们无法预见来自自然界和社会的不良刺激和不幸遭遇，我们能够做的是，调整自己的心态，做出良好的、积极的回应。

《群书治要·贾子》记载着这样一个故事，说梁国有一个大夫名叫宋就，他担任边境地区的一个县的县令，这个县和楚国接壤。梁国和楚国两国的边境兵营都种着瓜。梁国兵营的人勤劳，他们辛勤灌溉瓜田，瓜就长势喜人。而楚国兵营的人常常偷懒，很少浇灌瓜田，瓜就长势很差。楚国边防的县令对此感到恼火，而楚国人也因梁国人种的瓜比自己种的好而忌恨他们。于是他们就趁着夜色去偷偷翻搅梁国的瓜，结果梁国这边的瓜都枯死了。这件事发生之后，宋就不仅没有怀恨在心，反而派人偷偷地到了楚国，趁着夜色仔细地浇灌楚国的瓜，楚国的瓜长势也逐渐变好了。楚国人感到很奇怪，就秘密地观察到底是怎么回事，结果发现竟然是梁国的人在帮他们浇灌。这件事传到了楚王的耳朵里，他对梁国的私下忍让感到高兴，用重金表示感谢，并且请求与梁国交

第14讲 境缘无好丑，好丑在于心

好。梁国和楚国的友好往来，就是从宋就开始的。有一句老话说，"将败而为功，因祸而得福"。老子也说，"以德报怨"，讲的就是这样的事。

在社会中与人相处，难免会遇到这样或那样的不痛快、不如意，很多人因此而整天抱怨，过不上快乐的生活。如果向大家提出这样一个问题，你究竟是愿意选择快乐，还是愿意选择痛苦与烦恼，我想任何一个人都会说，我愿意选择快乐。那么，为什么人人都愿意选择快乐，却又有很多人深深地陷在痛苦、烦恼和不安之中呢？很多人认为，虽然我愿意快乐，但是很多痛苦、烦恼的事情不请自到，我也没有办法抵御。我们生活在一定的社会环境和自然环境之中，随时可能遇到来自自然界和社会的不良刺激。但是，面对外来的刺激，我们真的无能为力，只能听凭摆布吗？

我们再来看一个故事，它有助于我们正确地回答这个问题。法兰克是一个犹太裔的心理学家，第二次世界大战时，他被关进了纳粹的集中营，他的父母、兄弟和妻子全都死于纳粹的魔掌，唯一剩下的亲人就是他的妹妹了。有一天，法兰克独自处在囚室之中，突然之间产生了一种顿悟的感受：在任何一种特定的环境下，人还有一种最后的自由，那就是选择自己的态度。从外界环境来看，法兰克被关进了纳粹的集中营，失去了人身自由，而且每一天都要经受严刑拷打，但他自己的心理意识，自己怎么想，却是纳粹无法干涉的。于是他凭着想象和记忆，不停地磨炼自己的意志，直到心灵的自由终于超脱了纳粹的禁锢。而他的这一种超越，也感染了其他的狱友，甚至狱卒。他帮助狱友们在苦难中找到了生命的价值，寻回生命的尊严。

这个故事告诉我们，人对外界刺激的反应，并不像动物那样，是刺激和反应的关系，而是一种刺激、意识和反应的关系。正是在意识这个中间环节，人可以充分发挥想象力、独立意识和良知的作用，对外部的不良刺激做出良好的、积极的回应。我们把这称为积极的思维、选择的自由。用小罗斯福总统夫人的话来说就是，除非你同意，任何人都不能够伤害你。圣雄甘地也说，若非拱手让人，任何人都无法剥夺我们的自尊。所以在生活中，让人受害最深的，并不是那些不良的遭遇，而是我们允许这些不良的遭遇影响我们的思维、干扰我们的情绪。有人说，虽然我们不能掌控风的方向，但是我们能够调整风帆。我们无法预见来自自然界和社会的不良刺激、不幸遭遇，我们能够做的是，在面对这些不幸遭遇的时候，调整自己的心态，做出良好的、积极的回应。

在北京这样的大都市，经常会遇到交通拥堵的现象，有的出租车司机遇到堵车的情况，就会不停地抱怨，甚至还骂骂咧咧，说真倒霉，刚出门就遇到了堵车。这种抱怨情绪能改变交通拥堵的事实吗？不仅改变不了，反而会使自己的心情越来越焦急，越来越烦躁。而有的司机恰恰相反，他会想，反正已经交通拥堵了，而我已经忙了大半天，正好可以趁着这个机会，放松一下紧张的神经。他还会放上一曲舒缓的古典音乐，再和乘客聊聊天，开几个玩笑，这样就调节了气氛，也觉得时间过得很快。面对同样的境况，他们选择了不同的态度，对他们情绪的影响也就不同。

在日常生活中，面对同样的困难、问题和挫折，不同的人选取了不同的视角，因此这些困难、问题和挫折对他们的影响也就不一样。很多人在生活中感到有压力，往往都是因为没有选择正确的视角，也就是没有把现在或者即将出现的问题放在一个更大的参照系来观察。

一个小和尚跟着一个老和尚学习，但是这个小和尚经常因为芝麻大的小事而怨天尤人，抱怨个不停。为了教导小和尚，这个老和尚就想了一个办法。有一天，这个老和尚给小和尚端了一杯水，放了两勺盐，然后搅拌了一下。他说："你喝一口，尝一尝是什么滋味。"小和尚舀了一勺，喝到嘴里，哇，很苦，他一下就吐了出来。老和尚又带着小和尚来到湖边，他把同样的两勺盐倒进湖水里，然后又请小和尚舀起一勺尝一尝是什么味道。小和尚一尝，非常甘甜。老和尚说："你看，同样是两勺盐，把它放在不同的容器里，你喝水的感受就不一样了。"这个故事告诉我们什么道理呢？当容器很小的时候，两勺盐就让你受不了，但是当容器很大的时候，两勺盐你就感受不到了。当一个人的心量变大时，很多事就不再是事了。所以下一次当你遇到小小的问题就感到困扰、感到有压力的时候，请记住那一个更大的参照系，你会发现，这个事情并不像你想象的那么困难。换个角度看问题，我们会发现，境缘无好丑，好丑在于心。

有一个老人家有两个女儿，一个女儿是卖雨伞的，另一个女儿在染坊工作，经常要晾衣服。结果晴天时这个老人家担忧，阴天时她也担忧。晴天时，

第14讲 境缘无好丑，好丑在于心

她担心大女儿的雨伞卖不出去，而阴天时，她又担心二女儿染坊的衣服晾不干。忧能使人老，很快老人就衰老了。一天，她遇到了一个老朋友，朋友看到她老得这么快，就问她是什么原因，她就把自己的苦恼告诉了这个朋友，朋友就笑了。她说这有什么好担心的呢，你应该是晴天也高兴，阴天也高兴才对。为什么呢？因为晴天的时候，你二女儿染坊的衣服好晾干，而阴天的时候呢，你大女儿的雨伞好卖。这个老妇人一听也对，从此以后，无论晴天还是阴天，她都很开心，过上了快乐的生活。所以，幸福其实就在一念之间，这个"一念"还是取决于我们自己怎么想。

有一个少妇，结婚两年多，她的丈夫就被别人拐走了，而她刚刚满周岁的儿子，也得了重病过世了。看着自己最爱的人一个一个离自己而去，她觉得生活没有意义了，她一时想不开，就去跳河自杀，幸好被一个老艄公救了起来。老艄公问她："我看你年纪轻轻，家境也不错，为什么要走上绝路呢？"少妇说："老人家你不知道，我的生活有多么悲惨。"于是她就把自己的经历向老艄公诉说了一遍。老艄公听了之后，低头沉吟片刻，然后抬起来头问她："两年之前你的生活是什么样子的呢？"少妇想了想，说："两年之前，我还没有结婚，既没有丈夫也没有儿子，我过得自由自在，无忧无虑，无牵无挂。"老艄公说："这不过是命运之船又把你送回到两年前去了，你现在没了丈夫，没了儿子，你仍然可以过得自由自在，无忧无虑，无牵无挂，请上岸去吧。"少妇一听，觉得有道理，所以她走上了岸，再也没有想到自杀。有一位哲人说，我们的痛苦并不是问题本身带来的，而是因我们对这些问题的看法而产生的。这就是我想说的主题：境缘无好丑，好丑在于心。"境"，就是物质环境；"缘"，就是人际关系。物质环境和人际关系本身没有绝对的好与坏之分，就看你怎样来处理、对待它，你的心态如何。

还有一个故事讲的是一个国王，他特别喜欢打猎，经常与宰相微服私访，这个宰相经常挂在嘴边的一句话就是"一切都是最好的安排"。有一天，这个国王到森林里打猎，一箭射倒了一只花豹，国王就下马去看这只花豹。没想到花豹使出最后的力气扑向国王，将国王的小指咬掉了一截。国王就叫来宰相饮酒解愁，谁知道这个宰相却微笑着说："大王啊，想开一点，一切都是最好的安排。"国王听了很愤怒，说："如果寡人把你关进监狱，这也是最好的安排吗?"宰相依然微笑着说:"如果真是这样,我也深信这是最好的安排。"国王大怒,马上派人将宰相押入监狱。一个月之后,国王养好伤,独自出游,他来到了一处偏远的山林。突然从山上冲下一队土著,把他五花大绑地带入了部落。这个山上的土著居民有一个习俗,每逢月圆之日,都会到山下寻找祭祀满月女神的牺牲品。他们准备将国王烧死,来祭祀女神。正当国王绝望之时,祭师忽然大惊失色,因为他发现国王的小指头少了小半截,不是一个完美的祭品。收到这样的祭品,满月女神会不高兴的。万不得已,土著就把国王放了。国王大喜若狂,回到宫中,就叫人把宰相释放了,并且摆酒宴请他。国王向宰相敬酒说:"你说的真是一点也不假,果然,一切都是最好的安排。如果不是那一天被花豹咬了一口,今天我连命都保不住了。"国王忽然想到了什么,他就问宰相:"可是你无缘无故地在监狱里蹲了一个月,这又怎么说呢?"宰相慢条斯理地喝了一口酒,才说:"如果我不是被关在监狱里,那您想一想,陪着您出游的人,一定是我。当土著发现国王您不适合祭祀,那岂不是轮到我了吗?"国王听后忍不住哈哈大笑,他说:"是啊,果然没错,一切都是最好的安排。"

　　这个故事告诉我们,当我们遇到不如意的事时,不用懊恼,也不用沮丧,更不要只把眼光看在一时。如果我们能够把眼光放远,把人生的视野放大,不怨天尤人,永远保持一种乐观向上的态度,一切都是最好的安排。

　　有一头驴,掉到了一口很深很深的废弃的井里,主人权衡了一下,他觉得救上这头驴很不划算,于是就走了,只留下这头孤零零的驴。驴看到主人不救它,每天还有人往井里倒垃圾,就很生气:掉到了井里,主人不要它了,每天还有那么多的垃圾扔在它的身上。可是有一天,这头驴的思维突然发生了转变,它决定改变自己的态度。它把上面倒下来的垃圾踩到自己的脚下,而不是被垃圾所淹没,并从垃圾中找到残羹剩饭,来维持自己的体能。终于有一天,垃圾成了它的垫脚石,它重新回到了地面上。所以,不要抱怨你的不如意,不要抱怨你的家庭环境不好,不要抱怨你空怀一身绝技。现实生活中,每一个人都有太多的不如意。中国古人说,人生不如意事十之八九。就算生活给你的是垃圾,你同样可以把垃圾踩在脚底下而登上自由之巅。这个世界只在乎你是否到达了一定的高度,而不在乎你是踩在巨人的肩膀上上去的,还是踩在垃圾上上去的。事实上,踩在垃圾上上去的人,更值得尊重。这个故事告诉我们,只要我们换一个角度看问题,怀着感恩的心来看问题,生活中就少了很多的抱怨,环境也会因此有所改变。

有一位老人在《生活在感恩的世界里》这样写道:感激伤害你的人,因为如果没有人曾经伤害过我们,我们就像温室里的花,经不起任何风吹雨打。正是因为有人伤害我们了,我们又重新生活。恢复正常的时候,我们的心智就得到了提升,得到了磨炼。"感激欺骗你的人,因为他增进了你的见识",让我们知道天下有好人,也有恶人,还有这样骗术高超的人。不要因为别人欺骗了我们,我们就丧失了信任别人的能力,也不能因为别人欺骗了我们,我们转而又去欺骗别人。有一句话说得很好,别人做得对不对并不是最重要的,最重要的是自己要做对。

"感激遗弃你的人,因为他教你学会了自立"。正是因为有人把我们遗弃了,所以我们从小学会了自尊、自爱、自强、自立,靠自己的双手去打拼天下。很多成功人士童年时都有一段鲜为人知的磨砺。相反,很多生活在优裕环境中的孩子,没有体会到生活的不易、赚钱的辛苦,过着游手好闲、吃喝玩乐的生活,甚至成为啃老族、败家子。"感激绊倒你的人,因为他强化了你的能力"。正是因为有人把我们绊倒了,当我们重新站立起来的时候,我们的能力得到了加强,得到了提升。大文豪巴尔扎克说:"世界上的事情永远不是绝对的,结果完全因人而异,苦难对于天才是一块垫脚石,对于能干的人是一笔财富,但是对于弱者,却是一个万丈深渊。"同样面对挫折和困难,有的人从中吸取教训,把困难作为成功的垫脚石,而有的人却一蹶不振,不知道如何应对。所以说"境缘无好丑,好丑在于心"。当你真正明白这个道理的时候,你会发现其实事事是好事,人人是好人,日日是好日,时时是好时。任何一件事情来到我们面前的时候,都不要认为它是绝对的坏事。把一般人看起来不好的事情转变成好的事情,这才是我们需要努力的方向,这也需要真实的智慧。

第15讲

行有不得，反求诸己

> 孔子说："躬自厚而薄责于人，则远怨矣。""其身正，不令而行；其身不正，虽令不从。"一个团队，或者一个企业，治理得好不好，关键在于领导者是不是能够端正自己的态度，以身作则，严格地要求和责备自己，不去指责、要求别人，这样就不会招致怨言，周围的人自然就会归服。

《中庸》记载，君子的修身和弓箭手练习射箭有异曲同工之处，"射有似乎君子，失诸正鹄，反求诸其身"。弓箭手把箭射出去，结果却"失诸正鹄"，没有射中靶心，有的会埋怨，说今天的天气不好，有风，把我的箭吹歪了；或者说不知道这支箭是哪里生产的，原来是假冒伪劣产品；或者说不知道弓是哪里生产的，是不是有偷工减料的嫌疑。《中庸》说，一个好的弓箭手不是去找这些客观原因，而是马上反省自己技艺上不够精湛的地方、有待提高的地方。一个君子的修身也是如此。

《孟子》中说："行有不得者，皆反求诸己。"意思是说，任何事情没有成功，没有达到预期的理想目的，不要去责怪别人，挑剔客观的原因，而是马上反过头来从自己的身上找原因，是不是自己的德行、能力有所缺失。孔孟所称叹的尧舜禹汤、文武周公等，都能做到"垂拱而治，天下太平"，那么他们是怎么做的呢？其实他们就是把"行有不得，反求诸己"的原则落实在管理之中。

比如，尧帝有一次外出视察，在路上看见两个犯罪的人正被押往监狱。尧帝看到自己的两个百姓犯罪，非常惶恐。他走上前问："你们两个人为什么犯罪，为什么会被押往监狱呢？"这两个人说："因为上天久旱不雨，我们没有东西吃，不得已偷了人家的东西，结果被发现了，于是就被抓起来押往监狱。"尧帝听了这样的回答，马上就对那些押解犯人的狱卒说："请你们把他们两个人放了，把我抓起来。"周围的人感到很惊讶，说怎么能够把国君抓起来呢，尧帝非常诚恳地说："因为我犯了两大过失。第一，我作为一国之君，应该起到'君亲师'的责任，但是我却没有尽好这一责任，没有把百姓教导好，所以他们才犯了罪，这是我的第一大过失。第二，我作为一国之君，却没有德行，所以上天才久旱不雨，这是我的第二大过失。"结果，尧帝的话音刚落，本是万里无云的天就飘过了云彩，下起了雨。

《说苑》中称赞尧帝心怀天下，用心周济贫民。他痛心于百姓的苦难，经常因为民众不能幸福地生活而忧心忡忡。只要有一人挨饿，他就说："这是我使他挨饿的。"只要有一人寒冷、挨冻，他就会说："这是我让他受冻的。"只要有一人犯了罪，他就说："这都是我造成的。"就这样，他仁爱昭著而道义树立，施恩范围非常广大，教化也非常深远。他达到的治理结果是什么样的呢？即使不加奖赏，百姓也会努力；不用刑罚，民众也很安定，没有人作奸犯科。所以说，先行宽恕之道，然后再施以教导，这就是尧治理天下的方法，即"先恕而后教"。

尧帝的这一种做法也被舜帝所继承。《群书治要·尸子》中记载，舜帝任用了禹、稷、皋陶等人，实现了无为而治，天下的民众以舜为父母。尧帝问舜，他是如何治理天下的。舜仅仅回答了两个字："事天"，就是按照自然之道去治理。自然之道是什么呢？他举了一个例子，比如说在平地上倒水，让水自然地流动，水就会自然而然地流向低洼的地方。同样，"均薪而施火，火从燥"。把柴火点燃，火自然会把那些干燥的柴火先点燃。这叫"召之类也"，也就是自然感召的道理。所以他得出如下结论："尧为善而众美至焉，桀为非而众恶至焉。"也就是说，尧帝是凭借自己的美德治理天下，他对自己修身的要求很高，所以他感召来的人才，都是贤良的臣子。相反，夏桀王的品行败坏，他所感召的也都是德行缺失的臣子，甚至是奸诈狡猾的人。这就是《周易》上所说的"同声相应，同气相求"的道理。

大禹是怎么做的呢？大禹在出巡的时候也遇到了一个犯罪的人，他下车询问了情况，并且为其哭泣。左右的人看了都劝他："那是罪人，他不走正路，所以才会导致今天的下场。君王您为什么要为他伤心，而且哭成这个样子呢？"大禹说："尧、舜时候的人都以尧、舜的仁爱之心为己心，而现在我做了君王，百姓却各以自己的私心为己心，这说明什么呢？说明我的德行比不上尧舜，我的治理也比不上尧舜，因此，我才感到痛心。"

汤王更是如此，《论语》中记载，汤王时时督促自己、反省自己，比如在他自己的洗脸盆上刻了一段铭文——"苟日新，日日新，又日新"，时时提醒自己要不断提升德行。而当遇到大旱的时候，他作为一国之君要去祈雨。他的祈祷文是怎么写的呢？他说："朕躬有罪，无以万方；万方有罪，罪在朕躬。"意思是说，如果我自身有罪，就不要因为我的过失而殃及天下的百姓；如果天下的老百姓确实有过错，那么这都是我没有做好，没有把他们教好，还应该由我来负责任。

在天气大旱的时候，他也拿六件事来反躬自责，哪六件事呢？"政不节邪？使民疾邪？宫室荣邪？女谒盛邪？苞苴行邪？谗夫昌邪？"他从六个方面来反省自己，说："是我的政事不合法度了吗？是我使用民力太急疾了吗？是我的宫室建造得太奢华了，还是受宠的女人干预政治太猖獗了？是收受的贿赂太多了，还是得以进献谗言的人太猖狂了呢？"正是因为尧舜禹汤、文武周公都有这种"行有不得，反求诸己"的意识，遇到事情不是把责任推卸给别人，才能够把天下治理好。

同样的道理，一个团队、一个企业、一个学校乃至一个政党，治理得好不好，关键在哪里呢？关键在于领导者是不是具有这种"行有不得，反求诸己"的意识。如果领导者总是让下属承担责任，而不能够反省自己，就给下属做了不良的示范，下属也会推卸责任，寻找客观的原因。所以，领导者能够率先垂范，以身作则，对于集体的昌达、集体的治理，是至关重要的。

那么为什么讲要"行有不得，反求诸己"呢？主要有三个方面的原因。

第一就是"各自责，则天清地宁；各相责，则天翻地覆"。现在小到家庭夫妻之间的冲突，中到企业与企业之间的冲突，大到国与国之间的冲突，都是因为人们不懂得这个道理所导致的。比如有一对夫妻，他们和另一对夫妻住对门。自己家是大吵三六九，小吵天天有。但是对门的夫妻相处了二十几年，从来没有红过脸，而且相处的时间越长，感情越深。看得久了，这一对经常吵架的夫妻就非常羡慕，他们登门求教。对门的女主人讲了一个简单的例子："有一天早晨，丈夫要去上班，我很体贴丈夫，就给他端了一杯茶放在桌子上，结果丈夫在穿衣服的时候，一不小心就把茶杯碰倒了。我马上过来，说：'都是我不会做事，把这个茶杯放得太靠边了，所以才让你不小心把它碰倒了，都是我的错。'并且还拿了抹布要收拾残局。丈夫看了很过意不去，他说：'明明就是我的错，我不小心把它碰倒了，怎么能够怨你呢？还是由我来收拾吧。'于是我们就开始争夺抹布，一个说我来，另一个说还是我来吧。"这就是"各自责"的效果。

第二个原因，就是自己的修养不够，看别人不顺眼。

有一次，苏东坡和佛印禅师两个人在打坐，坐着坐着，苏东坡就问："禅师，你看我这个样子像什么？"佛印禅师一看，就说了："我看你这个样子很庄严，简直就像一尊佛。"苏东坡一听当然很得意、很高兴。过了一会儿，佛印禅师问苏东坡："你看一看，我这个样子像什么？"苏东坡一看，佛印禅师脸上笑嘻嘻的，身上披着袈裟，他说："我看你这个样子简直就像一堆牛粪。"佛印禅师听了之后也笑了，没有回答。经过这件事之后，苏东坡就迫不及待地跑回家，和他的妹妹分享："你看我每次和禅师在一起，都说不过他，今天我赢了。"他的妹妹也很有智慧，就问："佛印禅师这么有智慧，你怎么赢了？说出来我听一听。"苏东坡便把自己和佛印禅师的对话说了一遍，他的妹妹听了之后就笑了，说："哥哥，你这一次又输了，为什么输了呢？因为佛印禅师心地慈悲善良，所以他看谁都是一尊佛。但是你呢？你的心地肮脏，把那么清净慈悲的禅师都看成一堆牛粪了，这恰恰说明你自己的心地有问题。"这个故事引人深思，它告诉我们，其实我们每个人都是戴着有色眼镜看别人的。如果我们的镜片是黄色的，我们看谁都是黄色的；我们的镜片是绿色的，我们看谁都是绿色的；我们戴上黑色的眼镜，每一个人就都是黑色的。从这里我们也能体会到，看别人不顺眼，也是自己的修养不够。

第三个原因,就是"德未修,感未至"。

大舜被列为"二十四孝之首",为什么呢?因为他的后母、他的弟弟三番五次地要置他于死地,他不仅没有怀恨在心、打击报复,还总是反省自己德行的不足。他觉得自己的孝悌之道没有尽好,没有让父母和兄弟满意。他的真诚之心感化了他的后母、弟弟,也感化了天下的百姓。所以孔子称赞舜说:"故大德必得其位,必得其禄,必得其名,必得其寿。"

我们学习圣贤教诲,也要经常提醒自己,否则遇到事情很容易怨天尤人。古人说,"正己而不求于人则无怨",总是端正自己的态度,不去指责、要求别人,就不会招致怨言,也会让周围的人对圣贤教诲更加有信心。

第16讲
君子四重

> 或问:"何如斯谓之人?"曰:"取四重,去四轻,则可谓之人。"曰:"何谓四重?"曰:"重言,重行,重貌,重好。言重则有法,行重则有德,貌重则有威,好重则有观。""敢问四轻。"曰:"言轻则招忧,行轻则招辜,貌轻则招辱,好轻则招淫。"
>
> ——《扬子法言·修身》

《论语》中有一句话:"君子不重则不威。"作为领导者,如果言行不庄重,就没有威仪,也不会让百姓生起尊重之心。汉代扬雄的《法言》篇中讲到修身的时候,提出人应该取四重:重言、重行、重貌、重好。

"言重则有法",意思是说,言语庄重就会为人所效仿。《弟子规》中关于言语的教诲有很多,比如:"凡出言,信为先。"说话首先要讲诚信。《群书治要·史记》中记载:"天子无戏言,言则史书之,礼成之,乐歌之。"

叔虞是周成王的弟弟,有一次周成王跟叔虞开玩笑,把桐叶削成珪赠给叔虞。"珪"是古代的诸侯朝见天子的信物,史佚就请周成王选择一个良辰吉日,封叔虞为诸侯。成王说:"我只是和他开玩笑罢了。"史佚说:"天子没有不慎重的话,没有开玩笑的话,只要天子的话一出口,史官就会把它记录下来,还要用礼仪来完成它,用乐音来歌颂它。"于是,周成王就封叔虞为唐国之侯。

"君无戏言"或者"天子无戏言"的典故就出自这里。这个故事告诉我们,作为一国之君,作为领导者,说话不能够不慎重。

在言语的慎重方面,《弟子规》中还说:"奸巧语,秽污词,市井气,切戒之。"这句话告诉我们,不要说欺骗人、不诚信、粗鲁骂人的话,当然也包括一些黄色的笑话。否则,会让人对你失去尊重之心。

古人还有一句话说:"力贱得人敬,口贱得人憎。"意思是说,一个人很愿意出力帮助别人,会受到别人的尊敬,而一个人言语过多,说得又不是很妥当,就会被人认为很轻浮,遭人厌恶。

《弟子规》中还有一句话,对我们也是一个很重要的提醒:"扬人恶,即是恶,疾之甚,祸且作。"这句话告诉我们,说话时不要把别人的过恶到处宣扬,揭别人的短,否则被这个人知道了,那么他对我们一定非常痛恨,也无形中为自己埋下了祸根。所以,到处宣扬别人的过恶,这本身就是一种恶,不是一个有德行的人应该做的事。

古人还提醒我们要厚道存心。"厚道"的一个重要表现就是隐恶扬善,把别人的善事、好事,比如说孝敬父母、友爱兄弟、诚信待人、尊敬师长、助人为乐等事例要多多地宣传,而那些恶事不要大肆地宣扬。这体现了一个人德行的厚薄。

讲话要慎重还表现在讲话的艺术上,要多说鼓励的话,少说批评的话,因为鼓励激发潜能,批评造成隔阂。那些犯颜直谏的话,或者指出别人过失的话,虽然我们是好心好意,确实是为了对方着想,但是说出来很刺耳,如果不讲究说话方式,也会让对方很难接受,甚至彼此结下了怨仇。这就是好心办了坏事。

所以,即使劝导别人,也要讲求劝导的艺术。首先要在对方心情好的时候去劝谏,指正他的缺点,这样对方比较容易接受。在指出对方的缺点之前,还要先美其长,也就是先要肯定他做得好的地方,赞叹他的长处,然后再委婉地说,如果你再怎么样怎么样,那就更完美了。这样的口气会让人比较容易接受。如果这个人本来已经很自卑了,已经没有自信了,你的言语还很严厉、很苛刻、很挑剔,他就会越来越丧失自信心。如果一个人很傲慢了,而你还在不停地夸,而且是夸他的才能,他就要吃大亏了。"夸"字上面是"大"字,下面是"亏"字，告诉你不正当、不恰当的夸奖会让他吃大亏。所以要尽量夸人的德行，而不要夸人的才能，这样他才不会越来越傲慢。我们说了一句不经意的话、无心的话，但是别人听了之后就会耿耿于怀，因此要三思而后言，要考虑到方方面面，不要顾此失彼。

古人还说："良言一句三冬暖，恶语伤人六月寒。"对别人说一句宽慰的话、理解的话、体谅的话、鼓励的话，别人听了，即使在寒冬腊月心里都会觉得非常温暖。但是如果我们恶语伤人，特别是在盛怒之下口不择言，说了一句过分的话，会怎么样呢？比如，你以前对一个朋友是两肋插刀，为他无私无求地付出，但是你脾气一上来，盛怒之下说了一句伤害他的话，那么他可能会耿耿于怀，从此以后就结了怨仇，不能够再原谅你，你以前所有的付出也都白费了。这一切告诉我们，"言重则有法"，言语要慎重。

"行重则有德"，就是说，行为很庄重，就会显得有德行、很稳重。不合于礼的行为，绝对不做。否则，一夜之间身败名裂，甚至还让家人受到连累。一个人的行为慎重可以显示出一个人的德行。

北宋时，开国皇帝赵匡胤居安思危、崇尚节俭，才奠定了大宋的基业。有一次，赵匡胤的女儿魏国公主穿了一件由翠鸟的羽毛做装饰的短上衣入宫，赵匡胤看了之后十分气愤，对公主说："你把这件衣服给我，从今以后，不要用翠鸟的羽毛做装饰了。"公主听了之后笑着说："这有什么了不起的，也用不了几根羽毛。"赵匡胤正色说道："你说的不对。你穿这样的衣服，宫中其他人看了也都会纷纷效仿，这样一来，京城翠鸟羽毛的价格便会上涨了，商人有利可图，就会辗转贩运翠鸟，这要杀伤多少鸟啊！你千万不能开此奢华之端。"公主听了赵匡胤的话，连忙叩谢父皇的教诲。

孔子曾经说过："君之所为，百姓之所从也，君所不为，百姓何从？"君子的行为是百姓跟从的标准，如果在上者不去做那些不应该做的事、违礼的事，百姓又怎么可能做这些违礼的事呢？孔子的这一观点也为很多的君王所采纳。赵匡胤以节俭为本、以身作则并且约束家人的做法，对当时的社会产生了极大的影响，士大夫们竞相以节约自勉，州县官上任的时候，迎来送往的场面都取消了，很多人只穿着草鞋、拄着木杖徒步而行。在赵匡胤的带领下，他之后的几个君王也都很好地延续了俭朴的作风。

有一次宋仁宗对自己身边的近臣说:"昨夜因为睡不着觉,突然感到饥肠辘辘,非常想吃烧羊肉。"近臣就说:"皇帝您既然想吃,为什么不传旨要一个烧羊肉呢?"宋仁宗回答说:"我怕我一旦传旨索要烧羊肉,恐怕从此以后就会成为惯例,即使不是每天都有烧羊肉吃,也常常会有烧羊肉吃,这个风气一开就不知道有多少羊被宰杀。我怎么能够不忍受这一晚上的饥饿,而去开启日后无穷无尽的杀戮呢!"皇帝贵为天子,别说要吃烧羊肉,就是要几只羊都是很容易的事,但是宋仁宗害怕这个先例一开,很多人会投其所好,那就不知道要宰杀多少只羊了。宋仁宗非常节俭,平日里休闲的时候,常常穿洗了又洗的衣服,他的帏帐、被子都没有加纹绣,只用一般的布帛。有人向宋仁宗呈献了28枚蛤蜊,这在当时是一种非常稀有的壳类海产品,而且特别贵,每一枚价值一千。他说:"我这一下筷子就要花费那么多钱,我怎么能够忍受啊?这是我不能够忍受的!"庄子说:"天地与我同根,万物与我一体。"这句话恰恰说明了宋仁宗的仁爱之心。他的这种仁爱之心,怎么会不感动百姓呢?!正是他的这种行动体现了他的德行。

"貌重则有威",我们的容貌庄重,就会显得有威严。中国人说:"坐要有坐相,站要有站相,走要有走相,睡也有睡相。"即使在没有人看到的时候,也要很慎重,不敢放逸。孔子说,"色思温,貌思恭",表情要温和恭敬,这就让人觉得你很好接近,但是在你的面前又不敢造次,对你非常敬重。

《礼记·玉藻》中对容貌的庄重有很多描述。比如:"足容重,手容恭,目容端,口容止,声容静,头容直,气容肃,立容德,色容庄。"

"足容重",行走的时候一定要稳重,要像大象那样四平八稳。曾国藩曾教导弟子说:"走路要慢,吃饭要慢,说话要慢。"这是在生活之中培养一种稳重的作风。古人说,"泰山崩于前而色不变"。一个人有了定力,有了这种稳重,无论发生了什么意外的事情,他都能够保持冷静。保持冷静才能够知道如何去应对,才不至于惊慌失措。两军作战,比的就是两军统帅的定力。

"手容恭",坐的时候手要收敛,走路的时候不能甩着胳膊,要恭敬。

"目容端","端"就是平的意思,目要平视。眼光不能向上,也不能向下。向上、向下,或者显得轻视傲慢,或者显得不屑等。眼睛是心灵的窗口,如果心里傲慢或者很刻薄,表现在眼睛上是不一样的,这是可以从眼睛中观察出来的。所以，如果我们看到有的人在和你说话时眼睛不停地转，就说明这个人的心思很复杂，心眼很多。

"口容止"，说话不要太多，要懂得适可而止，该说的话说，不该说的话一个字也不要说。话没到该说的时候就抢着说，这说明一个人心浮气躁；该说话的时候隐而不说，这就是隐匿之过；没有观察对方的神色就说话，这就是说话不懂得分寸。

"声容静"，说话的声音不要太大，公共场合不要大声喧哗。

"头容直"，"直"就是不要歪斜，要端正。与人交谈的时候，不能把头歪向一边。

"气容肃"，喘气的声音不要太重，要给人肃静的感受。一个人恭敬心提起的时候，就很自然地注意这些细节，呼吸都屏住了，不敢出大气。

"立容德"，站立的时候不要倚在一边，要很端正，给人有德行的感受。

"色容庄"，色容要庄重，给人有威仪的感受，别人也就不敢轻慢。中国古人教导孩子，"一切言动，都要安详，十差九错，只为慌张"，这是提醒人们，做事说话不要慌慌张张的，慌张也是容易出错的原因。《弟子规》也提醒我们"事勿忙，忙多错"，要在平时的生活中养成稳重的习惯。

"好重则有观"，"好"就是嗜好。中国古人从小学习的是琴棋书画，这些嗜好都很高雅，有可观之处，而且重要的是它能够培养一个人的定力，所以古人说"游于艺"。也就是说，艺深入到一定层次，是和道相通的，都是在培养一个人的定力。

《群书治要·春秋左氏传》中记载了一个故事，它告诉我们一个人的庄重所带来的效果：春秋时期，有一个大臣叫赵盾，他的君主晋灵公非常不守礼，过着骄奢淫逸的生活。赵盾非常忠心，屡次犯颜直谏，但是晋灵公听不进去，而且还觉得他很烦人，于是就起了一个恶念，派出一个杀手要把赵盾杀掉。这个杀手一早就来到了赵盾的家里，看到他的卧室门已经打开，他已经准备好要去上早朝。但是因为时间还早，所以他就穿好了朝服，恭恭敬敬地坐在那里闭目养神。他这种恭敬的态度深深地感动了杀手，他想："一个大臣在没有人看到的时候，在独处的时候，还能够对国君表示这样的恭敬，这个人一定是国家的栋梁之材。如果我把国家的栋梁之材杀了，我对国家、对人民就是不义。但是，我又接受了君主的命令，要杀这个大臣，如果我完不成自己的使命，对君主就是不信。"他思来想去也想不出一个好办法，最后这个杀手就触槐自杀了，赵盾也保全了自己的生命。

所以古人教导我们，要在言语、行为、容貌、嗜好等方面保持庄重，久而久之，自然令人肃然起敬。我们也接触到很多德高望重的长者，无论他们走到哪里，都受到尊敬、受到爱戴，因为他们平时的恭敬心潜移默化地培养了一种气场，这种气场能够让人自然而然地生起恭敬之心。这就是孔子所讲的"君子不重则不威"。

第 17 讲
好学近乎知

> 《礼记·学记》中说："玉不琢，不成器；人不学，不知道。"一个人只有坚持不断地学习，才能具备智慧和知识，明事理。也许一个人的天资不够聪颖，能力比不上别人，但是只要肯学、好学，就都能够成功。通过循序渐进的学习，就能达到圣贤的境地。

无论是求学还是求道，都必须好学、喜学、愿学习，这样才能有所成就。历史上有成就的人都不是老师逼出来的，而是"师父领进门，修行在个人"，全都是自主自愿地学习，不用老师逼，他自己就废寝忘食地用功，这样的人才能有所成就。曾子就给我们树立了一个"好学近乎知"的榜样。

《群书治要·曾子·修身篇》中说："君子攻其恶，求其过，强其所不能。去私欲，从事于义，可谓学矣。"意思是说，君子能够批评自己的不良行为，查找自己的过失，尽力做自己还不会做或者做得不够好的事，克除自己的私欲，依照道义的标准来做事，这才称得上"好学"。

"君子爱日以学，及时以行，难者弗辟，易者弗从，唯义所在。"君子要珍惜时日来学习，而且要适时地把所学的付诸行动，难做的不回避，容易做的也不盲从，只考虑它是不是符合道义。这也就是孔子说的"学而时习之，不亦说乎"。孔子为什么有这种喜悦的感受呢？他把他所学的落实到生活中，落实之后验证了古圣先贤的教诲,真实不虚,所以有一种喜悦感。"日旦就业,夕而自省思,以殁其身,亦可谓守业矣。"白天治学,晚上就自我反省检点,一辈子都这样坚持,这才是坚守学业啊。曾子说"吾日三省吾身",他自己确实是这样力行的,否则他也不会说出这样的话。

后面还有一句话也表现了曾子的好学。"君子既学之,患其不博也;既博之,患其不习也;既习之,患其无知也;既知之,患其不能行也;既能行之,贵其能让也。君子之学,致此五者而已矣。"君子学习之后,还担心自己所学不够广博;所学渊博后,又担心不能练习并熟悉所学;熟悉之后,又担心并未真正地理解其中的意思;已经知道了、理解了,又担忧自己不能够付诸行动;实践所学内容之后,难得的是还要学会谦虚。把这五个方面都做到了,就可以了。

孔子也说:"十室之邑,必有忠信如丘者焉,不如丘之好学也。"孔子附近一定有忠信之人,但是他们都没有他好学,所以孔子能够成为圣人。他是怎么成为圣人的呢?他就是靠好学而成就的。我们讲"好学近乎知","知"通"智","好学"就和"智"相接近了,"智"是指我们本性中所自有的智慧。学习的过程,就是把这些外在的污染去掉,回归到本性本有的智慧。

《中庸》中也告诉我们怎样才算好学:"有弗学,学之弗能,弗措也;有弗问,问之弗知,弗措也;有弗思,思之弗得,弗措也;有弗辨,辨之弗明,弗措也;有弗行,行之弗笃,弗措也。人一能之己百之,人十能之己千之。果能此道矣,虽愚必明,虽柔必强。""弗"当"不"字讲;"措"就是"置"的意思,就是放置一边,把一个东西放在那里不管了。第一句话的意思是说,只要我们有空闲,就要学。学就要学会、学通,否则就不能放下,还要继续再学。

"有弗问,问之弗知,弗措也",我们有不问问题的时候,但是只要我们有问的机会,比如说有师长、朋友、同学在旁边,我们有机会向他们提问,就一定要问。如果我们还不够明白,知道得不够彻底,就不要就此放下,还要继续再问。

"有弗思,思之弗得,弗措也","思"就是研究。我们有不研究的时候,但是我们一有空闲,只要时间许可,我们就来研究。如果研究得不够透彻,就不能放下,一定要研究出一个所以然。

"有弗辨,辨之弗明,弗措也","辨"就是辨别。我们有不辨别的时候,但是一旦要辨别，就要辨别得非常透彻，否则就不放下。

"有弗行，行之弗笃，弗措也"，我们有不实行的时候，但是一旦要实行，就要实行得彻底，这就叫"笃行"。也就是说，我们要实行到十分，没有到这个程度就不能够停止。虽然人的能力、智力不相等，但是只要肯学、好学，就都能够成功，所以不要自暴自弃。《弟子规》中也说，"勿自暴，勿自弃，圣与贤，可驯致"，人人都可以学做圣人，通过循序渐进的学习，达到圣贤的境地。

"人一能之己百之，人十能之己千之"，别人听一次就能明白，我的智慧不如他，那么我就花上一百倍的功夫；别人拿出十分的力量就能够做好，我比较愚笨，我就花上千倍的功夫。所以，只要肯干，坚持不懈，没有办不成的事。

"果能此道矣，虽愚必明，虽柔必强"，如果我们肯这么做，即使我们愚钝，天资不够聪颖，比不上别人，也能变得聪明。即使我们的能力比不上别人，但是，只要我们下上千倍的功夫，我们也能变强。就看自己肯不肯学、肯不肯干。

很多人在学习上有障碍，成不了圣贤，那么这个障碍是什么呢？

《大学》中有一句话："君子有大道，必忠信以得之，骄泰以失之。"也就是说，大道必须用忠信的心、诚敬的心来学习，才能够获得。如果自己很傲慢，看老师有这样或者那样的缺点，觉得古人都不如我们现代人，就学不到东西了。所以古人说，一个学生如果观老师的过失，这个人一定不会学有成就。印光法师也曾说，"一分诚敬，得一分利益；十分诚敬，得十分利益"，那么，千分诚敬，就得千分的利益。我们没有诚敬心，就得不到任何利益。即使是一个凡人，你把他当成圣贤来看待，你从他身上所得到的就是从圣贤那里得到的利益；如果这个人是圣贤，但是你把他当成凡夫俗子来看待，那么，即使孔老夫子在你面前，对你也不会有太大的帮助。

我们同在一个学校学习，同在一个班级修学，为什么有的人学习提升快，而有的人却没有任何提高呢？原因就在于我们的心不同，学习的态度不同。所以曾子强调说："为人谋而不忠乎？与朋友交而不信乎？传不习乎？"这里强调的重点就是忠信。忠信是我们学习的要点，也是向学生和徒弟传授的要点。所以《大学》中强调"忠信以得之"，《论语》中也说"主忠信，无友不如己者""子以四教：文，行，忠，信"。这些都表明，忠信的态度对我们求学至关重要。

孔子说："吾尝终日不食，终夜不寝，以思，无益，不如学也。"这句话出自《群书治要·论语》，意思是说，我曾经一天不吃饭，一整夜也不睡觉，在那里冥思苦想，但是没有收获，还不如读书求学的好。

孔子一生好学，他学周公，好几次梦见周公。他研究某一个道理，可以终日不食，晚上睡觉都睡不着。

《史记·孔子世家》中记载，孔子向师襄子学琴，学了十天，依然没有学习新的曲子。师襄子说："你可以学习新增的内容了。"意思是说，这个曲子你已经学了十天了，你可以学习别的曲子了。但孔子说："我已经熟悉乐曲的形式，但还没有掌握方法。"过了一段时间，师襄子又说："你已经学会弹奏的技巧了，你可以增加学习内容了。"但是孔子仍然说："我还没有领会这个曲子的意境。"又学了一段时间，师襄子说："你已经领会曲子的意境了，你可以增加学习内容了。"孔子依然说："我还不了解曲子的作者。"又学了一段时间，孔子仿佛进入了一个新的境界，时而庄重穆然，若有所思，时而怡然高望，志意深远。孔子说："我终于知道他是谁了。那个人皮肤深黑，体形颀长，目光明亮而深邃，像个统治四方诸侯的王者。若不是周文王，还有谁能作出这样的乐曲呢？"师襄子一听，赶紧起身再拜说："我的老师也认为这首曲子的确是《文王操》。"孔子学音乐是这样专注、认真，对自己这样严格，从中我们可以知道他是怎样的好学了。

孔子说自己一生"述而不作，信而好古"，没有什么发明创作，所学习的都是古圣先贤的道理。现在很多人喜欢看书，也很好学，知识面也很广博，但是可惜的是，所看之书未必是圣贤之书，未必是真理，未必是经过历史的检验而沉淀的智慧。我们读经典有什么好处呢？"经者，常也"，经典记载的都是恒常不变的道理，是为历史一再证明的成果。

《贾子新书·修政语》中有一段话，这段话是汤王说的："学圣王之道者，譬其如日；静思而独居，譬其若火。夫舍学圣之道，而静居独思，譬其若去日之明于庭，而就火之光于室也。然可以小见，而不可以大知。是故明君而君子，贵尚学道，而贱下独思也。"这里做了一个比喻，意思是说，学古圣先王之道的人，可以把他比作太阳。一个人静思独居的时候，就像烛光一样。舍弃了学习圣贤之道而一个人冥思苦想，那就像舍弃了太阳的光明而去屋里接近微弱的烛光。这个烛光可以让你有小的见识，见到周围小的范围，但是开启不了你的大智慧。所以明智的君主，乃至于圣贤、君子，都崇尚学习圣贤之道，崇尚读经典，而不是一个人独自冥思苦想，想来想去都是胡思乱想，想的可能都是错误的。

这句话告诉我们，要学就要多学经典，多学圣贤之道，这样才能够学有所成，学有所成之后才能够改变气质。

《颜氏家训》中有一段话论述了读书求学的目的："夫学者所以求益耳。见人读数十卷书，便自高大，凌忽长者，轻慢同列；人疾之如雠敌，恶之如鸱枭。如此以学自损，不如无学也。古之学者为己，以补不足也；今之学者为人，但能说之也。古之学者为人，行道以利世也；今之学者为己，修身以求进也。夫学者犹种树也，春玩其华，秋登其实。讲论文章，春华也；修身利行，秋实也。"这段话的意思是说：学习，目的是求得长进，可是我看到有的人读了十几卷书后，便自高自大，欺侮长者，轻视同辈，别人自然像对仇敌一样恨他，像对鸱枭（一种猫头鹰）一样讨厌他。这样求学，其实对自己没有好处，还不如不学。古代的人求学是为了充实自己，以弥补自身的不足，所以称为为己之学；现在求学的人是为了向别人炫耀，只能夸夸其谈。古代求学的人，是为了利于他人，推行自己的主张，以造福社会。就像孔子，他周游列国，目的是什么呢？不是为了自己升官发财，而是为了推行自己的仁爱学说，使自己的学说能够为国君所用，造福社会、利于广大的人群，这才是他周游列国的真正目的。而现在，求学是为了自身的需要，增长自己的才干，以求做官。学习就像种果树一样，春天可以赏玩它的花朵，秋天可以摘取它的果实。那么什么是花朵，什么是果实呢？讲解评论文章，就好比赏玩春花；修养身心，推行自己的主张，就好比摘取秋实。真正的学问是什么？我们看一个人有没有修养，就是看他能不能把所学的落实在生活中，也就是说，他的德行、为人处世、待人接物都能够有所提升，最起码要把五伦关系处理好，尽到本分，这才是最基本的要求。这才是秋实，才是学习最终的目的。

第18讲
君子坦荡荡，小人长戚戚

> 君子心胸开朗，思想坦率洁净，外貌动作也显得舒畅安定；小人心里欲念太多，凡事斤斤计较，心理负担很重，就常常忧虑、担心，外貌、动作也显得忐忑神乱、坐立不安。当我们遵天道勤修德，多助人多为善时，我们离君子也就不远了。

现在人们都在追求幸福，但是幸福似乎越来越遥不可及，人们的幸福指数也越来越低。君子和小人的区别在哪里呢？为什么君子坦坦荡荡、幸福快乐，而小人却郁郁寡欢呢？其实君子和小人的最大区别就是君子助人为乐、成人之美，而小人自私自利。我们首先看一看逆境中的幸福之人。

美国的海伦·凯勒女士因幼时突发疾病而丧失了视觉和听觉，但她并没有过着悲惨的生活。相反，她周游了世界，每一次游历世界的时候她都要演讲。当然，她的演讲都是她的嘴唇和手指在说，她的助手给她做翻译。她说，虽然我的眼睛看不见，耳朵听不见，口也不能讲话，但是我认为，自己是世界上最幸福的人，因为我周游了世界，为世界上很多的盲人和聋哑人演讲，改变了他们的生命轨迹，让他们重拾生命的尊严。这就是我们所看到的逆境中的幸福之人。

相反，我们也看到了一些处于优裕环境中的不幸之人。比如，有的人是亿万富翁、百万富翁，四肢健全，但是，因为自己很有钱，就过上了骄奢淫逸的生活，不再满足于只娶一个太太，外边还有情人、小蜜等乱七八糟一大堆，因此他感受不到夫妻之间的恩义、情义和道义。他不满足于既得的财富，每一天还要飞来飞去地赚更多的钱，想着把钱投资到哪里才能够增值，没有时间关心孩子的教育，结果孩子到了十七八岁，突然走上了邪路，甚至锒铛入狱了。那么请问，赚多少钱能够换回一个孩子的前程呢？还有的人虽然很有钱，但是脾气不好，修养不够，经常因为芝麻大的小事就大打出手，彼此打得鼻青脸肿，这也是良好环境下的不幸之人。

什么是真正的幸福呢？说得简单一点，就是充满喜悦地生活。如果你能够充满喜悦地生活，当下就得到了幸福。一个人的幸福是靠内心的喜悦得来的，怎么能靠外在的物质条件来满足呢？很多人有一种错误的理解，以为只要有钱了，物质条件好了，我们就能够幸福。结果，钱赚得越来越多，但是人生越来越茫然，幸福感越来越低。这就要求我们重新思考幸福。一个人自私自利时，就总是想到自己。为了获得自己的利益而去工作、去竞争、去努力，久而久之，他就会有压力，他就不可能坦坦荡荡了。人为什么会有压力呢？其实就是把财色名利这些身外之物看得太重了。比如，我们想年年18岁，青春永驻。我们能够做到吗？我们还是一天一天地衰老。我们希望自己的记忆力很好，出口成章，信手拈来，但是我们还是那么愚钝，转头即忘。那么想一想，我们连自己的身体都控制不了，请问在这个世界上，还有什么东西是可以控制的呢？静下心来一想，这个世界上没有什么事是我们可以控制的，那么对于不可控制的东西，非要去控制、去获得、去占有，你是不是就有压力了？这是不是和自己为难呢？所以，要真正做到坦坦荡荡，就要放弃控制一切人、事、物的念头，把这个念头放下了，你的压力就减轻了，你也就能够做到胸怀坦荡了。

通过帮助别人，我们可以获得个人的成长，并减轻压力，所以，我们要经常想着如何帮助别人、成就别人，而不是求回报和肯定。这就像禅语说的：不争，元气不伤；不畏，慧目闪光；不怒，百神和畅；不忧，心底清凉；不求，不卑不亢；不执，可圆可方；不愁，快乐健康！

美国的耶鲁大学和加州大学以及密西根大学调查研究中心经过多年的跟踪

调查，得出了相同的结论：善恶可以影响人的寿命。实际上这是用科学实验证明了孔老夫子的一句话，那就是仁者寿。研究人员指出，一个乐于助人且和他人相处融洽的人，他的预期寿命会显著延长，在男性中尤其如此，而一个心怀恶意、损人利己、和他人相处不融洽的人，死亡率比正常人要高出1.5倍到2倍。

研究人员发现，从心理学的角度看，乐于助人可以激发人们对他的友爱和感激之情，他从中获得的内心温暖缓解了他在日常生活中常有的焦虑；而从免疫系统的角度看，常常行善也有益于人体免疫系统的健康。

这些研究表明，助人本身就是一种快乐。

中国传统哲学对助人为乐给出了解释。在中国古人看来，人性本善，人性中有一种先天向善好德的潜能。为了说明这种人性本善的道理，孟子讲了一个"孺子入井"的故事：一个还在咿呀学语的小孩子正在慢慢地朝着井边爬过去，眼看着他就要掉到井里去了，每一个看到的人都会产生一种不由自主的"怵惕恻隐"之心，那就是恐惧心、同情心和怜悯心。大家都想赶快跑过去，把这个小孩从危险的井边拽回来，让他安全。孟子问：我们这样做是为了讨好这个孩子的父母吗？是为了在同乡中博得好的名声吗？还是因为我们厌恶这个孩子发出的哭声呢？显然都不是。这种不由自主的"怵惕恻隐"之心，表明人性中有一种先天向善的能力，而人只要充分发挥这种能力，就可以达到高尚的境界了。所以《中庸》中也说，"率性之谓道"。也就是说，我们顺着、循着自己的本性去做自己的事情，而不是违逆，就和道相通了。

孟子说，虽然人性本善，但是人也的确会去作恶。人之所以作恶，并不是因为本性不善，而是因为人不注意保存自己本有的良心，又受到不良环境的污染和诱惑，久而久之，就把自己本有的良心迷失了。

为了说明这个道理，孟子又举了一个牛山的例子来做比喻。"牛山"是一座山的名字，它本来是一个风景优美、草木茂盛的地方，但是，因为地处大国的郊外，所以经常有人到那里滥砍滥伐、放牧牛羊，久而久之，牛山就变成了光秃秃的不毛之地，后来人再看到牛山，以为它本来就不生草木，可这哪里又是牛山的本来面目呢？孟子说，人性本善的道理也是如此。

实际上，我们每一个人都有先天向善好德的潜能。我们只要注意保存自己的良心，把这种放逸的良心或者说丢失的良心找回来，就可以达到高尚的境界了。所以孟子又说："学问之道无他，求其放心而已矣。"意思是说，我们提高自己的道德品质、道德修养、道德境界的方法和途径，其实没有什么奥妙，只不过把自己放逸的心或者说丢失了的良心找回来罢了。但是令人感叹的是什么呢？孟子说："一个人把自己家的小鸡小狗这样的小动物丢了，他尚且知道着急，把它找回来，可是把自己的良心这么重要的东西丢了，却不着急把它找回来，这是多么让人悲哀的一件事情啊。这样的人就如同那些低劣的园艺师，他放着贵重的梧桐树不理，反而费心地照顾那些矮小的荆棘之类，这是分不清哪一个重哪一个轻、哪一个大哪一个小所导致的。"

中国古人认为，人性先天向善好德。人如果做了错事、坏事、恶事，就会感到惴惴不安。一个人如果真正坦坦荡荡、心理健康，那么，他首先是一个道德很高尚的人。反过来说，如果一个人能做到"仰不愧于天，俯不怍于人"，这样的人才是一个真正达到了心理健康标准的人。

王阳明继承了孟子"人都有良知良能"的学说，提出了"致良知"的论点，他认为人都有"良知良能"，道德教育就是把人的良知唤醒。有一次，王阳明和朋友外出，不幸遇到了一群盗贼。这群盗贼知道他就是提出"人都有良知良能"的王阳明先生，就问他："你说人都有良知良能，那么你看一看，难道我们这群盗贼也有良知良能吗？"王阳明毫不犹豫地回答："当然有。"这群盗贼说："你光说有也不行啊，你得证明给我们看，我们才相信。"结果王阳明不慌不忙地说："你们按照我说的去做，我就可以证明给你们看。"他让这群盗贼把自己身上的衣服一件一件地脱下来，直到脱得还剩最后一条裤子的时候，王阳明说："继续脱啊。"这群盗贼说："不行了，这个不能再脱了。"王阳明说："这知耻就是你们的良心啊。"这说明，即使是盗贼，也不是无所顾忌的，他还有一种知耻心，有一种向善好德的心。

人如果做了坏事、错事，做了违反自己本性的事情，就会感到不安、心神不宁。为了避免这样的压力，我们应该多做善事，把我们的注意力转向自身之外，多关心和帮助身边的人。

很多成功学家专门研究成功人士成功的原因，他们采访了一些全球著名的推销员、顶尖的企业家，问他们事业成功的秘诀是什么，是什么让他们成为世界顶尖的推销员和企业家，这些人无一例外地回答"利他"，而不是"自利"。如果你总是想着把别人口袋里的钱挪到自己的口袋里，别人的感受是什么呢？他一定是把自己的口袋捂得紧紧的，非但不给你，还对你抱有戒心。如果你总是想着自己的服务和产品怎样帮助他人解决困难，满足大家生活的某种需要，给大家的生活和工作带来便利，可能大家都争着、抢着购买你的服务和产品。谁不喜欢这样的人呢？所以，使他们成为世界最成功的推销员和企业家的秘诀就在于"利他"两个字，而不是"自利"。

现在有很多人压力很大，过着一种"忙、盲、茫"的人生。这三个字很有味道，第一个"忙"是竖心旁加一个"亡"字，这个字告诉我们，我们的心灵已经不敏锐了，以至于看不到周围人真正的需要了，所以就变成了第二个"盲"，看不见了。比如，母亲节的时候，很多记者去采访一些成功人士，问他们孝敬父母最好的方式是什么，这些人说："我要挣很多的钱，给父母买大房子、豪华轿车，让他们过上富裕的生活。"这些记者又回过头去采访他们的母亲，没想到这些母亲都说不希望住什么大房子，开什么豪华轿车，只希望孩子多回家看看，唠唠家常。我们为了事业忙碌，已经看不到父母和家人真正的需要了，结果换来的是家人的埋怨和不理解，最后自己就茫然了，第三个"茫"就出现了。为什么大家都不理解呢？原因就在于，我们的付出、忙碌很大程度上都是追名逐利、自私自利的，忽视了家人真正的需要和感受。所以，很多人虽然赚了很多钱，但是并没有得到家人的理解，没有收获一份浓浓的亲情。

中国古人把"钱"字写得很有味道，繁体字"钱"字左边是一个"金"字，右边是两个"戈"字。如果你盲目地追求"金"，不择手段，没有智慧，可能就会拿着刀或枪互相残杀，这就是没有智慧的选择。要有智慧地运用金钱，这样才能够不出现弊端。

为了避免这种"忙、盲、茫"的人生，我们要把自己的心沉下来，观察一下周围人真正的需要。这样，我们的人生才不会越走越空虚，也才能够避免压力，从而过上坦荡荡的生活。

中国人有一句话，叫"知足常乐"。很多人乐不起来，就是因为不知足。"知足常乐"不是一种消极的人生观，恰恰相反，"知足常乐"里面蕴藏着真正的人生智慧。中国古人说："人生解知足，烦恼一时除。"如果人生理解了"知足"这两个字,所有的烦恼都会消失。如果你不知足,即使拥有更多的金钱,也不能过上如意的生活。比如说你赚了十万块钱,看到别人赚了一百万,就又去辛辛苦苦地忙碌;赚到一百万,再一看,还有挣了上亿的人,于是又去赚钱;再一看,比世界首富还差得远呢。

所以有人说:"别人骑马我骑驴,仔细思量我不如;待我回头看,还有挑脚汉。"人生幸福与否,和物质财富没有必然的联系。

孔子的弟子颜回,是所有弟子中最贫穷的人,但他也是最快乐的一个人。"一箪食,一瓢饮,在陋巷。人不堪其忧,回也不改其乐。"颜回吃饭连饭碗也没有,喝水连杯子也没有,住在非常简陋的巷子里,别人都不堪忍受,说他这个生活条件太艰苦了,但是颜回仍然乐在其中。颜回为什么能够做到"不改其乐"呢?他乐在何处呢?其实他是乐在道中,他活在了"法喜"之中。所以《论语》中也说,"君子忧道不忧贫"。他担忧的和一般人担忧的不一样,对于物质生活就没有太多的要求了。

《论语》开篇就说:"人不知而不愠,不亦君子乎?"我有德行,有才学,别人都认识不到,也不任用我,我也没有任何愠怒的表现,没有任何怨天尤人的表现,这不也是一个君子的行持吗?孔子为什么不抱怨呢?因为他周游列国,不是为了升官发财、满足自己的利益,而是心怀天下、心系众生。他知道,这些国君不任用他,是时机不成熟。他退而做教育家,把自己的仁义学说传授给学生、徒弟。结果,他的思想影响了中国几千年。

孟子说人生有三乐:"父母俱存,兄弟无故,一乐也。仰不愧于天,俯不怍于人,二乐也。得天下英才而教育之,三乐也。"为什么圣贤者一说话就是喜悦,就是快乐,而现代很多人就是烦恼、压力、焦躁呢?原因很简单,圣贤者活在助人为乐之中,活在尽责任、尽本分之中,所以俯仰无愧,而很多现代人把自己的注意力放在了自己的利益上,这样的人怎么可能胸怀坦荡呢?他一定是忧郁、烦恼很重的人。

第19讲

夫妻相处之道

> 《周易》的阴阳理论认为，阴阳调和、刚柔相济是最佳的状态。夫妻之间相互体贴、相互信任、相互理解、相互扶持，达到阴阳调和、刚柔相济，才是最佳状态的夫妻相处之道。同时，夫妻二人必须在幸福观、价值观等方面实现同频共振，坚守诚信、良心和道德，人格平等、相敬如宾，才能现"执子之手，与子偕老"的婚姻浪漫。

《群书治要·孔子家语》中写道："昔三代明王之必敬妻子也，盖有道焉。妻也者，亲之主也；子也者，亲之后也，敢不敬与？"意思是说，夏商周三代的圣明君主，必定尊重、爱护妻子与儿女，这是有道理的。妻子是祭祀祖宗、照顾父母的主妇，儿子是祖先的后代，怎能不尊重呢？

从这句话中我们可以知道，中国传统文化没有不敬妻子，更没有歧视妇女。

中国人讲男女有别，这个"别"字，并不是身份和地位的差别，而是指男女在职责上有分工，那就是"男主外，女主内"。这种分工完全是根据男女的心理和生理特点来安排的。男人和女人有不同的特点，所以承担不同的责任。

特别是在古代农业社会，创造经济收入、养家糊口，使家人衣食无忧，这个重大的责任主要是由男子来承担的。这就要求做丈夫的有恩义、有道义、有情义，不能因为自己在外面工作，接触的人很多，就寻花问柳、见异思迁。

妻子负责祭祀祖先、孝敬公婆、助夫成德、和睦妯娌、教育子女，她的责任无比重大。因此古人说，娶一个好的妻子可以兴三代，而娶一个不好的妻子也可以败三代，这绝对不是夸张。

古代的妻子连自己的名字都没有，什么都不图——不图名、不图利，一心一意地帮助丈夫成就事业，把家照顾好，让他后顾无忧。所以丈夫对妻子怎能不感恩、不敬重？

如何敬重妻子？做丈夫的要有做丈夫之道，要做到领妻而不管妻，就是把妻子领在为人处世的大道之上，而不是事事都去管她。怎样"领妻"呢？就是自己要走在做人的正道上，立住"三刚"："性刚无脾气，心刚无私欲，身刚无嗜好"。

性情刚正体现在哪里？体现在他能克制自己的情绪，不随意发怒。如果丈夫的脾气不好，妻子、儿女会没有安全感，感到很紧张、有压力，不愿意和他相处。不知道什么时候，他会因为一点小事大发雷霆，导致身边的人战战兢兢，时间久了神经都很紧张，心里很有压力。

古希腊的苏格拉底是一位伟大的教育家、思想家、哲学家。他"辩才无敌"，与别人辩论，没有人能够赢过他。但是非常不幸，他娶了一个脾气暴躁的妻子。妻子经常因为一点小事就对他大发脾气，不依不饶。有一天，妻子又因为一点点小事对他大吵大闹。苏格拉底不仅没有和她对着吵，反而在那儿坐着，静静地听她把话说完。等妻子把话说完了，他缓缓地站起身来，向门外走去。他说："你说完了吧？如果你说完了，我可以出门去见我的朋友了。"没想到苏格拉底的退让并没有使妻子止息怒气，盛怒之下，她居然端起一盆水，从头到脚泼在了苏格拉底的身上。这件事情恰好被苏格拉底的一位朋友看见了，朋友问："到底发生了什么严重的事，把你搞得如此狼狈呀？"苏格拉底说："雷霆之后，必有暴雨。"意思是说，他的妻子向他发了一通雷霆之怒还不罢休，又给他泼了一盆水。但他仍然没有失去君子之风，更没有和妻子吵架。所以说，如果我们看到两个人吵起来了，就知道这两个人的水平差不多，半斤对八两。犹太人有句谚语：两朵云只有在同一高度碰撞，才会形成雨。俗话说，"一个巴掌拍不响"，如果两个人中有一个思想修养水平高的，那么肯定吵不起来。

"心刚无私欲",不能够娶了媳妇忘了娘,偏爱妻子、儿女而薄待父母,这样就偏离做人之道了。"身刚无嗜好",做男子的要修身,首先要把自己的不良嗜好改掉,不抽烟、不喝酒,更不能赌博、好色。丈夫修身,既能够创造经济收入,使家庭生活有保障,还能做到有恩义、有道义、有情义,这样妻子就自然而然地敬佩丈夫。做丈夫的敬重妻子,体现在他对妻子很体贴,非常感恩妻子对家庭的付出,让妻子有安全感、有依靠,生活得很踏实、很幸福。

什么是幸福?现代人追求幸福,由于方向、手段错了,结果愈追求离幸福愈远了。幸福就是充满喜悦地生活,它不是说有很多的钱、很大的房子、很豪华的轿车。但是很多人因为受到错误价值观的影响,宁愿追求虚荣,而不愿意追求一种踏踏实实的幸福。虽然付出了很多,心灵却愈来愈空虚,因为他们没有找到自己想要的喜悦。

当然,做丈夫的还要很浪漫。什么叫浪漫?"执子之手,与子偕老"。有一个人看到一对年轻的恋人在夕阳下散步,就很羡慕,说有什么比这更美的吗?旁边的一个人听了之后就说,有。是什么呢?是老夫老妻。两个人恩恩爱爱,互相付出、互相感恩,到老的时候还能够相伴在一起,感情愈陈愈香。

一加一等于几?我们知道数学上等于二,但是在日常生活中一加一等于二的家庭已经非常少了。为什么呢?因为夫妻两人总是互相纠缠、怀疑、不信任,很多的时间和精力都浪费在内耗上,所以一加一不仅不等于二,很多时候是小于二、小于一,甚至更低。怎么样才能做到一加一等于二,甚至大于二呢?这就要求我们做到"夫有义,妇有德"。一家之中丈夫有丈夫的责任,妻子有妻子的责任,只有各就其位,各行其道,才能做到一加一等于二,甚至大于二。

《群书治要·后汉书》中记载了"糟糠之妻不下堂"的故事:光武帝的姐姐湖阳公主一直守寡,湖阳公主看中了大臣宋弘,于是就托弟弟光武帝为她说媒。君臣畅饮之际,光武帝说:"我听说,一个人有了钱之后,就会换衣服、换鞋子,而一个人荣华富贵之后,就会换妻子。"宋弘一听,站起身来向光武帝行礼说:"陛下,贫贱之交不可忘,糟糠之妻不下堂。"宋弘这句话一说出来,光武帝就没有办法再说下去了。这一句话传到了朝臣耳朵之中,让满朝文武吃惊的同时,也让一部分人感到羞愧。此后一直到今天,还有"糟糠之妻不下堂"的说法。

能够和皇帝的姐姐成亲，成为皇帝的姐夫，这是多少人求之不得的一件事。但是宋弘见利思义，认为这件事不符合道义，即使能做皇帝的姐夫，也不愿意。

什么是真正的幸福？幸福不是建立在金钱、地位、名利、欲望的基础上，而是建立在恩义、情义、道义的基础上。两个人同甘共苦、相依为命、互相关心、彼此扶持，这不就是幸福吗？

刘廷式曾和苏轼同朝为官，早年他和邻居家的一个女子口头订婚，后来他外出求学。五年之后他考中了进士，回到家乡，却发现邻居家的女子双目失明了。女子的家人说："我们家的孩子已经双目失明了，不配做你的妻子了，更何况你现在是衣锦还乡，门第不相匹配，这一桩婚事不如就算了吧。"但是刘廷式信守承诺，执意娶这个女子过门。他说："我不能够违背自己的良心，我已经答应了娶她为妻，就一定要做到。"

他把这个女子娶过门之后，这个女子把他照顾得很用心，为他生了两个儿子，这两个儿子后来也都考中了状元。所以，一个人有德行，他的儿女也会成才。后来刘廷式到高密做通守，通守也就是太守的助手，当时的太守就是苏轼。

在做通守时，他的妻子得病去世了，刘廷式哭得很伤心。苏轼劝导他说："我听说人是因为美色才会升起情爱，因为情爱才会有厌恶或者喜欢的感觉。而你的妻子不是一个美人，还是一个双目失明的人，你有什么哀痛可言？"

刘廷式听了之后说："我所哀痛的，只是因为我失去了一个曾经和我同甘共苦、筚路蓝缕的妻子，我并没有想到她的眼睛是失明的。如果真的如你所说，一个人因为美色才升起情爱，因为情色才有伤心的感觉，那么你看，每天在大街上挥着袖子、挥着手绢，引诱、挑逗你的那些红尘女子，她们每一个人都长得很美，她们每一个人都可以做你的妻子吗？"

苏轼听了以后很惭愧，他也非常感佩刘廷式的德行。在中国历史上，这样见利思义、见得思义的男子非常多，遗憾的是我们的电影、电视剧很少把这些搬上荧幕。

一位老师在演讲的时候说，关于夫妻相处，有一句箴言，那就是"只看对方的优点，不看对方的缺点"。他的话音刚落，台下就有一位女士非常踊跃地举手发言说："老师，我的丈夫没有优点。"老师走到这位女士面前，对她说："这位女士，我真的很佩服你，因为你这么有勇气，这么勇敢。你的丈夫什么优点都没有，你居然还敢嫁给他。"

很多人都非常健忘，结婚之前，没到下班的时候，会不停地看表，觉得时间怎么过得这么慢，然后想着对方喜欢吃什么样的菜，今天带他（她）到哪一个菜馆他（她）才更欢喜；想着对方喜欢看电影，应该带他（她）看哪一部电影才更能够投其所好……可是结婚后，彼此心态可能就完全变了，从我能为对方做些什么，变成了对方能够为我做些什么。因为心态的改变，就处处要求对方，苛求对方。所以幸福其实就在人的一念之间，这一念就在于你是看对方的缺点，还是看对方的优点。

在生活中有四种不同的家庭：第一种叫天堂家庭；第二种离天堂家庭还差一点，叫和乐家庭；第三种就是苦恼家庭；第四种叫地狱家庭。生活在地狱家庭里的人都是战战兢兢，不知道什么时候又突然吵起架来，让家人都不得安生。所谓的天堂和地狱实际上都是我们自己的选择，取决于我们自己的态度。没有任何一个人希望生活在地狱家庭，但是他可能不知道应该如何去做。那么应该怎么做呢？我们讲一个天堂和地狱的传说。

> 天使对人说："我可以带你去看天堂和地狱，你想先去看什么呀？"这个人说："那我就先去看看地狱吧。"于是他就跟着天使来到了地狱。只见里面摆着两排长长的桌子，桌子上摆了很多菜和一些筷子，筷子都很长，有两尺左右，人坐在两边。有人说："开始！"这些人便都拿起筷子夹菜，迫不及待地往自己的嘴里放。因为筷子很长，所以在夹菜的时候大家就打起架来，把菜碰得遍地都是，结果谁也吃不好，谁也没有吃到美味佳肴。这个人看了之后，觉得地狱的景象实在不怎么好，就说："算了算了，我还是去天堂看一看吧。"于是他又跟着天使来到了天堂。只见那里还是那样的两排桌子，桌子上放的也是同样的美味佳肴，筷子还是两尺长。当有人说"开始"的时候，这些人都夹起菜往对方的嘴里放。其中有一个人，他的人缘特别好，几个朋友同时把菜夹到他的嘴里，他都吃不了啦。

所以，天堂和地狱确实就在人的一念之间，这一念就在于你是处处想到自己的利益还是处处想到对方。这个念头的改变就能使我们从苦恼家庭和地狱家庭转为和乐家庭和天堂家庭。如果我们能够经常看到对方的优点，对对方的优点加以肯定，并做到《弟子规》中所说的"恩欲报，怨欲忘"，家庭关系就一定会变得非常和睦。

第20讲
至要莫如教子

> 《三字经》中说:"养不教,父之过。"以父母为传授主体的家庭教育,为孩子在礼仪、伦理、道德和文化等方面的启蒙,功不可没。为人父母者应教导自己的孩子从小养成孝悌之爱心、勤俭之作风、谨慎之言行、和顺之性情和读书之良好习惯,这才是父母对孩子真正的慈爱。

《群书治要·汉书》中记载着这样一段话,从中我们能够体会到古人对继承人的培养是何等重视:"夏为天子十有余世,殷为天子二十余世,周为天子三十余世,秦为天子二世而亡。人性不甚相远也,何三代之君有道之长,而秦无道之暴也?其故可知也。"它说的是,夏朝天子的传承有十几世,殷朝天子传承了二十多世,周朝天子传承了三十多世,但是到了秦朝,天子传承到第二世就灭亡了。人性本来都相差不大,为什么夏、商、周三代的君主有道而能长久,秦朝的君主无道而突然灭亡呢?这其中的缘故可想而知。

什么缘故?就是教育继承人的方式不一样,重视程度不一样。

古人是怎样教育继承人的?

在古代,太子刚一出生,君王就要用礼来教育他。其实在他出生之前,也很重视胎教。在他出生之后,更要用礼来引导,由专门负责礼的官员为他穿好端服、戴好礼帽,让成年男子背着他行祭天之礼,培养他的恭敬之心、畏惧之心。路过宫门的时候,要把太子从背上放下来,以示恭敬。宫门就是皇帝处理政事的地方。宗庙都供着祖先的牌位,是祭祀祖先的地方,路过宗庙的时候,也要恭敬地小步快行,这是做孝子的行为规范。

周成王尚在襁褓之中时,国王就请了召公做他的太保、周公做他的太傅、太公(姜太公吕尚)做他的太师,他们都是全国最有德行、最有学问的人。什么是"太保"呢?"保,保其身体",就是保护太子的身体,让他的饮食起居都符合自然规律,讲究养生之道。这还不算,还要让他的言行中规中矩,很有威仪。"傅,傅之德义",太傅的责任就是教导太子德义,培养他的高尚的道德。"师,导之教训",太师就是给他以各种训诲和教育、引导。这是"三公"的职责。

此外,国王还为周成王设置了"三少",就是少保、少傅、少师,他们和太子生活在一起。也就是说,他们负责把太傅、太师、太保教导太子的事情体现在生活之中,让太子看到、学到。所以从太子懂事起,"三公""三少"就为他说明孝、仁、礼、义的道理,引导他把这些落实在日常生活之中,远离恶人,不让太子看到丑恶的行为。

除了这些,国王还挑选天下品行端正的人来辅佐、保护太子,让这些人和太子一起生活、出入,如孝敬父母的、尊敬兄长的、博闻多识的、传道有方的,等等。所以,太子一生下来,看到的就是正事,听到的就是正言,走的就是正道,前后左右都是正派的人。

这样,他平日习惯了和正派的人在一起生活起居,他的行为就不能不端正,就不会不正派。孔子说:少年时养成的品德,就如同天性;养成了习惯,就如同本来具有一样自然而然,"少成若天性,习贯如自然"。

对儿女的慈爱,不是他要什么就给什么。古人总结出了很多教子的格言,比如说,"孝悌为传家之本,勤俭为持家之本,谨慎为保家之本,和顺为齐家之本,诗书为起家之本"。如果我们多读一读圣贤书,在教子方面就会少走很多的弯路。

"孝悌为传家之本",现在的孩子为什么被惯成了小公主、小皇帝了?就是因为很多家长"爱之不以道,适所以害之也"。哪一个父母不爱自己的儿女?但是,如果没用正确的方法、途径教导他、引导他,而是一味地满足他的欲望,恰恰就把孩子害了。所以"溺爱"的"溺"字写得很有味道,它是三点水加"弱"字。看到这个字我们也就知道什么叫溺爱了,也就是爱孩子爱得使他的能力、身体都很弱,肩不能担、手不能提,没有自理能力,更没有任何承担挫折的能力。《孟子》中说:"故天将降大任于是人也,必先苦其心志,劳其筋骨,饿其体肤,空乏其身,行拂乱其所为,所以动心忍性,曾益其所不能。"要让他的身体得到锻炼,让他的心志得到磨炼,这样,无论他面对什么样的境况,就都能够坦然处之。

"勤俭为持家之本",要让孩子从小养成勤俭的习惯。古人说,"成由勤俭败由奢",家财万贯也需要有好的儿孙来守护,如果他们都奢侈浪费,那么万贯家财很快就会被败散。

"谨慎为保家之本",虽然家里很富裕,但是为人处世仍要很恭敬、很谨慎,这样才能够长久地保持富贵而不失。《孝经》中说:"在上不骄,高而不危;制节谨度,满而不溢。高而不危,所以长守贵也;满而不溢,所以长守富也。"也就是说,虽然自己身居高位,但是没有骄慢的表现,因此,即使身处高位,也不会有被颠覆的危险;虽然自己很富裕,但是很遵守法度、很节俭,一言一行很谨慎,不背离礼法,这样就不会有败落的危险。

"和顺为齐家之本",一个家庭能不能兴盛发达,就看家人能不能团结,能不能和睦相处。同样,一个单位能不能兴盛,要看员工能不能团结,能不能互助。

"诗书为起家之本",圣贤书教导人们有关天道、人道的知识,所以读了圣贤书,贵在明理。为什么读书人受尊重?因为读书人明理,理得心安,他时时刻刻都走在道上,不偏离这个道,所以他受人尊重。

古人这些教诲,对于我们现代人如何教育儿女,都是非常重要的提醒。

古人说,"惯子如杀子","养子不教如养驴,养女不教如养猪"。驴和猪都是蠢笨的意思,养了儿子不教育,那还不如养头驴;养了女儿不教育,她只会吃喝享受,也不知道尽自己的本分,不知道孝敬公婆、助夫成德、教育儿女,自己的责任都没有尽到,这不就像养猪一样了吗?

儿女以自我为中心，不孝敬、感恩父母，认为父母的付出天经地义，一个重要的原因就是没有良好的家教。《德育古鉴》认为孩子不孝敬父母的主因是习以成性，并指出了七个具体原因。

第一就是娇宠。父母经常顺着孩子的性子，事事让儿女占先，做事首先考虑到儿女的需要，所以培养了孩子任性的习惯。一旦父母做了不顺他意的事，也就是我们常说的，十件事情有九件事你都让他满足了，只有一件事不能够满足他，他就不能够忍受，开始一哭二闹三上吊。这就是因为他平时受娇宠已经习惯了。

第二是习惯。如果一个人语言粗率惯了，他就敢对父母说一些违逆的话；如果一个人对父母的照顾简慢惯了，他就敢做一些放肆的事。父母习惯于把好东西留给儿女吃，自己不吃甚至少吃，久而久之儿女就习以为常了，儿女就不再体会父母吃得好不好；父母经常拖着重病做家务事，久而久之，儿女也已习以为常，就不再关心父母的痛痒了。

第三是乐纵。有的人对朋友特别讲义气，别人说"你今天有没有时间，陪我们喝酒吧，招待一个客人"，他马上就和朋友去吃吃喝喝了，而且还非常慷慨大方。但是对父母呢？出去请父母吃一顿饭都觉得囊中羞涩，觉得浪费。对自己喜欢的人他很幽默，还想方设法地说一些话，讨对方的欢心，对待父母却默默无言，呆若木鸡，无话可说，更有甚者，认为父母兄弟都是俗人，就不再愿意和父母兄弟相处。

第四就是忘恩、记仇。古人说："受人滴水之恩，常思涌泉相报。"现在却常常是他人对我们有恩，时间长了就淡忘了，而人与人之间的怨仇却愈结愈深，久久不能忘怀。别人给我们做一顿饭，我们可能对他感恩戴德，但是父母天天为我们做饭、为我们付出，我们却忘记了感恩。

有这样一个故事：

> 一个小女孩在家里和父母大吵了一架，一任性就离家出走了。到了傍晚，肚子愈来愈饿，她不知不觉地就走到了一个包子铺前。看到热气腾腾的包子，她特别想吃，但是又没有钱。老板娘看到了，就说："你过来，我给你煮一碗面，不需要你付钱。"小女孩吃了面，身上顿时觉得暖乎乎

的,她非常感谢老板娘。老板娘问她:"你为什么离家出走呢?"她就说:"我父母对我特别不好,说了几句话让我很生气,所以我就离家出走了。可是您却待我这么好,在我无依无靠的时候,给我一碗饭吃,还不收我的钱。"这个老板娘又有智慧又慈悲,就提醒小女孩:"我也是为人父母的人,你想一想,你从小到大,不知道你的父母亲为你端过多少碗饭,为你洗过多少次衣服、做过多少事,而我仅仅给你端过一碗饭,你就这样感恩,这样做是不是分不出哪一个轻哪一个重呢?"小女孩听了这番话之后很惭愧,赶紧往回跑。在路上,她看到母亲在焦急地东张西望,逢人就问:"你有没有看到我的孩子呀?"看到这样的情景,她忍不住掉下了眼泪。

对一饭之德,我们经常能够记在心上,感恩戴德,但是我们的母亲每天给我们做饭、洗衣服、打扫卫生,吃得久了,我们还嫌她做得太多或太少了、味道咸了或淡了等。他人救济你一次、帮助你一次,你就对他感恩戴德;如果他人常常帮助你,你反而忘记了感恩,还嫌人家帮助得少了,比不上上次了。这就是"以亲爱为故常"。父母这样爱我、照顾我,处处体会我的需要,为我付出,认为这一切都是应该的。有时候父母为我们担心,我们还嫌他们多事,违背了我们的意愿;父母教诲我们,我们还对他们的用词挑来挑去;甚至在父母鼓励、夸奖我们的时候,我们还表示厌恶。对于眼前父母的大恩大德,我们尚且认识不到,又怎么能够想象到十月怀胎之苦、哺乳之苦?这就是忘恩、记怨所导致的。

第五是私财,也就是把财产看得太重了。钱财俱足的时候,就忘了父母;钱财匮乏的时候,就希望从父母那里得到钱财;求钱财而不得的时候,就怨恨父母;父母亲不能够养活自己,需要儿女赡养的时候,就更加厌弃父母。

第六是恋妻子,"妻子"在古人那里指妻子和儿女。妻子、孩子当然应该很好地照顾,但是也不能够因为照顾妻子、儿女就忘记了孝敬父母。很多人成家立业之后,对妻子、儿女关爱备至,却忘了养育自己成人的父母,这就是"娶了媳妇忘了娘"。

第七是争妒。父母生的孩子很多,对儿女的照顾和爱护本来都是平等的,但是儿女对父母却有顺有逆，所以父母对儿女的爱有时也有了区别。顺着父母的，父母对他们的爱就多一些；违逆父母的，父母对他们的爱就少一些，这也是非常正常的事。一个人如果失爱于父母，不要怨恨父母，而应该心平气和地想一想，是不是自己做得不好。

以上这几种情况，是为人儿女应该时时警醒、事事检点、念念克制的。"勿以亲心之慈，我可自恕"，不要因为父母亲很仁慈，不和我们计较，我们就可以自己宽恕自己；"勿以世道之薄，我犹胜人"，不要因为很多儿女都不赡养父母了，而我还能赡养父母、照顾父母，就认为我做得比别人好。

第 21 讲
教子之方

> 生子养子必教子。有着五千年文明的中国，自古以来就非常重视对孩子的家庭教育，出现了许多善教的父母，也留下了许多感人至深的教子故事。为人父母者一定要德教为先，以身作则，这样，才能为孩子将来"修身、齐家、治国、平天下"打好坚实的基础。

教育孩子，只要掌握一个原则，就可以把孩子教育好，这个原则就是"德教为先，以身作则"，而且教育是"始从胎教""慎终追远"，贯穿了一个人一生的过程。

教育是有规律的，也是有次序的，教育应该从哪里入手呢？教育的次序一定是《弟子规》或者《三字经》上所说的"首孝悌，次见闻"，也就是说，先要从培养孩子的品格入手，然后才让他学习知识、技能。我们从中国古人对"教育"这两个字的定义之中，就可以看出，中国古人把对做人的教育、对品格的教育，视为教育的根本。

《礼记·学记》中对"教"下了一个定义："教也者，长善而救其失者也。"教育的目的，就是使人的善良不断地增长，而使人的过失得以纠正。我们再反思一下，我们的家庭是不是起到了"长善救失"的效果呢？现在很多学校把升学率作为评价一个学校教育好坏的重要标准，学生的品格教育在很大程度上被忽视了，家长也会要求孩子学习知识、学习技能，所以，无论是家庭教育还是学校教育，都没有起到"长善救失"的效果。如果只教授知识和技能，而没有了道德教育，那么学得越多就越自私，对国家、社会的危害也就越大。所以，有人把人才分为四种类型。第一种是有德有才，是正品。这个人既有德行又有能力，这是我们社会所急需的，这叫正品。第二种是有德无才，是次品。这个人德行很好，能力不够，培养一下还可以用。虽然不如正品那么好，但是也不会对社会、国家造成严重的危害。第三种是有才无德，是毒品。这个人没有德行，但是也学到了很多的知识和技能，他利用学到的知识和技能去做危害社会的事情。知识和技能学得越多，对社会的危害也就越严重。第四种就是无才无德，是废品。当然，这样的人还是比较少的。正因为中国古人看到了人格教育的重要性，所以他们认为，"教"首先应该起到"长善救失"的作用。

什么是"育"呢？《说文解字》中为"育"下了定义，也是一语中的："养子使作善也"。如果你仅仅把儿子养大，那不叫"育"；仅仅教他知识和技能，那也不叫"育"。必须让他顺着善良的方向去发展，这才叫"育"。教育是有先后次序的，这个先后次序就是"首孝悌，次见闻"，也就是我们现在所说的先学做人，后学做事；先培养品德，后学习知识和技能。如果我们违背了这个规律，违背了这个次序，就会学得越多越傲慢，学得越多越不把父母、老师放在眼里。

曾国藩先生特别重视对子女的品格教育，他认为看一家的子弟能否兴旺发达，看这家子弟的三件事情就好了。第一件事就是这家的子弟早晨几点钟起床，第二件事就是这家的子弟是不是自己的家事自己做，第三件事就是这家子弟是不是读圣贤书。

为什么早晨几点钟起床这么重要呢？因为中国人特别讲究养生之道，认为按照正常节律饮食起居是最健康、最正常的。一年有春夏秋冬四季，一天也有四季。一天的春天是从早晨三点钟开始的，而春天主生发，春生。三点钟春天已经到了，意味着万物复苏，我们可以起床了。五点钟是一天的惊蛰，是恢复活动的时候，这时我们起身打打太极拳，练练八段锦。中国古代的养生方式，都是内壮法，它非常缓慢，强健的是内在的五脏六腑。六点钟是一天的春分，也就是说，到了六点钟，春天的一半已经过去了，再迟也不能超过六点钟起床，因为春天生长得不好，夏天就不会生长得很茂盛。九点钟到下午三点钟，这是一天的夏季，很多人在这个时候会打瞌睡，没精打采。秋天是下午的三点钟到晚上的九点钟，秋天主收，有收获、收藏的意思。这个时候不宜做过于激烈的运动，否则会影响晚上的睡眠，而最好的休息时间就是晚上的九点钟到早晨的三点钟。特别是晚上十一点到凌晨一点，这是一天的子时，一天的寒冬，如果这个时候还没有睡觉，就等于穿着很单薄的衣服出现在寒冬腊月，久而久之是很容易得病的。当然，早晨几点钟起床，从中也能看出这家的子弟是克勤克俭、励精图治还是骄奢淫逸。

第二件事是自己的家事是不是自己做。中国人有一句话叫"习劳知感恩"。什么意思呢？如果你告诉孩子说"你什么都不用做，把你的学习搞好就行了"，他从来不做家务，不从事劳动，就不知道劳动成果来之不易，也不知道对父母感恩。因此，曾国藩即使做到了四省的总督，也仍然坚持让孩子自己做自己的家事。

第三件事就是是否读圣贤书。因为中国古代的经典记载着古圣先贤对天道的认识，告诉我们怎样按照自然规律来安排自己的学业、生活和工作，趋吉避凶；告诉我们古人如何孝敬父母，夫妻之间如何相处，如何教育儿女，如何修身、齐家、治国、平天下。只有站在巨人的肩膀上才能看得更远，人生才可以少走很多的弯路。

《说文解字》对"教"的定义是"上所施下所效也"，也就是上面的人怎么做，下面的人跟着效仿，这就是良好、有效的道德教育途径。父母要真正身体力行，把正确的做出来。

现在很多孩子不知道孝敬父母，不知道感恩父母，原因就在于做父母的没有身体力行。比如，平时吃饭的时候，桌子上有我们的孩子，有我们的父母，请问我们夹起菜，首先把它放在了谁的碗里呢？过年过节带家人出去旅游的时候，我们去的是父母喜欢去的地方，还是孩子喜欢去的地方呢？外出时买礼物，首先想到的是给父母买礼物，还是给孩子买礼物呢？如果把孩子放在首位了，我们就知道为什么孩子教育不好了。

第21讲 教子之方

我们先看一篇文章,题目是《哪一个是我》:

那个一进门就喊"肚子饿了,饭怎么还没做好"的人是儿女;
那个一进门衣服都来不及换就下厨房烧菜的人是父母。
那个一会儿说"粥烫了",一会儿嫌"菜咸了"的人是儿女;
那个哪怕就一点青菜、豆腐也要精心烹饪、力争做出好滋味的人是父母。
那个整天抱怨作业多、实在太累的人是儿女;
那个累了一整天毫无怨言、洗衣打扫卫生后再陪读的人是父母。
那个动不动就开口要钱、不给就生气的人是儿女;
那个省吃俭用、精打细算却从不在教育投资上吝啬的人是父母。
那个记不住家人的生日,可一到自己生日就早早召集同学、朋友聚会的人是儿女;
那个很少记住自己的生日,却用心为家人准备生日礼物的人是父母。
那个早上赖床还不停抱怨家人叫醒他的人是儿女;
那个深夜入睡、黎明即起,准备早点的人是父母。
那个受了一点儿委屈,回家苦水倒个不停以求得同情和安慰的人是儿女;
那个在外面受了再多气回家后却仍强作欢笑的人是父母。
那个有牢骚就发、有烦恼就怨,把家当作坏情绪"宣泄所"的人是儿女;
那个把苦埋在心中,生怕自己的不良情绪影响家人的人是父母。
那个总以学业、工作忙为托词,很少往家里打电话问候的人是儿女;
那个在电话里嘘寒问暖、总为家人牵肠挂肚的人是父母。
那个一开口就将家里的积蓄"借"走,然后舒舒服服住大房子的人是儿女;
那个劳累了一辈子,到老还住在破旧小屋里的人是父母。
那个总羡慕人家多么有钱、自己家多么寒酸的人是儿女;
那个退了休还不"安分",起早摸黑挣钱的人是父母。

那个宁愿把大量闲暇时间放在娱乐和朋友聚会上,却不愿回家看看的人是儿女;

那个只要看到儿女,哪怕就一会儿都神清气爽的人是父母。

那个娶了媳妇忘了娘、嫁了老公忘了爹的人是儿女;

那个为儿女操了一辈子心,老了还帮儿女带小孩的人是父母。

那个总以自我为中心,从不把家人太当回事的人是儿女;

那个从不把自己当回事,却总以子女为荣四处炫耀的人是父母。

那个总喜欢把爱挂在嘴边,却很少付出行动的人是儿女;

那个从不把爱说出口,却将爱播撒于生活每一块土壤中的人是父母。

或许,只有等到儿女也成了父母,父母慢慢变老时,我们才会回忆起生活里这些点点滴滴,才能真正理解什么是爱。

中国人有一句话:"以身教者从,以言教者讼。"我们自己的一言一行、一举一动都做得很好,都符合《弟子规》的要求,这个叫"身教",我们不用教导孩子,他自然会跟从你,做正确的事。但是,如果自己做得不好,就要求孩子去做,这就叫"言教"。"以言教者讼",孩子就会逆反,说你都没有做到,有什么资格说我呢?这就是孩子"怎么说都不听"的重要原因。

孔子提醒我们:"弃老而取幼,家之不祥也。"放弃了老年人,不去孝敬、照顾、赡养他们,而把所有的关爱都放在孩子的身上,孩子被教成了小公主、小皇帝,就会导致家庭的不吉祥,后继乏人,没有好的儿孙把好的家业、家风、家道传承下去。所以,要想教好儿女,首先自己要学习圣贤教诲,而且要从内心真诚地去力行。

从什么时候开始教孩子呢?中国古人从胎儿开始就重视对孩子的教育了。周文王的母亲在怀孕过程中,就"目不视恶色""耳不听淫声""口不出敖言",不好看的景色、景象她都不去观看,淫词都不去听,讲话很温柔,连傲慢的言语都没有,所以她生出的孩子文王是一位圣人。现在人们把夫人尊称为太太,"太太"这个称呼是怎么来的呢?其实就来自周朝的三位女圣人,文王的祖母太姜,他的母亲太妊,他的夫人太姒,这三"太",都是圣贤的母亲,教导出圣贤的儿孙。后人把夫人尊称为太太，目的就是期许她成为圣贤的母亲，也能够效仿三"太"，培养出圣贤的儿孙。

这就是我们教子的要点，德教为先，以身作则，而且教育要始从胎教，贯穿一个人的一生。只有这样教育孩子，这个孩子才能够成才，才不会出现很多的问题。

第22讲

为什么要孝敬父母？

> 古人说："百善孝为先。"及时行孝是对父母给予我们的无私大爱的最好回馈，也是我们树立恩义、情义和道义的第一步，更是人间最大的"善"。而中华文化"孝"的观念不只是孝敬父母而已，当我们通过孝自己的父母而推广至孝天下之父母，再推广至爱兄弟姐妹，爱普罗大众，爱国家、社会乃至整个人类，必将成就我们的大善大孝和博爱。

"孝"字古人解释为"善事父母为孝"，这里的关键就在一个"善"字。怎么做才称得上"善"呢？我们可以体会一下，父母是怎么关爱儿女的？孩子小的时候不会说话、不会表达，做父母的要在孩子身上非常用心，才能够体会到孩子的需要。他是饱了、饿了、尿床了，还是冷了？是不舒服吗？所以善事父母，是全心全意地关心父母。我们应该学着用父母关爱儿女的心去体会父母的需要，这才叫"善"。

人们常说，父母有十重恩，也就是十重重大的恩德难以回报。哪十重恩呢？

第一，就是怀胎守护恩。母亲怀胎一个月之后，儿女的五脏才形成，七七四十九天之后六窍就分开了。这时，母亲因为怀孕在身，身体就像山一样重，行动非常不便，走路也非常困难。为了养育儿女，她顾不上穿衣打扮了，所以梳妆镜上沾满了尘埃。

第二恩，临产受苦恩。十月怀胎是很辛苦的一件事，一朝分娩却不知道生产是否顺利，孩子是不是健康。现在很多孩子都是剖宫产，这个时候母亲的痛苦就更加严重了，每一天都像得了重病似的昏昏沉沉。这种痛苦只有生过孩子的人才能有所体会。

第三恩，生子忘忧恩。母亲生了孩子之后，血流得很多，但是当她得知孩子健康时，马上就忘记了自己的痛苦，非常欢喜，但是欢喜一过，生产的痛苦还是痛彻心扉。

第四恩，咽苦吐甘恩。父母照顾儿女的时候宁愿自己挨饿受冻，也要让孩子吃饱穿暖；半夜醒来，专门看一看孩子的被子是不是被踢开了，特别是在冬天，还经常半夜起来照看儿女。

第五恩，回干就湿恩。如果孩子把褥子尿湿了，做母亲的宁愿自己睡在尿湿的褥子上，而把干的地方留给孩子，为的是让孩子睡得更加安稳。

第六恩，哺乳养育恩。父母养了儿女，他们会对孩子非常关爱，每天照顾、爱护、嘱咐孩子，并且这个呵护是没有止境的。

第七恩，洗濯不净恩。母亲本来是天生丽质，精神很好，脸色红润，手也非常细腻。但是因为要照顾孩子，给孩子换洗尿布、洗衣服、做饭、打扫卫生，自己的容貌也就一天天地改变，一天天地衰老。只要儿女能够长大成才，父母就不惜千辛万苦。看一看父母的双手，我们就能够感受到长期劳作的人与不怎么干家务活的人的手有多大的区别了。

第八恩，远行忆念恩。儿女要远行了，父母会非常牵挂。儿行千里母担忧。父母千叮咛万嘱咐，有时候儿女已经走出了很远很远，父母还不愿意回家，遥遥地望着。

第九恩，深加体恤恩。儿女有了苦，父母的心就是代儿女去受苦，特别是当儿女生病的时候，父母非常担心，宁愿是自己得病而不是儿女，希望自己能够代儿女去受苦。父母对儿女的体恤，达到了忘我的境界。

第十恩，究竟怜愍恩。有一句话说：母活一百岁，常忧八十儿，欲知恩爱断,命尽始分离。这是告诉我们,父母对儿女的牵挂无时无刻不在,从来都没有止息过。即使母亲已经活到一百岁的高龄了,还经常惦记着她那八十岁的孩子。

从这里我们就知道,父母的恩德确实是无以回报。《诗经》上说,父母对儿女有罔极之恩,父母之恩是儿女无法回报的,怎么报都不为过。

有人写了一篇文章,题目是《母亲一生的八大谎言》,我们一起来看一看,看了之后也就更能够理解母亲是怎样对待儿女的。

儿时家里很穷,饭常常不够吃,母亲就把自己碗里的饭分给孩子吃。母亲说:"孩子们快吃吧,我不饿。"

孩子们吃鱼的时候,母亲不吃,母亲又用筷子把鱼夹到孩子的碗里。母亲说:"孩子,你快吃吧,我不爱吃鱼。"

在一个冬天,孩子半夜醒来,看到母亲还弓着身子在油灯下糊着火柴盒。孩子说:"母亲,睡吧,明早您还要上班呢。"母亲笑了笑说:"孩子,快睡吧,我不困。"

高考结束的铃声响了,母亲迎上去,递过一杯用罐头瓶泡好的浓茶,叮嘱孩子喝了。望着母亲干裂的嘴唇和满头的汗珠,孩子又将手中的罐头瓶反递过去请母亲喝。母亲说:"孩子,快喝吧,我不渴。"

父亲病逝之后,母亲又当爹又当娘,苦不堪言。然而母亲多年来却始终不嫁,别人再劝,母亲也断然不听。母亲说:"我不爱。"

在外地工作的孩子,常常寄钱回来补贴母亲。母亲坚决不要,并将钱退了回去,母亲说:"我有钱。"

孩子长大了,有了一份好工作,孩子想把母亲接来享享清福,却被老人回绝了,母亲说:"我不习惯。"

晚年,母亲患了重病,住进了医院,孩子千里迢迢赶过来时,术后的母亲已是奄奄一息。望着被病魔折磨得死去活来的母亲,孩子悲痛欲绝,潸然泪下。母亲却说:"孩子,别哭,我不疼。"

这就是我们的母亲。其实天下的母亲都是这个样子的，只是我们做儿女的粗心大意，体会不到母亲对我们的关爱。所以，不要因为工作的忙碌、因为事业而忘记关爱自己的父母。正是因为父母有这么多的恩德，所以儿女孝敬父母、回报父母是天经地义的事。

中国人有一句话："诸事不顺因不孝。"人生在世，对我们恩德最大的无过于父母，但是我们连这么大的养育之恩都不能够记在心上，不想着去报答，请问还有谁的恩德值得我们念念不忘，想着去报答呢？所以，一个人不孝敬父母，他一生也就有一个重要的处世原则没有树立，那就是恩义、情义、道义的处世原则，这种处世原则没有树立，取而代之的就是一种以利害为取舍的方式。这件事对我有利、有好处，我就会竭尽全力，一旦这件事由利变成害了，那么对不起，我就会做出忘恩负义的事情来。如果我们以利害之心、功利之心与人交往，我们身边也会是一些以功利之心、利害之心与人交往的人。这样，我们做事怎么可能顺利呢？

在《群书治要·史记》中记载了"管仲论相"的故事。管仲年老了，又得了很重的病，齐桓公就去看望他，并且向他请教，说："一旦您过世了，应该选谁接替您的位置做宰相呢？"其实齐桓公心里已经有人选了，管仲也很聪明，于是他就反问："您看选谁比较合适呢？"齐桓公说："我看易牙这个人对我不错，他对我很关爱。有一次他问我：有什么好吃的山珍海味没有吃过呢？我说天下的山珍海味我全都吃过了，只有婴儿的肉没有吃过。没想到过了几天，他把自己的孩子杀了，用孩子的肉做了一盆菜呈给我。你看他爱我胜过了爱自己的儿子，这个人是不是可以信任呢？"管仲听了之后，摇了摇头说："一个人，人情所挚爱的无过于自己的儿女了，但是易牙这个人居然可以杀子奉君王，为了讨好您，他居然忍心把自己的孩子杀死，那么还有什么事不忍心做的呢？这个人绝对不可以用。"齐桓公听了说："易牙不行，那么竖刁应该可以了。竖刁对我很好，他为了能随时出入宫廷陪我玩，不惜把自己变成了太监。你看他爱我胜过了爱惜自己的身体，这样的人是不是可以信任呢？"管仲听了之后就说："一个人最珍惜、最看重的就是自己的身体健康，但是竖刁却可以自残以求荣，这不符合常理，一定是别有所图，这样的人可不能信任。"齐桓公听了之后就说:"易牙、竖刁都不行,开方应该可以了。开方他本来是卫国的公子,但是他来到我们齐国,一住就是十几年,而且在这十几年中,从来没有回过卫国探望父母,即使他的父母过世的时候,他都没有回去看一下。他爱我胜过了爱自己的父母,这个人是不是值得信任呢?"管仲听了还是摇了摇头,他说:"人生在世,对我们恩德最大的无过于父母,但是开方这个人却为了求得俸禄、求得荣宠,不惜和父母亲诀别,这个人一定是忘恩负义之人,不能重用。"

可惜的是,齐桓公后来没有完全听从管仲的劝告,他重用了这几个人。齐桓公被这些人害得很惨,当他重病卧床、不理朝政的时候,这些人对他置之不理,忙于争权夺势去了。齐桓公过世了很多天,尸体腐烂生蛆都没有人为他收尸。

孝是性德,是我们本性本有的一种德行。讲"孝"最能开启人的性德。《德育古鉴》中讲到"孝"的时候指出:"天下那有不孝的人?"意思是说,天下哪有生来就不孝顺的人呢?孝是人的天性,这种天性我们在孩子小的时候就能够观察到。孩子对父母的那种微笑、那种依赖,都是自然而然的,不用别人教,没有任何的矫揉造作。这种父子之间的亲情不是装出来的,这是天性。"虽有不孝的人,而称之孝则喜,名之不孝则怒且愧。"即使有不孝的人,如果你称赞他很孝顺,他也会很高兴、很欢喜;如果你说他不孝顺,他也会很生气,甚至会发怒、非常羞愧。这说明什么呢?说明他也知道孝是一件好事,是一个善行。

"充此良知,便是大孝根苗,只是习心习气不能自化,所以依旧不孝也。"把良知也就是本有的孝顺父母之心扩充、发扬光大,就是大孝的根本。什么是大孝呢?大孝就是孝天下之父母,也就是《孟子》中所说的"老吾老,以及人之老",把爱父母的心推而广之,就有了仁爱之心,就有了爱天下父母的心,甚至对所有的人也都有了爱心。因此,"孝"是人的性德,最能开启人本有的爱心。

第一次世界大战之后奠定了世界和平基础的美国第28任总统威尔逊,就是一个孝子。他小时候父亲就去世了,家里很穷,母亲靠给人洗衣服来养活他,并且一直鼓励他用功读书。威尔逊深深地感受到母亲的伟大,对母亲的教导总是很恭敬地听从。他时常自勉,一定要发奋努力读书,无论怎样也不能忘了自己的学业,辜负了母亲的期望。后来,他由于品学兼优,在毕业时获得了美国普林斯顿大学授予的特殊荣誉。

普林斯顿大学有一个很奇特也很有意义又有趣味的传统,那就是每一届学生毕业时都要从毕业生中选出一位学业最优秀、品行最端正的学生,授予荣誉金牌,予以表彰。而这个学生的名字在毕业典礼之前要高度保密,除了校长和教务主任,其他任何人都不会知道。

这一天,普林斯顿大学的毕业典礼举行的时候,几百位大学毕业生坐在大礼堂的中央,其他的来宾包括学生的家长,挤满了整个礼堂。大家心里最紧张而最渴望知道的,就是这一届获得品学兼优金牌的学生是谁。

毕业典礼依照程序进行,历史性的表彰时刻终于到了。当书记官以洪亮的声音宣布"本届获得品学兼优金牌的荣誉生是伍德罗·威尔逊"时,全场立刻响起了雷鸣般的掌声。这时的威尔逊忍住心中的激动,上台从校长的手里接过了金牌。但是,他走下台阶后并没有回到自己的座位,而是向家长们的座席走去。他到家长席中,找寻他敬爱的母亲。可是他找来找去就是找不到。这并不是因为他的母亲没有来观礼,而是因为他的母亲穿了一件粗陋的旧棉衣,跟那些衣饰高贵的家长相比,她不好意思坐在前排,所以她就坐在了最后座的柱子旁边。威尔逊从前排巡视到后排,终于发现了头发半白的母亲。他跑到母亲的身旁,双手捧着荣誉金牌,很恭敬地对母亲说:"妈妈,请您接受吧!这金牌是妈妈多年辛劳养育所获得的成果,不是我的,我是替慈爱的妈妈领取的。"他说完以后,就把金牌为他的母亲挂上,然后拥抱着他的母亲。孝顺的威尔逊感激母亲的辛劳养育,把自己的荣誉归功于母亲。当时整个会场的人都深受感动,很多人流下了激动的泪水。

知恩报恩,饮水思源,是人类的良知。古今中外,人类的良知和本性都是一样的。

第 23 讲

"孝"的四个层次

> 在现实生活中,很多人认为,只要让父母吃好、穿好、住好就是孝子了,但实际上这才是孝道的第一个层次,也是最初级的层次。只有做到"养父母之身、养父母之心、养父母之志、养父母之慧"四个层次,才能称得上真正的"孝"。

前面讲到,孝就是善事父母,那么怎样才称得上善事父母呢?用《论语》的一句话来概括,那就是:"生,事之以礼;死,葬之以礼,祭之以礼。"

我们来看看"生,事之以礼"。在《弟子规》"入则孝"部分有很多关于"事之以礼"的具体要求,比如,"父母呼,应勿缓;父母命,行勿懒;父母教,须敬听;父母责,须顺承"。也就是说,当父母叫你时,你不能爱答不理,装没听见,甚至不耐烦地回答一句:"干吗,你没看见我忙着吗?"这就不是孝了。当然这里的"呼",不仅仅是父母呼出来的声音,还有一些心意是父母没说出来的。我们做儿女的要善体亲心,对他们没有说出来的呼声,也要认真体会。父母希望我们做什么呢?他们希望我们做一个善人,成为圣贤;希望我们能够为往圣继绝学,为万世开太平。总之是希望我们志向远大,学有所成,做一个对国家、对人民有所贡献的人,这全都是父母的呼声。那么我们是不是尽心尽力地满足了父母的需要呢？所以，我们把当下的学业学好，把当下的工作做好，把自己的本分尽到，让父母放心，这都是在回应父母的心声。

当然，古人说善事父母，还体现在一些具体的小事上。比如，"冬则温，夏则凊。晨则省，昏则定"，冬天的时候要问问父母冷不冷，想办法让父母温暖；夏天的时候要问问父母是不是太热了，想办法让父母凉爽。早晨一起床就要向父母问安，到了晚上要伺候父母睡下。这是告诉我们要时时关爱父母，心里牵挂着父母。

关于善事父母，《群书治要·礼记·内则》中指出，儿女孝顺父母，应该是鸡刚刚啼叫就起来洗脸漱口，梳头戴帽，理好饰物，系好帽缨，穿上端服，套好蔽膝，系上大带，插上笏板。这些都是古人出席正式场合的礼仪。除此之外，左右两边还要佩戴用具。然后到父母所居住的地方，静气平声地询问父母需要什么，并恭敬地送上，同时和颜悦色地嘘寒问暖。父母如果有过错，要心平气和地低声劝说。如果你的劝说父母听不进去，你还要更加恭敬、更加孝顺，待父母高兴时再次劝说。父母发怒不高兴，你也不能厌恶、埋怨，还要更加恭敬，更加孝顺。

当然，就礼而言，最重要的是它的精神，而不是它的形式。礼的精神就是让我们知道自己在家庭中的责任、地位和本分，特别是对父母要从内心表示出恭敬和感恩，这是我们要继承的地方。至于礼的形式，《论语》中说，礼也是有损益的，也就是说，有增加也有减少。礼的形式会随着时代的变化而变化，烦琐的地方会变得简单，也会适当增加一些内容。

史书上记载，周公有一个儿子叫伯禽。有一次，他和叔叔一起去见周公，去了三次，都被周公打了出来。伯禽觉得很奇怪，他不知道自己错在哪里，就去向很有学问的人商子请教："为什么我去见了父亲三次，都被他打了出来呢？"商子告诉他："你到南山的阳面去看一看，然后再到北山的阴面去看一看，看完之后你可能会有所体悟。"伯禽就去看了，他发现在南山的阳面有一种树叫桥树，北山的阴面有一种树叫梓树。桥树长得又高又大，头是向上仰着的，而梓树长得又矮又低，头是向下俯着的。他回来就向商子报告。商子说："这个桥树告诉我们的就是父道，而这个梓树告诉我们的就是为人子应有的态度。"伯禽听了之后深受启发，再去见他父亲的时候，他一进门就赶紧小步快走,以示恭敬,一入室就赶紧跪下,向父亲请安。周公一看满意了,他很高兴地说:"你这是得到有德行、有学问的人的指教了。"

这个故事告诉我们,身为儿女,对于父母应该有恭敬有礼的态度。传统文化中的"父父子子"是什么意思?做父亲的有做父亲的样子,做儿子的有做儿子的本分。这个礼其实就是按照自然之道行事,按照这个礼的要求去做了,自然就会出现长幼有序。

善事父母,首先要赡养父母之身。《孝经》中讲到庶人之孝,也就是老百姓的孝道,它说:"因天之道,分地之利,谨身节用,以养父母,此庶人之孝也。"对一个普通百姓而言,要顺着四时的变化,按照自然的规律来生产、生活。"谨身节用,以养父母","谨身"就是"身不为非",自己的言行举止都符合法度,不做触犯礼法的事;"节用"就是即使很富裕了也不能太奢侈,不过分地追求奢侈浪费的生活,这样才能够奉养好父母。这是一个普通百姓的尽孝方式。

赡养父母,除了让父母衣食无忧、经济上有保障之外,还要做到养父母之心。孔子的一个弟子问他什么是孝,孔子回答:"今之孝者,是谓能养。至于犬马,皆能有养;不敬,何以别乎?"他说,现在的人认为,赡养父母就尽到了孝道,但是人也会喂养禽兽,如果人不尊敬父母,怎么能够把养父母和养犬马区别开来呢?强调养父母最重要的是从内心表达出对父母的恭敬和感恩之心。

而除了尊敬父母之外,还要能够做到让"父母唯其疾之忧",也就是你的父母仅仅为你的疾病而担忧,完全没有必要为你任何其他事情而担忧,做到这种程度,你才是一个真正的孝子。比如,上小学的时候,功课不好会让父母担忧,这就是不孝了;上了中学,开始上网吧打游戏,不好好学习,耽误了功课,让父母担忧,这还是不孝;走上了工作岗位后,对工作不认真负责,一不高兴就辞职了,这样也会让父母担忧,这还是不孝。一个真正的孝子,其实就是一个完美的人。所以中国人有一句话:"求忠臣于孝子之门。"孝子一定是有恩义、有道义、有情义的人,不会是忘恩负义、见利忘义的人,在德行上几乎没有欠缺,他的父母对他的为人处世、待人接物都非常放心。

第23讲 "孝"的四个层次

关于养父母之心，孔子还说了一段话，他说："色难。有事，弟子服其劳，有酒食，先生馔，曾是以为孝乎？"意思是说，对父母保持和颜悦色是最难能可贵的了。有事情儿女去代劳，有好东西让父母先吃，你以为这就是孝了吗？孔子认为，做到了这些，还远远不是孝。那么什么才是真正的孝呢？

《礼记》中又说："孝子之有深爱者，必有和气；有和气者，必有愉色；有愉色者，必有婉容。"一个对父母有深深的爱的孝子，他和父母说话的时候，一定是和颜悦色，而且说话的声音很温柔，这才是对父母有深深的爱的表现，这也是养父母之心。

除了养父母之心之外，还要养父母之志。父母培养儿女，千辛万苦，他们并不仅仅希望儿女在父母面前端茶倒水，而是希望儿女成才，对民族、对国家、对人民有所贡献。所以《孝经》中说："立身行道，扬名于后世，以显父母，孝之终也。"孩子能够立身行道，为人处处处走在道上，人们一提到他，对他都非常佩服、尊敬，这样也会让父母感到很安慰，觉得自己的辛劳没有白费。他的所作所为能够为后世人造福，后人一提起他都非常尊敬，因此也会感恩他的父母为国家、为民族培养了一个有贡献的人，这就叫"立身行道，扬名于后世，以显父母"，这样，尽孝才完美了。

我们来读一篇文章，题目叫《您留意过自己的父母吗》，也反省一下自己的孝是不是尽得圆满了：

> 如果你在一个平凡的家庭中长大，如果你的父母还健在，不管你有没有和他们同住，如果有一天，你发现妈妈的厨房不再像以前那么干净；如果有一天，你发现家中的碗筷好像没洗干净；如果有一天，你发现家中的地板、衣柜经常沾满灰尘；如果有一天，你发现父母煮的菜太咸、太难吃；如果有一天，你发现父母经常忘记关瓦斯；如果有一天，你发现老父老母的一些习惯不再是习惯，就像他们不再想要天天洗澡；如果有一天，你发现父母不再爱吃青翠的蔬果；如果有一天，你发现父母喜欢吃稀饭；如果有一天，你发现他们过马路时，行动反应都慢了；如果有一天，你发现他们在吃饭的时候老是咳个不停（千万别误以为他们感冒或着凉，那是他们吞咽神经老化的现象）；如果有一天，你发觉他们不再爱出

门……如果有这么一天,我要告诉你,你要警觉父母真的已经老了,器官已经退化到需要别人照料了。如果你不能照料,请你替他们找人照料,并请你千万千万要常常探望,不要让他们觉得被遗弃了。每个人都会老,父母比我们先老,我们要用角色互换的心情去照料他,才会有耐心,才不会有怨言。当父母不能照顾自己的时候,为人子女要警觉,他们可能会大小便失禁,可能会很多事都做不好。如果房间有异味,可能他们自己也闻不到。请不要嫌他脏或嫌他臭,为人子女的只能帮他清理,并且维持他们的自尊心。当他们不再爱洗澡时,请抽空定期帮他们洗身体,因为纵使他们自己洗,也可能洗不干净。当我们在享受食物的时候,请替他们准备大小适当、容易咀嚼的一小碗,因为他们不爱吃,可能是牙齿咬不动了。

  从我们出生开始,他们为我们喂奶、换尿布,我们生病时不眠不休地照料,教我们基本的生活能力,供我们读书、吃喝玩乐,关心的行动永远都不停歇。如果有一天,他们真的动不了了,角色互换不也是应该的吗?为人子女者要切记,看父母的现在就是看自己的未来,孝顺要及时,"树欲静而风不止,子欲养而亲不待",你留意过自己的父母吗?

这篇文章写得非常感人,它提醒我们不要因为工作的忙碌而忘记关心那已经白发苍苍、需要我们儿女关爱的父母了。当然,孝敬父母并不是一味地顺从父母,特别是当父母做错事的时候,要委婉地劝谏。《弟子规》中说"亲有过,谏使更",劝谏的态度一定是"怡吾色,柔吾声"。如果一味地顺从父母,做出不义的事情,就会陷父母于不义之中,这反而不是孝道了。所以还要养父母之慧。孝的这四个层次——养父母之身、养父母之心、养父母之志、养父母之慧全都做到了,才是真正的孝子。

第 24 讲

事亲当竭力

> 《论语》中说:"事父母,能竭其力。"孝敬父母只要发自内心、尽心尽力即可,就是真孝,不必强求物质的富足。体现在态度上,就是对父母悉心照顾、细心呵护、暖心关怀、耐心开导、尽心侍奉,让父母平安快乐地安享晚年,以此培养起我们的仁爱之心、恭敬之心、感恩之心和耐心,以及体察别人需要之心。

《论语》中说:"事父母,能竭其力"。孝敬父母之道已经讲得很多了,但是这个孝道确实是说之不尽的。我们从"竭其力"这几个字中可以知道,事父母最重要的就是尽心尽力。

在哪些方面要尽心尽力呢?

第一,在养父母之身方面要尽心尽力。儿女侍奉父母,即使在物质上不能为父母提供足够的保障,也要竭尽全力地侍奉父母,这才叫"竭其力"。

比如,在东汉的时候,有一个人叫江革,和母亲相依为命。当时社会动乱,出了很多盗贼,江革就背着母亲逃难。在逃难的过程中,盗贼多次要把江革杀死,但是每每遇到这种情景,江革就哭泣说:"我还有老母亲需要奉养!"盗贼被他的孝心所感动,也就没有忍心杀他。

后来江革背着母亲到了"邳下"这个地方，因为一路行走，钱财都用光了，为了奉养老母亲，他每天光着上身、赤着脚，去给人家做苦工，出卖劳力来奉养母亲。母亲所需要的东西，他都一一地筹备齐全，不让母亲有任何欠缺。想一想，我们现在的家庭条件能比江革差吗？但是我们对父母的奉养，是否像江革那样尽心尽力呢？

第二，养父母的德行也要尽心尽力。特别是当一些父母或继父母不够慈爱，对待儿女非常苛刻，甚至虐待儿女时，儿女也应该竭尽全力来养父母之德。怎样养父母之德呢，我们看孔子的弟子闵子骞是怎样做的。

在闵子骞小的时候，他的亲生母亲就过世了，他的父亲又娶了一个妻子，成为他的后母。这个后母生了两个儿子，但她比较偏心，对闵子骞非常苛刻，什么样的活都让他去干，而好的食物却轮不到他，后母把这些好东西都留给了两个亲生儿子。冬天天气很寒冷，她给两个儿子用棉絮做衣服，穿起来很暖和，但给闵子骞穿的衣服却是用芦花、芦絮做的，看起来很厚，但一点也不保温。有一次，闵子骞和父亲外出，他在外面驾车，因为天气太冷了，他没有把车驾好，父亲在盛怒之下就拿着鞭子抽在了闵子骞的身上。这一抽，闵子骞所穿的衣服中的芦絮都飞了出来，他父亲才知道，原来他的棉衣不是棉花做的，是不保暖的。父亲非常生气，回到家里就要把后母休掉。闵子骞这时想到的是整个家庭的幸福。他马上跪下来为后母求情，他说："母在一子单，母去三子寒。"如果母亲还留在我们家里，只是我一个人受寒；如果你盛怒之下把母亲休了，那么我们这三兄弟就都没有人照顾了，都要受冻了。在这种情况下，他仍然用这种宽宏的心胸来对待后母。他的话感动了父亲，也感化了后母，他和后母的关系得到了缓解，从此以后后母对闵子骞也特别好。他之所以能够感化父母，提升后母的德行，靠的是什么呢？靠的是他的德行。"德未修感未至"，很多时候我们不能够感动别人，还是因为自己的德行、修养不够深厚。

第三，养父母还要尽心竭力地养父母之智，也就是智慧。特别是当父母有过失的时候，不能够一味地顺从父母，而是要竭尽全力地劝导父母。

《德育古鉴》上讲到孝顺的时候，也指出：有一些人认为自己是孝子，但是实际上不能被称为孝子，为什么呢？因为他们只知道"顺亲于情"，而不知道"顺亲于理"。什么意思呢？他们只知道从亲情出发，一味地顺从父母，但是不知道要让父母有道义，能够顺着理去做，不违背道义，这叫"顺亲于理"。比如，有的父母亲非常固执，性格不好，导致一家老少都不得安宁，这个时候儿女还一味地顺从，而不知道耐心地劝导，这就很难让家庭幸福。有的父母亲脾气暴躁，非常自私，不能够为别人考虑，搅得邻里不安。如果这个时候儿女也一味地顺从，就会让邻居对父母产生不满。有的父母亲作恶，做儿女的不去劝阻，还一味地帮忙，结果导致父母亲走上了违法犯罪的路。这些都叫"顺亲于情"，而不是"顺亲于理"。所以《孝经》中特别强调，如果一个父亲有能够犯颜直谏的儿子，就不至于被披上不义的名声。这就告诉我们，当父母有过失的时候，要竭尽全力地劝告父母，不能任其所为。

第四，养父母之心也要竭尽全力。我们知道，有的人对父母的衣食供养非常充足，要什么满足什么，但在养父母之心方面就做得不够了。《德育古鉴》中也说，有些人名为孝子，但是实际上并不是孝子。比如，现在一些人嫌父母年老多病，把他们安置在养老院里，还对别人说："父母亲不愿意和我们在一起住，就到养老院去住了。"有的厌弃父母耳聋眼花、腿脚不便、反应太慢，所以不能够和颜悦色地侍奉父母，结果"遂至日远日疏，备物鲜情，意色冷淡，尊而不亲"，即对父母一天一天地疏远，一天一天地冷淡，虽然给他们的物资都很齐备，但是很少有父母之间的亲情。"备物鲜情，意色冷淡"，就是说心里既不依恋、牵挂父母，表情上也很冷淡，对父母没有那种发自内心的关爱之情。"尊而不亲"，虽然尊重父母，但是没有亲情，说起来是孝子，实际上并不是真正的孝子。从这里我们可以看到，尽心竭力地侍奉父母，确实不是一件很容易的事。

孔子有一个弟子叫子路，子路好勇。有一天子路来见孔子，说了这样一段话："以前我侍奉父母的时候，自己吃的是豆叶等非常简单的食物，而要到百里之外为母亲背米。"因为他孝敬父母，不能让父母吃得和他一样简单。父母过世之后，他到楚国出游，随从的车子有上百辆，随从也很多，享受的俸禄也很多，可以说是积粟万钟。面对此景，他说："虽欲食藜藿，为亲负米，不可得也。"虽然这个时候他吃的是山珍海味，跟从的人很多，非常排场，他却还想像以前那样，到百里之外为父母背粮背米，但他已经没有这个机会了，因为父母都已经过世了。

孔子听了之后就赞叹说:"由也事亲,可谓生事尽力,死事尽思者也。"意思是说,子路侍奉父母,可以说是做到了父母在世的时候尽心尽力地供养,父母过世之后还能够思念父母。这是讲子路的孝。中国古人一年有两次祭祀。一个人,他的祖宗已经过世很久了,他还能够念念不忘,想着定时祭祀,那么对活着的父母,又哪有不照顾的道理呢?他不可能一边去祭祀祖先,一边还打爹骂娘,这于情于理都是说不通的。他也不会因为父母过世了,一下子如释重负,解放了。古人在父母过世之后,还时时惦记着父母的恩德,记着父母的教诲,思念父母。《论语》讲"慎终追远,民德归厚",也就是说,如果能谨慎地办理丧事,追奠亡故的亲人,这个民风就自然归于淳厚了。

"事父母,能竭其力"还表现在有四种情况的父母特别需要我们尽心竭力地去侍奉。哪四种情况呢?

第一种就是父母年老。在父母半衰的时候,也就是五六十岁时,他们还能够勉强照顾自己的饮食起居。但是到了老态龙钟的时候,衣食不能自理,还经常生病,生病的时间很长,甚至是经年累月,生活起居都需要儿女照顾,这个时候就要特别尽心尽力地照顾父母。

第二种情况是患病,"缠绵恶疾"。父母亲有病,躺在床上几个月,甚至几年,大小便都不能自理,弄得被子、衣服都很肮脏。儿女侍奉父母最难的就是这个时候了,而父母最需要儿女照顾的也是这个时候。中国人有句话:"久病床前无孝子。"实际上真正的孝子,就是他父母亲有病时,他仍然不嫌弃父母。大连有一位老师,也就是著名的孝子王希海老师,他放弃了出国工作的机会,甚至成家的念头,侍奉他生病的父亲 26 年。他的父亲卧床不起,他每天都要给父亲换床单、换衣服,并且给他父亲全身按摩,结果他的父亲卧床 26 年之久,居然没有得褥疮。

有一次,他带着父亲去看病,医生看了他父亲的病历就问:"你的父亲病了多长时间了?"他回答说,已经 26 年了。医生扭头就走了。为什么呢?因为这个医生不相信,觉得王希海在骗他。卧床这么长时间的老人,还能不得褥疮,他确实没有见过,所以他扭头就走了。当他再回来的时候,他眼里含着泪水,因为他得知,王希海照顾父亲数十年如一日,每一天从早到晚,都是认真地给父亲换衣服，换床单，坚持按摩。这个医生也被感动了。他说，那些在专业护士学校学护理的人都达不到这种护理水平。大连市政府知道这件事后要送给他一套房子，表示鼓励，但是他没有接受。他说，照顾父母是自己应尽的本分，是天经地义的事，不需要鼓励。

第三种情况就是父母亲鳏寡。老而无夫叫"寡"，称为"寡妇"；老而无妇叫"鳏"，称为"鳏夫"。鳏夫、寡妇就是丧失配偶的人。这样的人形影相吊，没有人在他们面前嘘寒问暖，他们心里有了事也不知道向谁诉说，晚上睡觉的时候也很孤单。虽然儿孙满堂，但是儿女们都在看电视，和自己的爱人谈笑，和自己的孩子嬉戏，也顾不上关心父母。孙子们即使在面前，也很少知道关心爷爷奶奶。这时老人就容易感到孤独。

第四种是贫乏。贫乏之人为了抚育儿女，费尽了心力，还要为儿女置办嫁妆、婚礼，把钱财也用完了，结果儿女吃饱了，穿暖了，住上好房子了，却还经常埋怨父母没有什么遗产可以留给自己。这样的儿女也要想一想，自己的身是从哪里来的。

在以上这四种情况下，老人的怨气是非常深的，如果儿女对他们不好，他们的怨言会很重，因此，对这样的老人也特别需要尽心竭力地去照顾。

中国儒释道三家的传统都把孝作为德行的根本，所以有一句话说："在家敬父母，何必远烧香。"为什么这样说呢？如果你去烧香拜佛的目的是求自己升官发财，人生顺利，但是对父母没有仁慈之心，你的心就还是功利之心。如果你能够竭力孝敬父母，你培养的是一种感恩之心、仁爱之心。以这样的仁爱之心处世，诸事自然会比较顺利。

《德育古鉴》中也说："故事父母兄长者，必内近其诚，外将其敬。显而饮食奉养之间，微而意念思虑之际，一一深爱，曲体以求，得其欢心。"意思是说，侍奉父母兄长的人，应该从内心竭力表达对父母的诚意、对父母的恭敬，而不是伪装出来的。不是要让人赞叹我们很孝敬，夸赞我们，而是从内心体会到父母的恩德。这种恭敬、感恩发自内心。有了这种感恩心、恭敬心，对父母的照顾自然会很周到、有耐心。"外将其敬"中的"将"是"又，切"的意思。在容貌、言辞之中要对父母表示出恭敬，明显之处就表现在对他们的饮食奉养上，隐微之处就表现在我们的忆念、顾虑之际。我们的心里要常常牵挂着父母，善于体会父母的需要。"深爱曲体"就是深深地关爱父母，然后想方设法体会到父母的需要，看他们对我们真正的希望是什么。"以求得其欢心"，这是告诉我们，赡养父母最重要的是养父母之心，对他们的恭敬之心对外表现在对父母的饮食照顾之上，对内体现在对父母的关爱、惦念之上。

《礼记》中有一个"文王世子"的故事，讲述了周文王还是世子的时候是怎样照顾他的父母亲的。文王在做世子的时候，每一天都要到他的父亲那里问三次安。早晨天刚蒙蒙亮，鸡鸣头遍，他就起床了，穿好衣服，然后到父母的房门之外，问侍奉父母的内侍小臣："父王今天的身体健康吗？没有什么问题吧？没有什么毛病吧？他的起居较平常而言，是不是正常呢？"如果这个内侍小臣回答说"安"，也就是他的父亲一切都安好，文王就会很高兴。到了中午的时候，他又来了；晚上的时候，他又会到父亲那里问安。这种仔细的程度就和早晨一模一样，没有丝毫倦怠。如果遇到父亲身体不适，内侍小臣就会如实地告诉文王，文王听了之后脸上就会显出忧愁，走路"行不正履"，和平时不一样了。等到他的父亲身体恢复健康了，他才命令内侍小臣给父亲进食。每天吃饭的时候他都要亲自看一看食物冷热的程度。食物过冷或过热，都会伤及人的身体。每当吃完饭要撤去这些食物的时候，他一定会问吃得够不够，同时观察一下父亲喜欢吃什么，不喜欢吃什么。他告诉厨师说，凡是剩饭剩菜，就不能够再给父王吃了。为什么呢？"恐过时味变也"，恐怕时间长了，味道变了，父亲吃了有碍健康。厨师们都答应了，他才会放心地离开。

像文王这样的人，贵为世子，也就是王位的继承人，他可以使唤的人很多很多，他只要吩咐一下，下面的人都会尽心尽力地做好，但是他仍然亲自去侍奉父母。为什么呢？因为他有对父母的感恩之心。

《大学》中有一句话说得好："上老老而民兴孝，上长长而民兴悌，上恤孤而民不背。"意思就是说，在上位的领导者能够尊敬老人，整个国家的人民才会兴起孝养之风；在上位的领导者能够敬爱兄长，整个国家才能够兴起友悌的风气；在上位的领导者能够体恤孤儿，照顾那些需要帮助的弱势群体，人们才不会产生悖逆之心。这就是强调做领导的要率先垂范，做出孝的榜样。

历史上盛世的出现，也是因为那些皇帝本身做到了"以孝治天下"。比如，

"文景之治"的汉文帝,他自己就是一个孝子,他的生母薄太后生病三年,汉文帝在旁边照顾到"目不交睫,衣不解带"。因为他要时时侍奉在母亲身旁,结果困了的时候只能打一个盹,甚至衣服都没有解开就去睡觉。每次给母亲进奉汤药的时候,他一定要先尝一尝温度是不是合适。作为一个孝子,他能够从内心表达出对母亲的关爱,事必躬亲。结果怎么样呢?"上行而下效",整个社会兴起了孝悌之风,实现了天下大治。所以,领导者能够率先垂范,力行孝道,进而在整个社会提倡孝道,这才是社会和谐、天下太平的根本。

第25讲
慎终追远，民德归厚

> 人的生老病死是自然规律，无法抗拒。我们要坦然面对父母和亲人终有一天离我们而去的现实，并用"礼"妥善地送走他们。要恭敬而谨慎地传承追念久远祖先的礼仪，这样才能使我们的道德风俗归于淳朴厚道。

"生事之以礼；死葬之以礼，祭之以礼。"怎样葬父母和祭祀才合情合理呢？祭祖的意义何在呢？

《论语》记载，曾子曰："慎终追远，民德归厚。"孔安国注："慎终者，丧尽其哀；追远者，祭尽其敬。人君行此二者，民化其德，皆归于厚也。"我们一句一句地来看这几句话。

"慎终者，丧尽其哀"，这里的"慎"，是谨慎的意思，"终"是寿终。古人说"老死曰终"，也就是说，一个人在人生半路没有活下去叫夭折，不叫"终"。《礼记》也说"君子曰终，小人曰死"，也就是说，一个有德行、对国家民族有贡献的人，过世的时候才称为"终"，"终"有功德圆满的意思。小人就是指德学都不具足的人，他们的过世就叫"死"。"丧尽其哀"，父母过世的时候要谨慎地办理丧事。"谨慎治丧"有两层含义，第一就是要以哀戚为本。自己所敬重的、所疼爱的人死后被抛弃于沟壑，按人的感情来说是不忍心的，所以才有了安葬死者的礼仪。"葬"就是藏起来的意思。"丧礼"是出自孝子敬爱父母的一片心，并不只是外在的礼仪，所以应该以哀戚为重。

"谨慎治丧"的另一层含义是不可以厚葬。《吕氏春秋》告诉我们，如果实行厚葬，里面埋了金银珠宝等很值钱的东西，就会被挖掘，使被葬的人受辱。那么为什么世间还有很多人愿意实行厚葬，厚葬之风屡禁不止呢？

《吕氏春秋》也说出了原因。它说现在世俗大乱，安葬越来越奢侈，这不是安葬的本意，不是替死者考虑，而是生者以此相互夸耀。它说："侈靡者以为荣，俭节者以为陋，不以便死为故，而徒以生者之诽誉为务，此非慈亲孝子之心也！"也就是说，安葬得越奢侈，家人越以此为荣，而安葬得很节俭，家人就会以此为鄙陋。不把有利于死者当回事，而只把他人对生者的非议和赞誉作为要事，这不是慈亲孝子的心意呀！葬礼本来应是对过世的人表示哀痛、纪念，但是反而因为厚葬侮辱了死者，这就是爱之反而侮辱了他们。

历代开明的皇帝、皇后熟读历史，所以在过世的时候都命令或者是立下遗诏要俭葬。比如，汉文帝过世前，特意颁发了诏书，在诏书中这样写道："我听说天下万物出生之后，没有不死的，死是天地的常理、万物的自然规律。如今世人都喜欢生，而不喜欢死，厚葬以致破产，长期服丧尽孝以致伤害身体，我很不赞成这种做法。我很不贤德，没有什么可以帮助百姓的，现在过世了，如果再让臣民们长期服丧痛哭，经过几个寒冬酷暑，使百姓父子哀伤，伤害老幼的心灵，减少了他们的饮食，停止了他们的祭祀，这是加重了我的不德，怎么对得起天下人呢？我有幸承继帝业，以渺小之躯依托于天下各诸侯王之上，已经二十多年了。依赖于天地的神灵、社稷的福祉，四境之内安宁，没有战争。我因为不够聪敏，经常战战兢兢，害怕做错事而辱没先帝遗留下来的美德，年长月久之后，害怕不能始终保住地位。现在竟然有幸尽享天年，又得以被供奉在高庙之中，以我的不圣明，这样我已经觉得很好了，还有什么可悲哀的呢？命令天下官吏和百姓，诏令到后只哭三天，就都除去丧服。不要禁止娶妻、嫁女、祭祀等活动。还要通告天下，使大家都明白我俭葬的心愿。"汉文帝在世的时候生活就很俭朴，做事很恭敬，去世前还特地下诏书实行俭葬，不要劳烦百姓，这就是我们效法的榜样。

我们都知道唐太宗李世民是一代贤君，长孙皇后很贤德，她多次劝谏唐太宗，不要重用外戚。临终时她还这样请求，并请求俭葬。她说："臣妾的本家，有幸因为婚姻而成为外戚，既然不是因为有德行，就容易走到危险的地步。要想长久地保全，就千万不要授予他们重要权力。妾活着时既无益于时事，死后不可厚葬多费，而且埋葬就是隐藏，要让人看不到。自古以来的圣贤，都推崇节俭薄葬，只有无道之士才大建陵墓、劳费天下，被有见识的人所讥笑。只请求能够依靠山势而埋葬，不需要堆起坟头，不需要用棺椁，所需器物用具都用木、瓦，节俭薄葬送终就是不忘记臣妾。"这是长孙皇后对唐太宗的嘱托。

下面我们看"追远"。"追远者，祭尽其敬"，也就是说，在丧葬之后需依礼依时追念祭祀。追远的"远"字有两种含义。第一，就是父母过世已经久远。第二，就是祖父母以至历代祖先距今已远，皆需追祭以时，祭祀的时候毕诚毕敬。因此孔安国注云："祭尽其敬，子子孙孙如是追远祭祀，视为不忘本。"

《礼记·祭统》中对祭礼的来源做了这样的阐述："夫祭者，非物自外至也，自中出生于心也，心怵而奉之以礼。是故唯贤者能尽祭之义。"祭祀并不是外在的事物要求人这样做的，而是来源于内在，也就是说由内心发出的对父母、祖先的感念之情，表现在行为上就是祭礼。祭礼既然是从内心产生的，就要有诚敬之心，要依礼依时追念祭祀。

《礼记·祭义》中也有明确的要求："祭不欲数，数则烦，烦则不敬；祭不欲疏，疏则怠，怠则忘。"祭祀不能太频繁，如果频频地祭祀，人们就会厌烦，厌烦了就会失去恭敬之心。同时祭祀也不能太少，如果太少，就会使人怠慢，怠慢就会使人淡忘。所以，中国古人是根据天时季节的变化来祭祀，一年有春秋两次祭祀，春天的时候举行"禘祭"，秋天谷子新下来的时候举行"尝祭"。秋天，霜露覆盖了大地，君子踏霜而行，自然有一种悲凉之感。这种悲凉之感不是因为寒冷，而是因为思念故去的亲人。到春天雨露滋润大地之时，君子踏露而行，自然会有一种惊醒的感觉，思念故去的亲人，似乎他们也像春天一样重新回到了人间。在古代的祭礼中，对如何祭祀、什么时候祭祀，以及祭祀的次数都有明确的要求。在祭祀的时候，人们用快乐的心情把亲人迎回来，再用悲伤的心情将他们送走。

除了要依时依礼之外，最重要的是体现内心的诚敬之心，那就是毕诚毕敬。孔子在《论语》中也说："祭如在，祭神如神在。"在祭祀的时候，如果是祭祀父母、祖先，就好像父母、祖先在面前一样，要恭恭敬敬；如果祭祀神明，就像神明在面前一样，不敢有丝毫的怠慢。这都是"祭尽其敬"的表现。

《礼记·祭义》中对于祭祀之前、之中、之后应该如何做，也都有明确的要求。比如，祭祀之前要进行斋戒，对内要调摄内心，使内心清净，把心从外物上收回来，对外要隔绝一切交际娱乐、房事等等。斋戒时要把心思集中于思念死者生前的起居、住所、音容笑貌、饮食习惯、志趣、爱好上，这样专心斋戒三天，就能将要祭祀的先人活现在心中。

祭祀当天，进入宗庙之后，仿佛会从牌位上看到亲人；走出门来，心中肃然，亲人的音容笑貌好像就在眼前，侧耳倾听，仿佛能够听到亲人深深的叹息声。所以，对亲人的孝敬之情，是亲人的面容不曾离开过眼前，亲人的声音不曾离开过耳边，亲人的心志爱好不曾离开过心间。也就是说，他所思、所想、所听、所看的，都是先人的音容笑貌、爱好情趣、饮食习惯等等。这样又怎么能有丝毫的不恭敬呢？

在古代，家家户户都有祠堂，祠堂里供奉的是祖先的牌位。每到春秋祭祀的时候，全家人聚集在一起，除了行这些礼仪之外，最重要的就是讲述祖先的德行，也就是要念念不忘祖先的功德。这样祭祀的时候才更能显示出诚敬之心、思慕之心。

除了祭祀之外，追远还有一个重要的方式，就是修家谱。

在古代，每一家都有自己的家谱，并且每一年都要修，叫修家谱。比如说这一年之中，有哪些人过世了，哪些人出生了，每一年都要整理一次。而一个人一生的行迹，或他对国家、民族、地方的贡献，也都以简要的方式记载在家谱中。有了家谱之后，我们就知道自己的远祖是从哪里来的，是什么原因到这个地方定居的，一共传了多少代，历代祖先对这个地方有什么贡献。这才称得上追远。通过祭祀和修家谱，人们会被自己祖先的德行所感化，民风自然归于淳厚了。

第 26 讲
兄友弟恭

> 兄弟姐妹关系是除了父母与子女、丈夫或妻子之外最重要的家庭人际关系,血浓于水。手足之间相亲相爱是天经地义的,如果做到了"兄友弟恭",兄弟姐妹之间就会处处为对方着想,兄弟姐妹的感情就不会被任何人、任何事所挑拨、所离间。现代社会,手足之情尤为弥贵,理当珍惜。

古人说"善事父母为孝",而"善事兄长"则为"悌"。

"悌"的含义是"善事兄长"。在中国古人看来,兄弟姐妹,骨肉一体,是一个身体,谁也离不开谁,所以相互之间要友爱,要做到兄友弟恭。"友"的意思是指做兄长的要友爱、帮助弟弟妹妹,而做弟弟妹妹的要对兄长恭敬、听从。如果兄弟姐妹不和睦,就会让父母操心,这就是大不孝了。所以,一个能够善事父母、有孝心的人,也一定能够善待兄弟姐妹。"兄弟睦,孝在中",兄弟之间能和睦相处,孝便自然体现其中了。

《弟子规》中有两句话,用来处理兄弟姐妹之间的关系也非常合适。

第一句话是"财物轻,怨何生"。兄弟姐妹之间重视骨肉之情、手足之情,而把财物看得淡一点、轻一点,这样又怎么会产生怨恨呢?

第二句话是"言语忍，忿自泯"，兄弟姐妹在相处的时候，言语上互相忍让一下，少说一句，语气委婉一点，那么愤愤不平的心就自然泯灭了。

一个真正有德行的人，一定是希望家庭成员之间团结互助、和睦相处的，因为家和万事兴。一个团队有没有发展，也看这个团队成员之间是互相称赞还是互相诋毁，这也是团队成败的关键。

《朱子治家格言》中有这样一句话："居家戒争讼，讼则终凶。"兄弟姐妹在一起过日子，最忌讳的就是起了争讼，把彼此送上了法庭。即使官司赢了，但是，因为你的心量太狭窄，连兄弟姐妹都不能容纳，那么这个家道也一定会衰落，所谓"讼则终凶"。

历史上有一则诚感让田的故事。施佐和施佑是兄弟，他们做官之后都回到了家乡，但是这两个人因为田产的问题引起了纷争，而且互不相让，还有了怨仇，亲戚朋友都从中劝说，但也无效。同乡中有一个叫严凤的人，素以孝敬父母、友爱兄弟而著称。有一天，弟弟施佑见到了严凤，就把自己和哥哥争田产的事情告诉了严凤，严凤听了之后，皱眉头长叹道："可惜我的兄长身体太弱，如果他能像你的哥哥那样强壮有力，可以把我的田产夺去，我还有什么忧虑呢？"严凤说到这里，想到自己的哥哥身体很瘦弱，不禁哭出声来。施佑看了，非常感动，他拉着严凤的手来到哥哥家，向哥哥道歉，说自己不应该和哥哥争田产。他的哥哥也非常感动，从此以后，他们各以田产相让。

中国古人说："观德于忍，观福于量。"看一个人有没有福气，就看他有多大的心量。古人对于兄弟姐妹之间的情谊非常重视，不会因为一点点财产就吵上法庭。

法昭禅师曾经写过一首诗，专门描写兄弟姐妹之间的深情厚谊："同气连枝各自荣，些些言语莫伤情；弟兄同居忍便安，莫因毫末起争端；一回相见一回老，能得几时为弟兄；眼前生子又兄弟，留与儿孙作样看。"

兄弟姐妹就像从一棵大树上长出的不同枝杈，是"同气连枝"。长大之后，各自有了发展，有了各自的事业，这就叫"各自荣"。兄弟姐妹相处时，千万不要因为言语的不忍让而伤害了彼此之间的手足之情、骨肉之情。俗话说："良言一句三冬暖，恶语伤人六月寒。"孔子教导弟子，首重德行，其次就是重视言语，然后才是政事，才是文学。

弟兄姐妹之间相处，只要能够守住一个"忍"字，便相安无事。我们看一看"忍"字，上面是"刃"字，下面是"心"字。当我们的心上有刀刃来割时，我们都能够处之泰然，这就叫"忍"。对于陌生人的侮辱诽谤，尚且能够容忍，对于弟兄之间的言语，稍微直接一点，稍微过分一点，又怎么会忍让不了呢？"莫因毫末起争端"，不要因为芝麻大的小事就起争端，把兄弟送上法庭。

汉朝时候，有一个人叫赵孝，表字常平，他和他的弟弟赵礼很是友爱。有一年，年成荒歉得很，一些强盗占据了宜秋山，把赵礼捉去了，并且要吃他。

赵孝赶紧跑到了强盗那里，恳求强盗们："赵礼是有病的人，并且他很瘦，他的肉不好吃。我的身体很胖，我情愿来代替我的弟弟给你们吃，请你们把我的弟弟放走。"强盗还没有开口说话，他弟弟赵礼不肯答应。他说道："我被将军们捉住了，就是死了，也是我自己命里注定的，哥哥有什么罪呢。"两兄弟抱着，大哭了一番。强盗也被他们感动了，就把他们兄弟俩都放了。这件事传到了皇帝那里，皇帝也深受感动，就下了诏书，加以褒奖，将事情昭示天下。这是兄友弟恭的最好的典范。

兄弟之情推而广之，四海之内皆兄弟也。

人要懂得惜缘。中国有句话说"有缘千里来相会"，没有缘分的人是不可能相聚在一起的。既然有缘相处在一起，就要珍惜这来之不易的缘分，互相帮助，互相呵护，像兄弟姐妹一样好好相处。

在中国历史上，兄弟姐妹互相关爱的故事非常多。比如，唐朝时，唐英公李勣虽然贵为仆射（类似于宰相），但在姐姐病重的时候，他亲自为她烧火煮粥，以致不小心烧到了自己的胡须。姐姐看到后就劝他："你贵为仆射，下边有很多的奴仆、婢妾等，他们都可以供你使唤，何必要亲自动手为我煮粥呢？"他听了之后回答说："我亲自为你煮粥，并不是因为没有下人可以供我使唤，而是想到姐姐年纪已经很大了，而我的年纪也很大了，渐渐衰老，我们的时日都是有限的。虽然想长久地为你煮粥，尽我的一点心意，又能有多少次呢？"有评论说："古称孝子爱日，若英公之奉姊亦可谓爱日者矣。"就是说，古代的孝子都珍惜时日,知道父母年老日衰,在世间不会太长久了,就特别珍惜和父母在一起的时间,想方设法侍奉双亲。像唐英公李勣这样侍奉姐姐,也可以称得上是爱惜时日,因为他们年纪都很大了,年老力衰。这个故事告诉我们,行善不能等,行孝不能等,行悌也不能等,要趁着父母兄弟还都健在,我们还有机会,多给予他们关爱。

《孝经》中说:"事兄悌,故顺可移于长。"意思是说,侍奉兄弟能够友悌,随顺之心就可移于长辈。"顺"是随顺的意思。古人接着评论说:"能尽孝道的,其心和;能修悌道的,其心顺。"能孝敬父母的人,会培养起一种心和的品质;能友爱兄弟的人,能培养出一种随顺的品行。所以"和""顺"这两个字就把孝悌的精神表现出来了。

宋朝时候,有个人叫陈昉,他们家族一直一同居住着,已经十三代了。家里老老少少,一共有七百多个人,而且不雇一个用人。家里上上下下,相处得都很和睦,没有一个人说他人的闲话。每次吃饭的时候,大家都一起坐在广大的厅堂里,没有成年的人坐其他的位置(老幼分席)。他家里养了一百多只狗,都在同一个槽子里吃饭。如果有一只狗还没有来吃饭,那么这一群狗就会等它,不肯先吃。他乡里的人都被陈家这种孝悌风气所感化。那时候的州官张齐贤把这件事情上奏朝廷,朝廷就把他家里的徭役统统免了。

现代很多人讲修福、修慧,什么是修福、修慧?最好的办法就是自己要行孝道,行悌道,然后给人家讲孝道,讲悌道。

意大利有一个杂志叫《机会》,工作人员非常想请一个有名的人来做专访,以提升杂志的品位和影响力。他们想到了世界上最有钱的人——世界首富比尔·盖茨。为了采访比尔·盖茨,他们围绕"机会"这个话题设计了三个问题:

第一,您认为最不能等待的事是什么?他们认为比尔·盖茨会回答"机会";

第二,您认为谁不会第二次前来敲门?他们想答案还是"机会";

第三,您认为现在最需要抓住的是什么?他们想比尔·盖茨还是会回答"机会"。这样,他们就可以大做文章,从而对《机会》杂志产生积极的效果。

但是他们没有想到世界首富比尔·盖茨是这样回答他们的：

"第一，我认为天下最不能等待的事是孝顺；

"第二，不会第二次前来敲门的只有一件事情，那就是初恋；

"第三，最需要抓住的是行善。"

针对三个问题，他的回答没有一个是"机会"，他反而认为天下最不能等待的是孝顺。孝不能够等，行善是最重要、最需要抓住的。所以，他成为世界首富完全是有原因的，那就是《大学》中所说的"德者本也，财者末也"。这件事报道出来之后，美国的《生活周刊》在卷首语发表了这样一个感慨：在现实社会里，人们总认为最不能等待的是机会，最不可能第二次前来敲门的是机会，最需要抓住的是机会，其实这种来自战场和商海的观念并不适合于生活。

早在2008年6月21日，比尔·盖茨夫妇在接受英国广播公司晚间新闻栏目采访的时候，就表示要把自己580亿美元的财产全数捐给名下的慈善基金"比尔及梅琳达·盖茨基金会"，一分一毫也不留给自己的子女。他说："我们决定不把财产分给我们的子女，我们希望以最能够产生正面影响的方法回馈社会。"所以，盖茨成为世界首富是有原因的——因为他的德行深厚。虽然他可能没有学习中国的传统文化，但是他知道最需要抓住的是行善，这个善心也成就了他世界首富的地位和名声。

孟子说，"亲亲而仁民，仁民而爱物"，也就是说，一个人的仁爱之心从爱你的父母亲做起，把这种亲爱之心推而广之，就会去关爱百姓，关爱人民；又把这种关爱人民的爱心推而广之，就会扩大到关爱万事万物之上。

第 27 讲

中国式管理的精髓

> 中华传统文化是中华文明生生不息、发展壮大的不竭动力，蕴含了治家、治企业、治国乃至治天下的丰富经验，逐渐形成了互相依存、互相关怀、人情味十足但又讲道理、讲原则的"中国式管理"。它是世界上最先进的管理模式，对治理企业乃至国家都非常有用和有效。

我们思考这样一个问题：世界上最先进的管理在哪里？现在一谈到最先进的管理，大家想到去哪里学习呢？有的人想去美国，有的人想去日本，当然也有人想到去欧洲，但是很少会有人想到，其实最先进的管理理念在中国，在中国的经典之中。

那么中国式管理的精髓是什么呢？中国式管理的精髓就是"君仁臣忠"。当然，很多人看到这两个字可能会认为，君臣关系在中国封建专制社会才有。如果我们这样学习传统文化，就不得要领了。这个"君"就是指领导者，这个"臣"就是指被领导者，"君"与"臣"之间有一种领导与被领导的关系。那么怎样才能处理好领导与被领导之间的关系？只有领导者仁爱、关心下属，下属竭尽全力地完成自己的工作，达到了"君仁臣忠"，领导者与被领导者之间的关系才是一体的关系，才不是互相对立、互相矛盾、互相冲突的关系。"君仁"的"仁"，是个会意字，单立人加一个"二"字，从人从二。这个字告诉我们，它是两个人的相处之道，想到自己就要想到对方，要能够换位思考，将心比心。作为领导者，不能因为自己身处高位就对属下呼来唤去，甚至不把属下当人看，不尊重他的人格。作为被领导者，必须遵从领导的命令，对领导交给自己的工作和任务尽心尽力地完成。古人对"忠"的解释就是"尽己之谓也"，竭尽全力就是尽到了忠心。

中国历史上有一个大将曹彬，他可以说是百战不殆。他是怎样把这种"君仁臣忠"的理念运用到管理之中的呢？他爱士兵就像爱自己的孩子一样，特别能够体会士兵的需要。有一次他的一个士兵犯了过失，按照军规要重打二十大板，曹彬就对属下说："这二十大板先记着，先不要打，等明年开春的时候再打他。"属下们都很奇怪，说："为什么要等到明年才打他呢？"曹彬就说："因为他刚刚结婚，媳妇刚刚过门，如果我在这个时候打他二十大板，他的母亲就会认为这个媳妇是个扫把星。可能因为这一个错误观念，她的一生都不会再幸福了，所以先不要打他，等明年开春的时候再打。"由此可见曹彬有仁爱之心，即使属下犯了过失要受处罚，他也会考虑属下的家庭状况，考虑其妻子一生的幸福。这说明他对每一个士兵的状况都非常了解，他确实很有仁爱之心。他之所以能够做到百战不殆，就是因为他有这样一颗爱兵如子的心。

日本的松下幸之助为什么能够成为"经营之神"呢？他也是把儒家文化中的"君仁臣忠"理念运用到管理之中，从而成就了他的"经营之神"。有一天，松下公司的一位厂长没有来上班，恰恰不巧这个时候企业着火了，烧毁了大片的厂房，企业受到了很大的损失。松下幸之助马上就去调查原因，调查厂长为什么没有来上班。一调查才知道，这个厂长的母亲得了重病，住进了医院。而这位厂长是一个孝子，他就去照顾母亲了，所以没有来上班。知道这个原因之后，松下幸之助马上就去买了礼物，亲自带着礼物来到了医院，探望厂长的母亲，并且安慰厂长说："你的母亲得了重病，而且都已经住进了医院，但我却没有关心到。这一件事我也有责任，你现在就全心全意地把你的母亲照顾好，厂房的事不必担心，等你母亲出院之后再说。"这个厂长在他的母亲康复后又回到了企业。中国古人做事要考虑到三个因素，那就是天理、国法、人情，事情要处理得合理合情合法才能够让人心服口服。松下幸之助知道这个厂长平时对工作尽职尽责，这一次没有来上班不是故意为之，而是因为他的母亲有了重病，他去照顾母亲，这是天经地义的事。所以，松下只是给他调换了一个工作，但是仍然委以重任。

我们换位思考一下，假设我们是这个厂长，我们的领导者以这样信任、关爱、期待的心来对待我们，我们应该以什么样的态度来回馈领导者的信任呢？我想任何一个正常的人，都会竭尽全力地把领导交代的工作做好，让领导放心。得人心者得天下，正是因为松下幸之助把这种"君仁臣忠"的理念运用到管理之中，所以他成为"经营之神"。这种"君仁臣忠"的理念在《孟子》中解释得更加透彻，但是我们在读《孟子》的时候，往往没有把它和中国式的管理联系起来。

《孟子》中有一句话："君之视臣如手足，则臣之视君如腹心。"领导者把被领导者视为手足，给予关爱、呵护，那么被领导者会把领导者当成自己的心腹，更加关爱、更加珍惜他。相反，"君之视臣如犬马，则臣之视君如国人"。领导者把被领导者雇来了，就把他当牛做马地来使唤，结果怎么样呢？下班之后，这个员工在超市里遇到了领导，一低头装没看见就过去了，就像看到了陌生人，一点都不亲密。更有甚者，"君之视臣如土芥，则臣之视君如寇仇"。领导者把被领导者的生命看得像小草那样低贱，可以随意践踏，连最起码的生命安全都不能保证，员工视老板就如同吸血鬼，甚至连吸血鬼都不如。所以，被领导者对领导者的不同态度，都是由领导者对员工、对被领导者的态度决定的。

现在很多的企业老板都在抱怨，说员工没有执行力。其实原因很简单。我们想一想，哪一个老板是像关爱自己的儿女那样，去关爱员工的呢？一个好的领导者，必须同时具备三个职能：作之君、作之亲、作之师。你不仅要当员工的领导，管理他、带领他，还要像亲人，像父母关爱儿女一样关爱属下，也就是要起到"亲"的作用。当然，现在有很多的父母确实关爱儿女，为儿女无私无求地付出，但是儿女反而认为这都是天经地义的事，父母叫他（她）的名字也不理，更没有执行力了。这又是什么原因呢？最重要的原因就是没有起到"师"的作用，没有做好"作之师"中的"师"，教导他为人处世、待人接物的正确态度。所以，对管理者来说，"作之君、作之亲、作之师"这三个角色都做好了，员工就一定会有执行力。

我们再往下看，松下幸之助之所以能够成为"经营之神"，是他把"君仁臣忠"的理念运用到管理之中，做到了"得人心者得天下"。还有一个重要的原因就是他起到了"师"的作用。《参考消息》中有一篇文章，题目是《松下电器商学院的一天》，我们通过这篇文章看一看松下电器商学院是怎样培养这些高管的。

松下电器商学院是松下集团培养销售经理的一年制商业大学，自1970年创办以来，为松下集团培养了3000多名专业人才。那么作者每天在松下电器商学院是怎样度过的呢？我们把其中的几段摘录下来给大家看一下。

"6时10分，全员集合，点名之后，各个学员面向故乡，遥拜父母，心中默念：'夫孝，德之本也。……身体发肤，受之父母，不敢毁伤，孝之始也；立身行道，扬名于后世，以显父母，孝之终也。'"这都是《孝经》上的教诲。

"7时10分，早饭。每顿饭前，全体正襟危坐，双手合十，口颂五观之偈。"也就是要念五首偈语。

"一偈'此膳耗费多少劳力'。"我们吃的一碗饭，看似简单，但是我们要想一想，农民要把种子买来，播撒在地里，然后施肥、浇水、除草，还要通过各种各样的耕作，才能有秋天的收获。在秋天收获的过程中，也要倾注很多的劳力。收获之后要把稻谷包装起来，再运到超市，超市的人把它摆放在柜台之上。后勤人员要去超市采购，把米买回来，交给伙食处，伙食处的大师傅再把它洗干净，放在锅里焖好，之后再由服务员把它端到我们面前。所以，看似一碗简单的米饭，在它被端到我们面前的时候，不知道付出了多少人的劳力和汗水，我们怎么能够随意浪费呢？

"二偈'自己是否具有享受此膳之功德'。"要回想一下自己一天的工作，对国家、人民有多大的贡献，是不是具有享用这一碗饭的功德，是不是吃得心安理得。

"三偈'以清心寡欲为宗'。"不要有太多的贪欲。财、色、名、利，没有止境，任何过分的贪恋都会给自己招致危险。所以，要以清心寡欲为宗，这样才能心地清净、头脑理智，不会利令智昏、情令智迷。

第27讲 中国式管理的精髓

"四偈'作为健全身心之良药,享用此膳'。"我们为什么要吃这碗饭呢?绝对不是为了满足口舌之欲。很多人面对美味的诱惑就会吃很多,结果都成了身体的负担了。要知道我们吃这一顿饭不是为了满足口腹、口舌之欲,而是为了使身心健康,使自己有充沛的体力。

"五偈'为走人之正道享用此膳'。"我们享用这一碗饭后,不能用精力、体力做歪门邪道的事,要弘扬正道。"饭后,还要双手合十,诵念:愿此功德,广播天下,吾与众生,共成道业。"吃这顿饭不是为了自私自利,不是为了尔虞我诈、钩心斗角,而是要与有缘的人共同成就道业,使我们的灵性、精神境界都有所提升。

"7时50分,商业道德课。学习《大学》《论语》《孟子》和《孝经》,确立'经商之道在于德'的思想。"这一天还有很多的环节,最后,到了晚上,"10时17分,点名。全体学员面壁感谢父母的养育之恩。10时20分,全体正襟冥想,总结一天的收获"。

这是松下电器商学院一天的培训内容,其中大部分内容都是儒家伦理道德教育。中国人讲百善孝为先,很多企业也希望员工有感恩之心、恭敬之心,但是企业做了都没有效果,学了传统文化之后才明白,如果一个人连父母都不能够孝敬,这么大的感恩之心都不能够报答,他对老板又怎么可能感恩戴德呢?所以,即使是企业文化,也要从孝开始,要把"孝"的教育渗透到生活的点点滴滴。而且一个人经常想到父母,他的一言一行、一举一动都会非常小心谨慎,因为怕自己不好的言行辱没父母的名声。松下幸之助把中国的传统文化运用到企业之中,结果他受益了,成为"经营之神"。

除了松下幸之助,还有稻盛和夫,他被称为"经营之圣",而他的管理学也被誉为"21世纪的管理"。在接受采访时他说,其实我不过是把中国的传统伦理道德教育运用到管理之中,正是因为在我年轻的时候学习了孔子、孟子这些人的著作,才成就了今天的我。稻盛和夫在短短的一年之中就拯救了濒临破产的日本航空公司,而且在一年之后使它成为日本所有的航空公司中效益最好的一个。他也是把"君仁臣忠"的理念运用到了管理之中。他以零收入出任日航的董事长,他出任董事长不是为了钱财,不是为了争名夺利,而是看到这样一个大的企业一旦倒闭,影响的是整个日本的经济,关系到几千几万员工家庭的着落。他的这种至诚之心感动了日航的员工。他到日航之后，首先请所有的员工讨论一个问题：日航到底是谁的？经过讨论大家明白了一个道理，日航是每一个员工自己的。这个道理清楚了，他们再去工作的时候，热情、责任感就不一样了。

在苏州有一个固锝公司，管理者从2009年开始，把传统文化的学习引入企业，经过四五年的坚持，企业达到了上下相亲的结果，整个企业团结得像一家人一样，每个人都能够看到对方的需要，为对方着想。企业秉持"教学为先"的理念，把学习传统文化作为一个制度固定下来，结果现在企业不仅是一个和谐的企业，而且是一个幸福的企业。很多员工提起他们的董事长的时候，都感动得泪流满面。这个企业的案例引起了哈佛大学工商管理学院的重视，它特意邀请他们的高管到哈佛大学去讲这个案例，研究人员认为这是中国式管理的最佳案例。

他们认为这种管理方式是可以复制的，所以他们希望能找到20家用传统文化来管理的企业，当这20家企业都用传统文化治理好的时候，人们就会对传统文化产生信心。现在他们已经找到了6家企业，这6家企业都用传统文化治理得非常好。

中国式管理，其实它能够达到的境界是非常高的。

第 28 讲
管理的三境界

> 在历史上，子产治郑而民不能欺，西门豹治邺而民不敢欺，子贱治单父而民不忍欺。"不能欺、不敢欺、不忍欺"是管理的三个境界，而只有"不忍欺"才是中国式管理的最高境界。无论是齐家、治国还是管理企业，这都是迈向成功的"天道"。

早在《史记》中就有记载，中国历史上曾经出现过三种不同层次的管理。子产在治理郑国的时候，把法律监督机制设计得很严密、很合理，老百姓想欺骗他都做不到，他达到的是"不能欺"的境界。西门豹在治理邺县的时候，把法律设计得非常严苛，只要老百姓一犯法，就给予严惩。老百姓被吓得战战兢兢，没有人敢欺骗他，他达到的是"不敢欺"的境界。孔子的弟子子贱做单父的地方官、治理单父的时候，秉持了修身为本、教学为先的理念，严于律己，重用贤人，并把仁义忠恕的理念运用到管理之中，最后他达到的是"不忍欺"的境界，就是老百姓不忍心欺骗他们的长官。

子贱把单父治理得到底有多好呢？他的一个叫巫马期的同学想去了解一下，于是就趁着夜色到单父查探。来到单父，他看到有一个人在夜色下捕鱼，但是很奇怪的是，这个人捕上了很多鱼，看了看，又把鱼放回到河里了。巫马期觉得奇怪,就上前询问:"我看您捕鱼,为什么捕上了很多鱼,看了看又把它们放回到河里了呢?"这个人说:"我们的长官子贱告诉我们,不要去捕杀那些还在生长中的小鱼。而我刚才所捕上来的恰恰是那些还在生长中的小鱼,所以我又把它们放回到河里了。"巫马期听了之后非常感慨,他回来向孔子禀告,说:"子贱治理单父,即使没有人监管,也没有严刑峻法,但百姓就像有严刑峻法在身边一样。不知道他是靠什么方法达到这个效果的。"孔子说:"我听子贱说过,一个人对身边的人、事、物有至诚恭敬之心,有精诚之心,这种影响自然会波及远方,我想他就是用这种方法来治理单父的。"

这个捕鱼的人可能并没有见过他们的长官子贱,但是子贱那种爱民如子、视民如伤的心能够为他所了解、所体会。因为他信任子贱,相信子贱所制定的每一个制度、政策都有利于百姓的利益,有利于整个地方的长远发展,所以他愿意遵守、执行、配合这些制度、政策。孔子说了一句特别重要的话,他说,"信"这个字至关重要,"民无信不立"。也就是说,必须让人民信任你,如果人民不信任你,你做的事情,颁布的制度、政策,他都怀疑你是出于自私自利的目的,他就不愿意配合,这时你就很难治理了。所以,要想治理好一个地区、一个国家,首先必须取信于民。

比如,北京有一家企业,在学习《弟子规》之前,这个企业的人际关系不是很融洽,员工经常抱怨,办公室的气场、氛围也不是很好。后来,他们集体学习了《弟子规》,并身体力行,几年之后,这个企业发生了很大的转变。有一年在发年终奖的时候,一位中层管理人员看了老板发给他的奖金,就找到了老板,说:"老板,你今年给我的年终奖实在是太多了,大大地超出了我的意料,我能不能把一部分钱捐出来用于弘扬传统文化,用于企业的再生产呢?"我们可以看到,学习传统文化之后的企业和此前是截然不同的。因为学习了传统文化,员工产生了知恩报恩的心。他拿到奖金后,先扪心自问,自己的工作、自己对公司的付出,配不配领到的薪水和奖金。领导者不仅关心属下的经济收入,还关心他们的家庭幸福、儿女教育甚至养老,这些员工对待这个企业就像对待自己的家一样。

有一个代表团到一个企业去参观,他们是中午去的,结果到了企业,就先去考察食堂,考察之后他们就很不满意,说:"给员工吃这样的饭,员工都不应该给老板工作。"之后又去考察车间，结果他们的火气更大了，他们说："员工用这样的态度工作，老板都不应该给他们饭吃。"为什么会有这样的结果呢？一个重要的原因就是没有换位思考、将心比心。做领导的没有想到，企业之所以有利润的增长，之所以能够长期稳定地发展，都是因为一线员工的辛勤付出。因此，起码要把食堂办得好一点，把饭菜做好，对员工的身体健康负责任。员工感受不到领导的体贴和关心，工作的时候就混时间、混钟点，只要把钱拿到手就够了，有什么责任感、使命感呢？因此，他们也不会尽心尽力地把工作做好，因为他们不觉得自己和这个企业或领导是一体的关系。这都是不能够换位思考所导致的。

我们看一看在《群书治要》中，领导者是怎样对待百姓的。《群书治要·六韬》中记载：周文王向姜太公请教怎样才能够治理好国家，姜太公就说，善于治理国家的人，对待人民就像父母关爱儿女一样，就像兄长关爱弟弟一样。做父母的都知道，如果家里比较贫寒，吃不饱穿不暖，父母宁愿自己受冻、自己挨饿，也要让儿女吃饱穿暖。所以，一个好的领导者对属下的态度就应该是这样一种态度："见其饥寒，则为之哀；见其劳苦，则为之悲"，看到老百姓饥寒交迫，就发自内心地为他们感到哀伤；看到百姓劳苦奔波，就想方设法地去解决他们的问题，给他们提供帮助。中国有一句话叫"视民如伤"，怎么理解呢？有人说就是把人民视为伤病者，加以体恤、关爱。

在《群书治要·春秋左氏传》中，总结了一个国家兴衰成败的规律："国之兴也，视民如伤，是其福也；其亡也，以民为土芥，是其祸也。"一个国家之所以能兴盛，就是因为把人民视为伤者加以体恤，这是一个国家的福祉所在。而一个国家之所以灭亡，就是因为把人民视为泥土和小草一样低贱，可以随意践踏。中国古代的很多皇帝从小熟读圣贤书，对这些道理了如指掌，并且把它们运用于他们的管理之中。

在《群书治要·鹖子》中，就有这样一段话："发政施令，为天下福者，谓之道。上下相亲谓之和，民不求而得所欲谓之信，除天下之害谓之仁。仁与信，和与道，帝王之器也。"

第一句"发政施令，为天下福者，谓之道"的意思是说，颁布政令，施行制度、措施，目的是给老百姓带来利益，这就叫"道"。

"道"前面我们讲过，古人认为，道是宇宙人生的本体，它使万事万物生长。道无处不在。天法道而天无私覆，地法道而地无私载，那么人法道呢？君王法道呢？君王颁布的政令，就是要为天下人带来福利，而没有偏私。他的起心动念在为天下人谋福利，这就被称为道义。道义之君，必然是"爱出者爱反，福往者福来"，就像邹穆公一样，为天下人所爱戴。

邹穆公做国君的时候，自己吃饭不讲究多种多样的美味，自己穿的衣服也不讲究多姿多彩。他对自己要求严格，但是对老百姓却非常宽厚，确实做到了"爱民如子，视民如伤"，关爱百姓就像一位慈父一样。

他是怎样发布政令的呢？邹穆公有一个命令，说喂养野鸭、大雁一定要用秕谷，而不能够用粟米（粟米就是脱了壳的小米）。粮仓里的秕谷全都用完了，他就派人到民间用小米去换秕谷，结果两石的小米才能换一石的秕谷。官吏们觉得这样做实在是太浪费了，得不偿失，就向他请示："我们给人家两石的小米，只换了一石的秕谷来喂养这些野鸭和大雁，还不如我们直接用小米去喂养它们，这不是更好、更划算吗？"

邹穆公说："你们说的不对。百姓辛苦地耕作，不敢懈惰，才种植出这些粟米。种植这些粟米难道是为了喂养鸟兽吗？粟米是人的食物，怎么能用来喂鸟呢？你只知道算小账，却不知道算大账。周朝的时候有一句谚语叫'囊漏贮中'，意思是盛粮食的口袋漏了，但是漏在了更大的容器中。我们把粮仓里的粟米转移到百姓的家里，难道就不是国家的粟米了吗？让鸟吃这些秕谷，就是为了不伤害我们国家的粟米。粟米在我们的仓库里还是在人民那里，对我来说又有什么区别呢？"邹穆公的意思是说，这些粟米在他的国库里，还是转移到人民的手上，对他来说意义都是一样的。人们听他这么说就知道了，他们所私积的粮食和公家的粮食是一体的，这才是真正的富国之道。

正是因为邹穆公发政施令都是为天下人谋福利，而不是出于自私自利，所以邹穆公受到了国人的爱戴。

"民不求而得所欲谓之信"，人民没有提出要求，而领导者、君主已经看到了他们的需求。这说明什么呢？说明领导者、君主有仁爱之心，关心着大家的福祉，这就叫作"信"。

有一些员工来到企业，最初可能就是为了挣钱，养家糊口，没有想过在这里学传统文化、学夫妻相处、学对儿女的教育，提升自己的境界。但是企业的管理者看到，一个人要过上幸福美满的生活，不仅要有物质上的保证，还必须有正确的人生态度、正确的价值观，所以管理者组织员工学习传统文化，在企业中倡导传统价值观。比如北京的禹杰联合商贸有限公司的企业文化提出了六项要求：第一，要用积极的心态面对一切事情；第二，每天反省自己的过失并努力改正；第三，以利他之心多行善事；第四，全力以赴地把工作做好；第五，每天都要感恩身边的一切；第六，一定要谦虚，唯谦受福。

当然，开始时有些员工也会不理解，甚至有抱怨。但是，看到老板的真诚之心，老板身体力行，把这六项要求都一一达到，员工们确实感到老板提出这些要求是为了他们的幸福着想，确实做到了"民不求而得所欲"，他们的责任感、恭敬心自然与之前不同。这都是以心换心的结果。

《大学》上说："民之所好好之，民之所恶恶之，此之谓民之父母。"做人民的领导者，就应该人民喜好什么自己也喜好，人民厌恶什么自己也厌恶。人民都喜欢人际关系和谐，人伦关系稳定，过上幸福、安乐的生活，领导者知道了人民有这样的需要，就要解民之忧、济民之困，这样的人才被称为"仁君"。

"仁与信，和与道，帝王之器也"，仁爱和诚信，和睦与道义，都是帝王治国的法宝。

历史上有一个郭伋亭候的故事，郭伋就把"信"字做到了淋漓尽致。在王莽时，郭伋是并州牧。到了东汉建武九年（公元33年），他拜为颍川太守。建武十一年（公元35年），他又重新回到并州，任刺史。郭伋以前在并州的时候对百姓有恩义，所以后来他再到并州境内的时候，路过的县邑，无论老幼都在道上迎接。他每经过一地，都要询问民间的疾苦，而且要聘求德高望重的老人，设几杖之礼，从早到晚地向他们请教，商议政事。郭伋巡行时，路过西河美稷这个地方，他看到有一些小孩，大约有几百人，正骑着竹马，在道路上迎拜。郭伋就问："孩子们，你们为什么这么远跑过来？"这些孩子就回答说："听说您要来，我们都很高兴，所以特地来欢迎您。"郭伋就向孩子们道谢。等他把事情全办完，孩子们又把他送到城外，而且还问他什么时候再回来。郭伋算了一下日程，就把归期告诉了这些孩子。等他回来的时候，却早到了一天。他怕失信于孩子们，就在野外亭子里暂住了下来，第二天才又进入美稷。他确实做到了一诺千金。

《体论》上记载，中国历史上确实存在着不同层次的管理。"德之为政大矣，而礼次之也。夫德礼也者，其导民之具欤。太上养化，使民日迁善而不知其所以然，此治之上也；其次使民交让，处劳而不怨，此治之次也。其下正法，使民利赏而欢善，畏刑而不敢为非，此治之下也。"意思是说，用道德治理国家，人们一天一天地改过迁善，但是却不知不觉，这是最好的层次。

第二种层次，就是用礼法来治理，人们即使劳苦，也没有怨言，而且还能够做到相互礼让，这是次一等的治理。最下一等呢，就是用法律来端正，让人们因为喜欢赏赐而欢喜地做善事，因为畏惧刑罚而不敢去做违法乱纪的事，这是最低层次的治理。古圣先贤所追求的是"圣贤政治"，它通过正己化人，以修身为本，教学为先，最后达到的是不忍欺的境界。

第 29 讲

移风易俗，莫善于乐

> 优美高雅的音乐使人愉悦、陶冶性情、导人向善，能培养人高尚的道德情操，促进人际和睦、社会和谐，而低俗的音乐能致人颓废、乱人心性、引人邪恶，因此古人一直强调通过雅乐、礼乐的熏陶来提升道德修养，树立正确、积极、向善的"三观"，助力和谐社会的早日实现。

"移风易俗，莫善于乐"，这句话出自《群书治要·孝经》。我们今天到底应该流行什么样的音乐呢？

《群书治要·吕氏春秋》中对音乐的一段描述，给我们很大的启发："乱世之乐，为木革之声则若雷，为金石之声则若霆，为丝竹歌舞之声则若噪。"意思是说，乱世的音乐，演奏木制、革制乐器的声音就像打雷，演奏铜制、石制乐器的声音就像霹雳，演奏丝竹器之类的歌舞音乐就像大嚷大叫。

"以此骇心气、动耳目、摇荡生则可矣。"以这样的音乐来惊骇人的心气，摇动人的耳目，动荡人的性情，是可以办到的。"以此为乐则不乐"，如果以此作为音乐来演奏，绝对不可能给人带来真正的快乐。"故乐愈侈而民愈郁、国愈乱、主愈卑，则亦失乐之情矣。"所以，音乐越是奢华，人民越是抑郁，国家越是混乱，君主的地位越是卑微。这也就脱离了音乐的教化本质了。

这一段话对我们有非常大的警醒作用，它提醒我们"移风易俗，莫善于乐"。要重视乐教，要挑好的音乐来流行。孔子到了一个地方，首先听一听这个地方流行什么样的音乐，大家喜好听什么音乐，就知道这个地方的民风如何了。《论语》中孔子也说："恶郑声之乱雅乐也。"什么是郑声呢？就是当时郑国的音乐，它属于"淫声之哀者"。"雅"就是正的意思。宫、商、角、徵、羽五声，什么时候用什么乐，都有一定的规矩。而雅乐，就是先王的雅正之乐，它中正平和，能够调和性情，与人的本性是相应的。郑国的音乐淫哀，很容易感动人，使人心妄动，但是不得性情之正。当时很多人都喜欢听郑声，而不知雅乐，结果就是以淫声乱雅乐。

先王制礼作乐的目的是什么呢？《礼记》中强调："先王之制礼乐，非以极口腹耳目之欲，将以教民平好恶，而反人道之正。"先王制礼作乐的目的，并不是要满足人们口腹耳目等感官的欲望，而是教导人们培养正确的好恶之心，返回到做人的正道上来。所以音乐的作用在于和，一方面使人培养出和的性情，另一方面也使社会有一种和谐的气氛，这样才能够移风易俗。

儒家特别重视音乐对人心的影响，主张音乐应该有益于人的教化，认为以德为主导的音乐，有益于人心性的提升；以满足感官刺激为主导的音乐，则将导致社会的混乱。《礼记·乐记》中说："君子乐得其道，小人乐得其欲。以道制欲，则乐而不乱；以欲忘道，则惑而不乐。"这就说明，在中国古人看来，音和乐是有所不同的。低层次的"音"违背了中庸的原则，对人性的宣泄毫无节制，会引导人走向颓废或者暴戾的极端，最终毁灭人性，所以它也被称为"亡国之音"。

而高层次的"乐"是天道的体现，它使人在享受音乐的同时，受到道德的熏陶，涵养心性。它是入德之门。换一句话说，只有符合道的音才称为乐。《乐记》中也说："知音而不知乐者，众庶是也。唯君子为能知乐。"只懂得音而不懂得乐的，就是一般的庶民百姓；只有受过音乐教育的雅质君子，才懂得乐。孔子在《论语》中也提出："兴于诗，立于礼，成于乐。"他认为音乐能平衡人的内在情感和外在行为，对达到社会的和谐至关重要。

《礼记》中记载了一段魏文侯和子夏的对话，从这段对话中可以看到音和乐的区别。魏文侯对子夏说，我身服端冕（"端"就是端服，正式的朝服，"冕"就是礼帽），恭恭敬敬地听古乐，却昏昏欲睡，但是当我听郑卫之音的时候却不知疲倦。为什么会出现这样的情况？在春秋的时候，有古乐和新乐之分。所谓的古乐，就是指自黄帝、尧、舜以来圣贤相传的雅乐，比如说舜的《韶》、禹的《夏》等。这些乐节奏缓慢庄重，富有寓意。而新乐则是指当时人所作的淫声艳曲，比如郑卫之音，恣意放荡。

　　子夏怎么回答的呢？子夏说："古乐，齐退齐进，整齐划一，乐声和谐，平正宽广，弦匏笙簧等乐器都应之以节，以鼓表示开始，以金铙来结束。君子通过乐舞可以互相交流心得，谈古论今，说的无非修身、齐家、治国、平天下的道理，这正是演奏古乐的意义。而新乐的乐舞进退都弯腰屈体，参差不齐，奸邪之声泛滥，使人沉溺而不能自拔。此外，不时有倡优侏儒侧身其间，男女混杂，尊卑不分，犹如一群猕猴相聚。乐终之后大家也没有什么收获，更不能联系历史事实给人以启发，这就是演奏新乐的后果。现在您所问的是乐，而您所爱好听的却是音。乐和音虽然相近，其实不相同。"

　　魏文侯又问："请问音和乐到底有什么不同呢？"子夏回答说："古时候天地和顺，四季有常，人民有道德，五谷丰登，疾病不生，所以没有凶兆，所有这一切也都是恰到好处，这就叫'大当'。然后圣人出现了，他确定了父子君臣的名分纲纪，也就是父子有亲，君臣有义，夫妇有别，长幼有序，朋友有信，等等。这个纲纪确立了，天下才真正安定；天下安定之后，端正六律，调和五声，用乐器为歌曲伴奏，用诗歌来表示颂扬，这就是德音，德音才能称为乐。而现在您所喜好的是滥无节制的溺音。比如郑国的音乐，它的音调泛滥而没有节制，使人的心志放荡；而宋国的音乐过于安逸，使人的心志沉溺；卫国的音乐急促快速，让人心志烦乱；齐国的音乐狂傲邪僻，使人心志骄逸。这四种音乐都是'淫于色而害于德'，都是过分地让人放纵情欲，对培养美德有害，所以不能称为乐。正因为它们有这些特点，所以，在祭祀这种非常庄重、正式的场合，不能够用它们，因为它们破坏了中正之气。"

　　最后子夏还提醒魏文侯，说："作为一国之君，一定要谨慎选择自己的好恶，因为国君喜好什么，臣下就会做什么；上层干什么，百姓就会跟着干什么。"《周易》中说："诱民孔易。""孔"就是"很、非常"的意思，意思是说，引导、诱导老百姓很容易。这其实就是上行下效，上层的人喜欢做什么，就会带动整个社会的风气。

从这里我们可以看到，"乐"之所以具有平衡人的内在情感、促进社会和谐的功能，是因为乐源于天地自然的和谐与秩序。所以，真正伟大的音乐能够成功地模仿自然的和谐，也只有这样的音乐才是有意义的、可取的。《乐记》中说："乐者，天地之和也。"音乐的普遍流行，可以在人民中间建立起一种平和的气氛。"是故，乐在宗庙之中，君臣上下同听之，则莫不和敬；在族长乡里之中，长幼同听之，则莫不和顺；在闺门之内，父子、兄弟同听之，则莫不和亲。故乐者，所以合和父子、君臣，附亲万民。是先王立乐之方也。"这段话告诉我们，音乐如果在宗庙中演奏，君臣上下一同听这样的音乐，就无不和谐恭敬；在宗族乡党中演奏，长幼一同听这个音乐，就无不和谐依顺；在家门之内演奏，父子兄弟一同听这个音乐，就无不和睦亲密。所以说，音乐是为了和谐父子君臣之间的关系，使万民归附亲顺，这才是古代圣王立乐的宗旨。音乐的目的就是达到和。

关于音乐对心灵潜移默化的教育意义，古今中外的很多思想家都有所认识。比如，古希腊著名思想家毕达哥拉斯提出，教育的目的就是灌输一种对和谐的爱。那么怎样灌输对和谐的爱呢？我们可以通过欣赏音乐的美而成为和谐的人。音乐不仅仅是娱乐，在教育中，音乐是被用来传授道德的，因为它可以控制品格中富有侵略性的部分。毕达哥拉斯通过音乐教育来塑造弟子们的品格，他认为，人实际追求什么，是通过对感官的反复灌输而形成的。也就是说，我们在生活中追求什么，通常是因为我们经常接触什么。我们的耳朵经常听什么，眼睛经常看什么，耳濡目染，就会习惯成自然，最后这就会成为我们的追求。在这一点上，中国古人也有所记载。比如，周文王的母亲太任在怀孕的时候，目不视恶色，耳不听淫声，口不出傲言。这说明中国古人对此也有相同的认识和理解。所以，通过使人看到美好的形式、形态，听到美好的韵律、曲调，可以实现人对美的追求。

毕达哥拉斯是古希腊第一个通过韵律和曲调的形式进行音乐教育的人，这也说明，通过音乐可以使人恢复原初的和谐状态，改正坏的品格，达到对激情的控制。他还设计了各种各样的检查和治疗人身心疾病的方法。适合的音乐，就像精心调制的草药，它能够把受困扰的人恢复为拥有和谐美德的人。历史上就有记载，毕达哥拉斯曾经对着一个醉汉吹奏不同的曲调，制止了他的疯狂行为，恢复了他清醒的头脑。

这说明，音乐能够通过节奏和乐调，进入人心灵的最深处。如果一个人从小就受到良好的音乐教育，节奏与和谐在他的心灵深处就牢牢地生了根，他自然会变得温文尔雅；如果受到了不好的音乐教育，结果就会适得其反。柏拉图说："一个真正受过音乐教育的人，在他的心里会有一种内在的精神状态的美。表现在有形的体态举止上，也会有一种与之相应的调和的美。在社会交往中，由于心灵的统一作用，他对于同道必然会气味相投，一见如故。"这就是《周易》中说的"同声相应，同气相求"。对于浑身不和谐的人，他避之唯恐不及。而正确的爱就是对于美的、有秩序的事物的一种有节制的、和谐的爱，这与纵情任性截然不同。好的音乐确实可以在人的内心培养起一种和敬的态度，这才是音乐教化的根本。这种和敬的态度一旦养成，他的行为自然表现出仁、义、礼、智、信。对那些不和谐的人、事、物，他也会特别敏感，从而敬而远之。

中国古人以什么样的标准来确立音乐的好坏？我们知道，中国古人判断事物的好坏，都是以人性为依据，或者说以天道为依据的。比如《中庸》中说："天命之谓性，率性之谓道。"人的本性是什么样的呢？中国古人认为，人性都是平和的。所以，好的音乐一定是与本性相符的，它对于明明德有帮助。《礼记·乐记》中说，人性本来是平和和安静的，但是，由于受到外部世界的刺激和影响，就起了种种的贪欲之心。当这种欲望没有得到很好的控制，以及人的觉悟的心被物质世界所扰乱的时候，人就丧失了自我，被欲望所淹没，也滋生了叛乱、违抗、狡黠、欺骗以及普遍的不道德。这才会出现以强凌弱、以众欺寡、弱肉强食，鳏寡孤独、老弱病残无所养的局面。这就是乱世的表现。

由于音乐是源于心灵的内在运动，因此它也能够渗透到心灵的最深处。好的音乐就是那种能够引发人进行心灵内在反省的音乐、让人心平气和的音乐。例如，当我们的心很烦躁的时候，听上一段舒缓的古典音乐，浮躁的心很快就平和下来了。《乐记》中说："乐也者，圣人之所乐也。而可以善民心，其感人深，其移风易俗，故先王著其教焉。"音乐是圣人所乐的，不是一般人为了寻求感官的刺激所乐的。它可以使民心向善、感人至深，起到移风易俗的作用。

所以古圣先王特别重视音乐的教化。孔子以六经教导学生,《乐经》是其中之一,可惜的是,《乐经》后来失传了。

中国文化也被称为礼乐文化,说明音乐教育是培养和改变人的道德素质、维护社会和谐的最有效的途径之一。

在我们传统文化的论坛上,有一位老师专门讲了一堂音乐课,这一堂课的题目就叫:移风易俗。在这堂音乐课中,他给我们唱了一些德音雅乐,比如,《妻子你辛苦了》《丈夫你辛苦了》《儿行千里》《跪羊图》《推动摇篮的手》《感恩的心》等。有的企业在工人工作的过程中专门放一些孝亲感恩、让人心平气和的歌曲,结果整个工厂的气氛完全不同,非常和谐。这也告诉我们,音乐对于平和气氛的产生起到了很好的促进作用。

"移风易俗,莫善于乐",倡导好的德音雅乐,对于社会和谐确实是至关重要的。这也是中华文化被称为礼乐文化的原因之一。

第30讲
愧之，可使小人为君子

> 人都有羞耻之心，都有向善之心。没有人天生是小人，也没有人天生是坏人和恶人。如果善于引导，小人也能回头做君子；如果处理不当，君子也可能变成小人。面对别人的过失，我们每一个人都有可能改变他的命运。要帮助一个人改过成为君子，就要引发他的羞耻心和惭愧心。

《孔子家语》中记载了一个故事。孔子在做鲁国大司寇的时候，有父子两人因为争讼来告状，孔子把他们两个人关进了同一间牢房，三个月也没有判决。后来，这个父亲提出了撤诉，孔子就把他们释放了，没有再进行任何的追究。鲁国的大夫季孙听了这件事，很不高兴。他说："我曾经听您说过，孝是治国的根本。现在杀一个不孝之人就可以警诫全国的百姓都行孝，但是您不把他杀掉，反而把他放了，这是什么缘故呢？"孔子说："上失其道，而杀其下，非理也。"在上位者没有教导人走正道、行孝悌，结果下属都犯了罪，平民百姓也犯了罪，这时把他们杀掉，是不符合情理的。"不教以孝，而听其狱，是杀不辜也"，没有教导民众要培养起孝心，而用这个孝来审判官司，这是杀无辜之人。

后面他还做了一个比喻："三军大败，不可斩也；狱犴不治，不可刑也。"全军溃败，不能斩杀士卒；司法混乱，不可以惩罚百姓。为什么呢？"上教之不行，罪不在民故也"，上面的教化不施行，上面的人没有起到君亲师的作用，没有重视教育，这个罪责不在老百姓的身上。"夫慢令谨诛，贼也"，如果法令非常不严谨，杀罚却非常严厉，这是残害百姓。"征敛无时，暴也"，横征暴敛没有一定的时节、不适时，这就是暴政。"不诫责成，虐也"，没有事先警诫、教育就苛求他们做到，这叫虐政。"政无此三者，然后刑可即也"，我们的政事杜绝了前面所说的三个方面，才可以用刑。

所以要怎样教导人们、给人们以道德的教化呢？这都是有步骤的。孔子说："既陈道德以先服之。"首先要给人们讲"孝悌、忠信、礼义、廉耻"的道理，让人们顺服。人们知道了是非、善恶、美丑的标准，就不会轻易地去作恶了。

宣讲了道德之后，还要"尚贤以劝之"，要崇尚、尊敬那些有德行的人，劝勉百姓向他们学习；"又不可，则废不能以惮之"，如果还是没有效果，怎么办呢？那就把那些不能遵守道德规范的人废弃、贬退，让人们有畏惧之心。"若是，百姓正矣"，如果这些全都做到了，百姓就知道应该崇尚什么，应该畏惧什么，他的行为也就自然而然地端正了。

"其有邪民不从化者，然后待之以刑，则民咸知罪矣"，经过这样的教育、惩罚、劝勉，如果还有一些极端的邪恶之徒顽固不化，这个时候就给他们以刑罚的制裁，这样民众就能够明理而知耻，羞于犯罪了。"是以威厉而不试，刑措而不用也"，这样做的结果就是，不需要采取很严厉、苛刻的政令，老百姓都愿意去做善事，这时刑罚就可以搁置不用了。

后面说得很好，也提醒我们对比现在的社会是不是有这样的问题。"今世不然，乱其教，烦其刑，使民迷惑而陷罪焉，又从而制之，故刑弥繁而盗不胜也"，现在的世间却不是这样做的。现在的世间教育混乱，没有人重视伦理道德的教育，即使有也很难深入人心。政令、法令、规章制度越来越多，使人迷惑，人们不知不觉就犯了罪，结果怎样呢？就用刑罚来制裁他。刑罚越来越繁多，但是强盗、违法乱纪的人却数不胜数。

"世俗之陵迟久矣，虽有刑法，民能勿逾乎？"社会风气由盛转衰已经很

第30讲 愧之，可使小人为君子

久了，即使有刑法，民众怎么能够不逾越刑法呢？民众为什么要逾越刑法呢？因为他们已经形成了错误的生活方式和习惯，以是为非。换句话说，人的心性已经形成了，没有培养起仁慈博爱、诚实守信的情感。虽然国家颁布了一些政令、刑法，他们也很难遵守。

我们国家的传统文化也被称为礼乐文化，就是通过礼、乐逐渐地使人的心性得到提升。这就像孟子所说：君子远庖厨。君子为什么要远离厨房呢？这样做是为了培养自己的仁慈之心、恻隐之心、同情之心，还有和众生包括动物一体的心。有了这种心，自然知道保护环境，自然不会过度地开发利用资源，更不会涸泽而渔了。所以，培养人的心性是中国古人最看重的。古人说要始从胎教，特别重视童蒙养正，从小培养孩子仁慈博爱的意识，这就叫"少成若天性，习贯如自然"。要先教化民众，如果民众没有接受道德教育而做了邪曲不正的事，那是应该给予宽恕的。但是宽恕之后，一定要教育他伦理道德，让他知道做人的本分。

《汉书》中也说："王者承天意以从事，故务德教而省刑罚。……今废先王之德教，独用执法之吏治民，而欲德化被四海，故难成也。"古圣先王都是承顺天道来办理政务。天道有什么特点呢？我们说天道都是好生恶杀、有仁爱之心，所以圣王一定要把道德教育作为首要任务，而把刑罚作为次要手段。中国古人讲一阴一阳之谓道，对治国而言也是如此，一定是依法治国与以德治国相结合，二者均不能偏废。但是二者也是有本有末、有轻有重、有主有次的。如果废弃了先王的道德教育，简简单单地用执法之吏来制裁人民，还想让道德教育化被四海，这是很难达到的。

《孔子家语》上记载了一个故事。孔子的弟子季羔在卫国当司法的狱官，他按刑法下令砍掉了一个犯人的双脚。后来卫国发生了动乱，季羔就逃跑，结果恰好遇到了那位被他砍掉双足的人在守护城门。这个人对季羔说："墙上有一个缺口。"意思是说，你可以通过这个缺口跳墙逃走。但是季羔却说："君子不跳墙。"他又对季羔说："里边有一个洞。"季羔说："君子不钻洞。"这个人又说："这里有一间房屋可以藏身。"季羔就藏了进去。当追捕的人走了后，季羔准备离开，他对守城的人说："因为我不能够违背君主的法律，所以下令把你的双足砍掉了。现在我遇到了危难，正是你报怨的时候。但是你没有报怨，反而帮助我逃跑,这是什么原因呢?"守城的人说:"被砍掉双足是因为我犯下了罪过,这是无可奈何的事。我看到您要惩治我罪行的时候,是先判了别人的罪然后才判我的罪,这是希望我能够得到减免,这一点我看出来了。而在我受刑的时候,您不是很高兴,而是面带忧愁,有一种伤痛之心见于颜色,这一点我也观察到了。您这样做不是对我有什么偏袒,像您这样有仁慈之心的君子,自然都会有这种表现。这就是我之所以爱戴您、帮助您的原因了。"这一件事后来被孔子知道了,孔子说:"善哉为吏,其用法一也。思仁恕则树德,加严暴则树怨。公以行,其子羔乎!"孔子这样称赞季羔:"他做官吏真是做得不错!虽然都是依法办事,但是他心存仁恕,这样树立起来的就是德行。如果太过严厉苛刻,那么树立起来的就是怨气。既能够公正,又有德行,还有这种关爱百姓的心,季羔全都做到了!"

这个例子告诉我们,同样是做司法工作的人,有的是虐民,要用残酷的刑罚对付百姓,树立自己的威严,并以此为荣耀,没有半点仁爱之心,还以此作为自己的政绩。而有的人却心存怜悯,即使百姓确实犯了罪,要给予处罚,也不以此为乐,而是希望他们能够受到好的教育,能够有改过的机会。因此,百姓对他们的回报也自然不同。

有一个故事叫《母亲的借据》,故事如下。

母亲在中学教政治,特别爱教训人,爱板着脸给大家讲大道理,不仅学生都怕她念紧箍咒,就连家长都怵她。

十五年前的一天,我和母亲从家乡亲戚那里借了一些钱要回家,为了省下坐车的钱,我们选择走小路。我们急匆匆地走着,谁都不说一句话。在过一个小桥的时候,我右脚的鞋子掉了下来。借着穿鞋的工夫我看了看四周,发现天已全黑,耳边再次响起亲戚叮咛的话:"年底治安乱,今晚别赶回去了。"但是母亲谢绝了亲戚的好意,借到钱我们很高兴地从亲戚家里出来。母亲还笑着说:"想吃巧克力吗?我明天给你姐俩称半斤。"

那件事发生的时候,离我们到家还有半个小时。一声凶巴巴的"站住,别动",两个男人像山一样堵住了我们的路。我哆哆嗦嗦地拽着母亲

第30讲 愧之，可使小人为君子

的手。母亲捏捏我的手心，轻轻地说："不怕，有妈妈！"

那是两个男人，每个人手里拿着一根很粗很粗的棍子，夜色中我看不清他们的表情，我想他们脸上肯定是杀气腾腾。我知道我们该跑，可我清楚，一大一小的两个女人无论如何也跑不过两个身强力壮的男人。我急得要命，母亲却低头望了望我，她神色平静、面色从容。

在可怕的沉默之后，右边的男人说话了："我只想要钱！"他似乎并不比我们轻松，因为我捕捉到他说话时有颤抖的声音。母亲没有吭声。男人继续说道："我们真不想伤害你们！我们也没办法，辛辛苦苦打工一年，老板带着钱跑了，我们必须拿钱回家过年。你们城里人好歹也比我们容易些。"说话的人语气倒是老实，可他的棍子凶神恶煞般地戳在那里。我很清楚，此时稍有不慎，我们就会受到伤害。

对峙片刻，母亲忽然叹着气，从口袋里拿出蓝色手绢，手绢里包裹的是刚刚借来的二百元钱。我记得那是四张崭新的票子，每一张面额五十元。男人看到钱，自然地伸出他空着的手。"慢！"母亲把钱往怀里一缩，她说："这钱不能让你们抢走！"那人的手停在半空。母亲说："如果今天你们抢了我的钱，不管数额多少，你们都是犯了罪的。我知道你们有难言之隐，可法律不管那么多。不光法律判你们的罪，就是你们自己内心深处一辈子也不会原谅自己的罪。"到了这个时候母亲竟然讲起课来，这实在出乎我的意料。但是她仍然不慌不忙地说："我现在写一张借条，不管你们多久还钱，五年也好，十年、二十年也好，甚至你们没钱还也好，只要记住今天你们没有抢，你们是借我的钱。我希望以后你们也不要去抢别人的钱。"

说完话，母亲居然从口袋里摸出了纸笔，在黑暗中凭着感觉写了一张借据。她把钱和借据一起放到了那个人的手里，说："上面有我的名字和地址，至于你们的名字，你们回去自己填写吧！"这样匪夷所思的事情歹徒大概从来没有遇到过。他们愣了片刻，互相看了一看，什么也没说，拿上钱和借据就跑了。

在余下来的路程，我一句话都没说，因为我失望极了：母亲居然向两个手拿棍棒的劫匪写下了世间最愚蠢的借据！那个春节，尽管母亲还是给我们买了巧克力，但是我心里很难过，关于那张愚蠢的借据，我始终无法释怀。我想这绝不是母亲平日里所说的勇敢。

两年后的一天，母亲从学校下班回家，她手里拿着一张汇款单，上面的数额是一千块钱，汇款人的名字却是陌生的。附言栏上这样写着："谢谢您没让我们走错路！"

曾被我认为"非常愚蠢"的那张母亲写下的借据改变了两个人的命运！就是因为他们听了母亲的劝告，虽然在窘迫之下拿走了母亲的钱，但是他们也生起了忏悔心，所以在有钱的时候加倍地偿还了。

中国人有一句话说："人之初，性本善。"要相信人的本性都是善的，后天的不善是因为受环境的影响，没有接受好的教育。尽管他的坏习气很严重，但是他仍有"性本善"的心，通过教育仍然能让他生起惭愧心，找回本有的良心。中国人还有一句话说："愧之，则小人可使为君子；激之，则君子可使为小人。"你让他产生惭愧之心，感动他，即使他是一个小人，也能变成君子。本来要抢劫的盗贼，他也能够悔改，产生羞耻心，最后加倍地偿还。

故事中的这位母亲就特别难得，难得的就在于她的仁爱之心。即使遭到了别人的抢劫，她都没有生起与对方对立的心，而且还能够换位思考，设身处地地想到对方的不容易，为对方着想。所以，这位令人敬佩的母亲可能是世界上最优秀的政治老师了。面对歹徒，她是那么镇定、仁慈和智慧，她救两人于罪恶之门，并且感化他们悔过、向善，所以修善其实就在平时的待人接物、起心动念之处！

第 31 讲
爱民而安

> 《荀子》中说:"爱民而安,好士而荣,两者无一焉而亡也。"执政者爱护百姓,国家才会安宁;喜欢德才兼备的人,国家才会荣耀。这两者一样都没有做到,国家就会灭亡。要安定人民治理好国家,就要亲民爱民。这种爱,是责任,是担当,更是强国的基石。

中国自古以来都讲爱民如子,视民如伤。《群书治要·新语》中的一段话就道出了中国传统治国理政的智慧:"治以道德为上,行以仁义为本。故尊于位而无德者绌,富于财而无义者刑;贱而好道者尊,贫而有义者荣。夫酒池可以运舟,糟丘可以远望,岂贫于财哉?统四海之权,主九州之众,岂弱于武力哉?然功不能自存,而威不能自守,非贫弱也,乃道德不存乎身,仁义不加于下也。故察于利而惛于道者,众之所谋也;果于力而寡于义者,兵之所图也。"

这段话告诉我们,治理国家要以道德为上,处理事情要以仁义为根本,所以,对职位高贵但缺乏德行的人要贬黜,对富有财产但不讲道义的人要处罚,对地位低下但珍爱德操的人要使其尊贵,对家境贫寒但讲求仁义的人要让他富裕。商纣王的时候,他的酒池可以用来划船,他的糟丘可以用来登高远望,这难道还算是贫困吗?拥有统领四海的权力,主宰着九州的百姓,这难道还算是武力弱小吗？然而论功业却不能够保全自身，论威势却不能守住社稷，这绝对不是因为贫困、弱小，而恰恰是因为自身缺乏道德、对百姓不够仁义！所以，明白如何赚钱，却不明白道理的人，必然是众人所谋取的对象；敢于使用武力但缺少仁义的人，也必定是战争图谋的对象。

《史记》中记载，商纣王天资聪颖，口才很好，办事敏捷，力气超过常人，能够空手和猛兽搏斗。他的智慧足以应对臣下的劝告，他的言辞足以掩饰自己的过失。但他骄奢淫逸，不听劝谏，每天和妲己过着花天酒地的生活，有忠臣劝告他，他还给予严惩，最后没有人敢劝告他了。周武王吊民伐罪，最后他穿着饰有美玉的衣服投入火中自尽。

历史经验告诉我们，"德者，本也；财者，末也"，"势服人，心不然；理服人，方无言"。要想使自己的事业、国家强大，保持昌盛不衰，必须讲求道德、讲求仁义，这才是决定一个国家、企业，也包括个人兴衰成败的关键因素。

古圣先王明白这个道理，所以他们都是以仁义治国，在实际的政治统治之中实现了爱民如子的愿望。

比如，周文王有仁爱之心，而且这种仁爱之心不仅施及百姓，还施及枯骨。《新序》中记载，有一次，周文王要建造灵台，他命人挖一个池沼，但是在挖地的时候却挖到了一个死人的骨头。有关的官员把这件事报给文王，文王命令他改葬。这个官吏就说："这是一具无主之骨。"这是没有主人的骨头，找不到他的亲人了。文王说："有天下者，天下之主也；有一国者，一国之主也。"意思是说，拥有天下的人是天下的君主，拥有一国的人就是一国百姓的主人。"寡人固其主，又安求主？"我就是他的主人，又到哪里去求他的主人呢？他命令这个官吏给这具尸骨更衣、置办棺木，把他改葬了。天下的人听说了这一件事，都觉得文王太贤德了，因为他的恩泽都能够施及朽骨，更何况人呢？人们评论说，有的人是以金银财富为宝，他得了这些宝就使国家危险了，但是文王凭借一具尸骨表明了他仁爱的心意，结果天下的人都纷纷归心于文王。

到了春秋战国的时候，以"义"来治理国家，还能够做到循理而治。比如，《晏子》中记载，齐景公在位的时候，有一年大雪连下了三天都没有见晴。这时齐景公穿着"狐白之裘"，坐在堂上。晏子去进谏，站了一会儿，齐景公就说："真奇怪，这雪下了三天都不觉得寒冷。"晏子听了之后说："天气真的不寒冷吗？"被晏子这么一问，齐景公有点不好意思了。晏子就接着说道："我听说古代的贤君，自己吃饱时便想到还有百姓在挨饿，自己穿暖时便想到还有百姓在受冻，自己很安逸时还想到百姓的劳苦。可惜您却感觉不到啊。"齐景公一听："善！寡人闻命矣。"齐景公一听晏子说得对，马上就赞叹："你说得太好了，我懂得你的教诲了。"他下令取出府库中的皮衣，开仓放粮，救济那些挨饿受冻的百姓。

《新序》中记载了臧孙行猛政的故事。臧孙这个人施行很严苛的政治措施，结果受到了子贡的批评。臧孙就把子贡请过来向他请教说："我没有奉公守法吗？"子贡说："你是守法的。"他又问："我不够廉洁吗？"子贡说："你也很廉洁。"臧孙说："我没有执政能力吗？不会办事吗？"子贡说："你也很能办事。"臧孙就感到奇怪，他说："这三者我都唯恐自己做不好，既然这三者我都能做到，为什么你还批评我呢？"子贡说："你虽然守法，但是好以法来损害人；你虽然很廉洁，但是你的廉洁给你带来了骄慢之心；你虽然还有执政能力，但是却以此欺凌属下。"

子贡接着说，为政者就像调琴瑟一样，如果弦上得太紧，就会崩断。所以，在领导位置上的人，他的德行不可以浅薄；官阶高的人，他的管理不可以琐碎，不能够事必躬亲，否则，他就没有时间去看长远的发展战略；辖地广阔的人，他的制度不可以偏狭；管理很多人口的人，他的法律不能够严苛。这是自然的法则、自然的规律。所以"罚得则奸邪止矣，赏得则下欢悦矣"，如果刑罚得当，邪曲不正、作奸犯科的事就能够制止；如果奖赏得当，属下就真心地拥护你。但是，现在却不是这样。

子贡又说："你没有听说过子产是怎么治国的吗？子产治国的时候，是用仁爱礼义来教导人民，役使人民从不违道，所以政事非常宽松。对于奖赏的多少，难以确定的他就宁可从重奖赏；对于惩罚的轻重，难于判定的他就宁可从轻。因为实行了这样宽松的政治，子产治郑七年之后，社会风俗非常平和，也没有自然灾害，国家中也没有需要用刑法处罚的人，监狱也都空虚了。当子产过世的时候，这个国家的百姓都痛哭流涕，非常哀伤。他们说：'子产已经死了，我们怎么能过上安定的生活？我们把安定的生活寄托给谁呢？如果能够使子产重新活过来,用我们家任何人的生命去换取,我们都愿意。'子产活着的时候,被人们所爱戴,他死了的时候,人们都感到悲伤,做官的人在朝廷里哭泣,商人们在市场上哭泣,农民在原野里哭泣,姑娘们在自己家的内室里哭泣。国家连琴瑟的声音都听不到了,大夫也不戴佩玦、装饰了,妇人们把她们的簪子、耳环也都摘了下来,人们在大街小巷痛哭流涕。为什么呢?就是因为他推行了仁恕之道。而你现在做官是什么样的呢?人们听说你有病了,都非常欢喜,并且互相祝贺:'臧孙子病了,最好他能够死去。'而你的病刚刚有一些好转,人民又非常恐惧,说:'臧孙子的病痊愈了,我们的命运太不幸了,为什么臧孙子没有死呢?'所以你看,你病了的时候,人们都欢喜,互相祝贺。你生活在这个世间,人们都因你而恐惧。由此可知,你害人的心有多么深了!你这样来理政,怎么能够不遭受批评呢?"

臧孙是一个明理之人,他听到子贡的劝谏后,觉得非常合理,就主动地把位置让出来了。

这个故事说明,虽然赏罚分明,也很廉洁,但是,如果对人民过于苛刻,没有仁爱之心,人民也会怨声载道。所以子贡说:"盖德厚者报美,怨大者祸深。"德行深厚的人,回报给他的也很丰美;与人结怨太深的人,自己也有灾祸。最大的德行莫过于"仁",而最大的祸害莫过于刻薄、苛刻。这就告诉我们,为政要宽和,待人要仁恕,而不能过于苛刻。

唐太宗熟读《群书治要》,他把这些爱民如子的教诲落实在自己的治理之中,而且还经常用《群书治要》的教诲来教导太子。《孔子家语》中有一句话,这句话我们都很熟悉,那就是:"夫君者,舟也;民者,水也。水所以载舟,亦所以覆舟。"唐太宗不仅自己引以为戒,还不失时机地教导太子。

《贞观政要》中记载,唐太宗说:"我听说古人自古以来就重视胎教,我却没有时间顾及这些。但是,我总是不失时机地教导太子。自从他被立为太子之后,我总是在生活中给予他适时的引导。"比如,在太子吃饭的时候,唐太宗就问:"你知道饭的道理吗?"太子说:"不知道。"太宗就说:"饭是农民通过辛勤的劳作才获得的。我们要役民以时,不伤农时,才能够经常吃到这样的好饭。"看到太子骑马,他就问:"你懂得马的道理吗?"太子说:"不知道。"太宗说:"马确实可以帮人做很多的事,帮人劳作,但是不能够把马力用尽,这样才能经常有这样的马骑。"言外之意是你不能够把民力用尽。当太子乘船的时候,唐太宗又问:"你懂得船的道理吗?"太子说:"不知道。"太宗说:"君主就好比是船,人民就好像水,水可以承载船,也可以把这只船颠覆。你以后要当皇帝了,对于这个道理可不能够不懂啊。"看到太子靠在一棵弯曲的树上休息,太宗就又问了:"你懂得这棵树的道理吗?"太子还是说:"不知道。"太宗就说:"这棵树虽然弯曲了,但是你用东西来校正它,仍然可以把它做成直木来使用。君主有的时候会不务正业、不走正道,但是,只要听从臣下的劝谏,也还可以维持自己的统治。"唐太宗在这里就用《孔子家语》的教诲来引导太子,让他重视老百姓,做到爱民如子。

重民贵民的一个重要表现就是能够听从民众的呼声和建议。《后汉书》中记载了杨震的一段话,杨震说:"臣闻尧、舜之世,谏鼓谤木立之于朝;殷、周哲王,小人怨詈则洗目改听。所以达聪明,开不讳,博采负薪,尽极下情也。"这句话是说,我听说在尧、舜的时候,可用来进谏的鼓、可用来批评的木牌都立在朝门之外,让人们随时可以进谏。周朝和殷朝的贤明君主,对百姓的怨言甚至责备都是洗耳恭听。这样才能达到耳聪目明、广开言路,广泛征求下层平民百姓的意见,全面了解民间疾苦,使下情上达。这段论述告诉我们,凡是开明的君主,都非常重视采纳民众的意见,并且根据民众的意见来判断时政的得失,以此来改善政治。

《汉书》中说,"古者圣王之制,史在前书过失",古代圣王的制度,都由史官在他的面前记载君王的过失。《汉书·艺文志》中记载:"左史记言,右史记事。"左右史官负责把君主的言论还有行为都一一地记载下来,特别是要记载他所犯的过失。这就等于一种独特的监督机制,让君主的一言一行、一举一动都要小心谨慎,不敢造次。

《群书治要·说苑》中记载了一个魏文侯的故事。魏文侯在乐师鼓琴的时候,唱了这样一句话:"让我的言语没有人违背。"这句话是错误的。我们知道,一言以兴邦,一言以丧邦。在《论语》中孔子就说过,不能让自己的言语没有人违背,不能让大家都唯命是从、不敢犯颜直谏。这位乐师是一位盲人。他听到魏文侯这样说,就顺着声音,拿着琴去撞魏文侯,结果没有撞到,只是将魏文侯帽子上的玉串撞散了。魏文侯很生气,就问左右的人:"做臣子的居然敢冲撞他的君主，该当何罪？"左右的人说："罪当烹。"就是说应该把他烹杀。于是左右的人将这位乐师拉到下面受刑。刚走了一个台阶，只听这位乐师不慌不忙地说："我马上就要死了，在我死之前，可不可以听我再说一句话？"魏文侯说："可以，你说吧。"乐师就说："从前尧舜做君主的时候，唯恐自己只能听到赞叹的声音，没有人给他提出不同的意见。而桀纣做君主的时候恰恰相反，唯恐自己的言语被违背，刚愎自用。我刚才好像听到了桀纣在说话，所以我撞的是桀纣，而不是我的君主。"

这段话说得很妙，魏文侯听了之后，一下子就理解了乐师的一片苦心，于是说："放了他吧，这是我的过失。"他不仅认识到自己的过失了，而且还让人将这一把琴悬挂在城门口，作为他改过自新、接受谏言的凭证。他还要求维持帽子上玉串的现状，留作纪念。一看到撞碎的玉串，他就能想到自己所犯的过失，所说错的话，提醒自己不要做像桀纣那样的君王。由此可见，古代有的君主受到劝谏后，马上能够提起正念，改过自新。

《左传·襄公三十一年》中记载了子产不毁乡校的故事。郑国人经常聚众闲游于乡间的学校，并且议论执政者的得失。郑大夫然明就对子产说："把乡校毁了，您认为如何呢？"子产回答说："为什么要毁了乡校？人们早晚劳作归来到学校聚会交流，借机议论执政者施政的好坏。如果人们所谈论的是对的，我就实行它。人们所厌恶的，我们就更改。所以说，人们都是我的老师，这是让我明白自己施政的得失。既然如此，为什么要毁了它？我听说过尽力为善能够减少怨恨的，却没听说过倚仗权威能够防止怨恨的。如果只靠威势来制止怨言，又有何难处呢？但是这样做就像防堵洪水一样，一旦堤坝决口，受伤害的人就会很多，那将不能够挽救了。所以，不如把河道开个小口来疏导水流，不如让我们听一听人们的怨言并把它作为治病的良药。"

古圣先贤都认为，要让民众有合适的渠道充分表达自己的意愿，使民情上达。从民众表达的意愿之中，为政者才能够看到自己施政的得失，国君也才能够了解到自己的过失。知道过失之后，最重要的是能够改过。见到符合道义的就应该采纳，并顺着去做，这样才能够永久地保持天下。

第 32 讲
重农务本

> 农业是国之根本，无论社会发展到什么程度，"重农务本"一直是社会稳定、国家安定的基石。忽视农业，必将导致全球的环境危机，衣食储备不足，贫富差距拉大，社会矛盾加深。离开了农业去谈工业革命、商业繁荣甚至现代化的生活方式，无异于欲建空中楼阁，本末倒置。

《群书治要·汉书》中记载，汉文帝即位之后，从自身做起，力行节俭，一心想着让百姓过上安居乐业的生活。但是，当时由于战乱影响了汉初的发展，整个社会背离了"以农为本"的方针，很多人弃农从商。这时贾谊看到了问题，于是向汉文帝上书说："管子曾经说过：'粮仓里的粮食充足了，人们才会懂得讲求礼节。'老百姓衣食不足，吃不饱、穿不暖而能使国家得到治理的，从古至今还没有听说过。"

接着他就说了这样一句话，强调农业的重要性："古之人曰：一夫不耕，或受之饥；一女不织，或受之寒。"古人曾经说过，一个农夫不耕作，就有人会挨饿；一个妇女不织布，就有人会受冻。"生之有时，而用之无度，则物力必屈。"这个"屈"就是"尽"的意思。万物的生长都是有时节的，如果使用起来过分奢靡，没有节制，那么物资势必会用尽。"古之治天下，至纤至悉也，故其蓄积足恃。""恃"就是依靠的意思。这句话是说，古代治理天下达到了非常精心细致的地步，所以国家有足够的积蓄可以依靠。

贾谊还说："今背本而趋末，食者甚众，是天下之大残也；淫侈之俗，日日以长，是天下之大贼也。"如今人们都背离了农业而趋向商业，不劳而食的人愈来愈多，这是天下的大害。奢侈浪费的风气日益严重，这是国家的大祸。《群书治要·政论》中也有一段类似的阐述，把这个道理讲得更清楚："夫人之情，莫不乐富贵荣华、美服丽饰、铿锵眩耀、芬芳嘉味者也。"这里讲到了"人情"。要知道，"人性"和"人情"是不一样的，人性本来就是清净无染的，没有任何的欲求，就像水那么清澈，没有任何的污染。而人的习性被称为"情"，也就是后天的熏染。荣华富贵是人情所喜好的，比如华美的服装，漂亮的饰品，铿锵作响的音乐，炫人眼目的光彩，香喷喷的佳肴美膳，等等。这些事须臾都不离开自己的心，就如同水往下流、瀑布奔向深谷一样，自然而然。

中国人把人的欲望看得非常清楚，把"欲"比作深渊。如果人任欲望发展而没有节制，最后就会无法约束自己。认识到了这一点，中国古人特别制定了"礼"来节制人们不合适的欲望，甚至还要通过礼防患于未然。

古人说："人与禽兽的区别几希。"人和动物的区别只有一点点，这一点点是什么呢？那就是人懂得礼，人懂得义，知道用礼和义去节制自己不合适的欲望和行为。中国古人很早就告诫我们，不要太自信，不要认为自己可以克制自己的欲望。老子就告诉我们"不见可欲，使心不乱"，不要经常接触那些可以让人产生欲求的东西，这包括美食、美色等，接触了之后就容易沉溺其中，不能自拔。所以我们说，环境对人的修学至关重要，身处什么样的环境就受到什么样的熏染，久而久之就自然而然了。孔子告诉我们："非礼勿视，非礼勿听，非礼勿言，非礼勿动。"远离各种污染，可以让自己保持清净。《弟子规》中说"斗闹场，绝勿近，邪僻事，绝勿问"，这样做的好处其实不是约束自己，使自己丧失自由，而是恰恰相反，它使你远离污染，避免受到不好的影响。当然更高等的修行功夫是：百花丛中过，片叶不沾身。但是我们一般人没有这种功夫，所以要远离金钱、美色等令人产生欲望的东西，保持心地的清净。

《群书治要·政论》中说，现在市场上都卖那些华丽的工艺品，商家也卖僭礼的服饰，百工、手工艺者也可以做奢侈品。人们看了这些东西后受不了诱惑，肯定会争相购买，从而导致家家户户奢靡无度。国家的政策一旦有了偏失，普天之下的人都会去追求奢侈浪费、违背礼仪的生活。这不是宣传劝导所导致的，而是时势潮流驱使他们这样做，因而这是天下最让人忧心的事情之一。今天亦然。人们放弃了农业而争相从事商业，为什么值得忧虑呢？我们可以把它分析概括为四个原因。

第一，会导致天下的财产缺乏，甚至导致全球的环境危机。贾谊说："生之者甚少，而靡之者甚多，天下财产，何得不蹶哉。"从事粮食生产的人愈来愈少，而浪费的人愈来愈多，奢侈浪费的风气愈来愈严重，天下的财产怎么会不枯竭呢？《大学》中就告诉我们："生财有大道。生之者众，食之者寡，为之者疾，用之者舒，则财恒足矣。"生产的人很多，而消费的人少，这样才能够保持财富充足。但是我们现在恰恰相反，这样下去的结果就是粮食不够吃，而且奢靡之风愈来愈严重，天下的资产（资源财富等）也会因此而缺乏。

现在全球都出现了环境危机、资源危机，为什么呢？归根结底就是人们愈来愈膨胀的欲望、愈来愈奢侈浪费的生活所导致的。人的欲望没有止境，但是整个地球的资源却是有限的。这个有限的资源不能满足人们愈来愈膨胀的欲望，这才是环境危机、资源危机的根本原因。

如果我们忽视农业，产生的第二个问题就是衣食储备不足，无法应对突发事件。贾谊接着阐述说："世上有荒年，也有丰年，这是自然运行变化的规律，即使是在夏禹、商汤的时候，也都遭遇过。如果国家不幸遇到方圆两三千里的旱灾，拿什么来救济百姓呢？如果边境突然发生紧急的军情，国家如何向几十万民众供给粮食？战争、旱灾接踵而至，但是天下的物资、粮食匮乏，那么有勇力的人就会聚众蛮横抢劫，进而发动徒众争相闹事，到了这个时候才惊慌失措地设法应对，还能来得及吗？所以，储藏粮食等物资，是天下的大事。如果粮食多而财资充裕，做什么事会不成功呢？""以攻则取，以守则固，以战则胜。怀敌附远，何招而不至？"凭借着充足的粮食和物资储备，攻城能够成功，守城能够稳固，作战能够获胜，以此怀柔敌方，使远方之人前来归附，那么还有什么人会召之不来呢？所以应该让百姓回归农业，着力于国之根本，让天下的人各食其力，使从事工商业和四处谋生的人转行来从事农业，这样积蓄就会充足,百姓也就能够安居乐业了。

汉文帝被贾谊的谏言所打动,于是开始设立天子的责任田,并且亲自耕种,勉励百姓回归农业。中国古人特别重视国家的粮食储备,比如,《礼记》上就明确记载:"国无九年之蓄,曰不足;无六年之蓄,曰急;无三年之蓄,曰国非其国也。"这句话要特别引起我们的重视,因为我们现在人口众多,但是很多的农民都进城打工,很多的耕地都没有人种了,我们的粮食大量依靠进口,粮食安全也成了问题。这一段话提醒我们,一个国家如果没有九年的粮食储备,这叫不足;没有六年的粮食储备,这叫危急;如果连三年的粮食储备都没有了,这个国家就不能称为国家了。《礼记》中还说,如果连续耕种三年,就可以确保储备一年的粮食;连续耕种九年,就可以确保储备三年的粮食。这样,三十年一以贯之地做下来,即使遇到凶灾、水旱,民众也不致挨饿。没有了后顾之忧,天子每天用餐的时候就可以奏乐了。

第三,如果我们忽视了农业,就会导致贫富差距拉大,社会矛盾加深。《群书治要·汉书二》中记载,晁错曾经上书汉文帝,说:"民者,在上所以牧之,趋利如水走下,四方无择也。夫珠玉金银,饥不可食,寒不可衣,然而众贵之者,以上用之故也。"百姓就在于君主用什么方法来管理、引导。他们趋从利就像水往低处流一样,并不在乎流去的方向。像金银、珠玉这些东西,饿了不能吃,冷了不能穿,但是大家都认为它很贵重,那是什么原因呢?就是因为上层的人喜欢用,底层的人会效仿上层的人,所以才争相抢购这些金银珠玉。这样一来,奢侈浪费的风气就会愈来愈严重。人们所用的服饰都违背礼制,没有实用价值的器具愈来愈昂贵,而农业这个本业却愈来愈低贱。这会导致什么结果呢?务农的人、种桑的人很辛苦,但是收入却非常微薄。从事工商业的人很安逸,但是他们的收入和利润却很丰厚。如此一来,耕种的人愈来愈少,而从事商业的人愈来愈多。虽然荒地有开垦,但是,因为人们并没有把心思放在种地之上,没有尽心尽力地去耕种、收割,怎么会有丰收的年景呢?财富都集聚在少数商家的手里,百姓穷匮,结果很多人都沦为奸寇、盗贼。国家的粮库愈来愈空虚,监狱却人满为患。一旦年景不好,五谷不丰登,受饥挨饿、流亡过世的人就数不胜数,从上到下都很穷匮。

"国以民为根,民以谷为命。命尽则根拔,根拔则本颠",国家以老百姓为根本，而老百姓以粮食为命根。粮食没有人去耕种，百姓不能够保命，国家的根本当然就削弱了，整个国家就会陷入危难，这是国家最大的忧患。所以古人提出，"明君贵五谷而贱金玉"，贤明的君主把五谷看得很重，把农业看成国之根本，而把金银珠玉等看作很贱的东西，更不会珍藏。

晁错还通过农民和工商业者生活的对比，来说明其中的道理。他说，你看现在的农民春耕夏耘、秋收冬藏非常辛苦，这还不算，还要服徭役。春天不能避开风尘，夏天不能避开暑热，秋天不能避开阴雨，冬天不能避开寒冻，一年四季没有一日可以休息。私下里还要送往迎来、吊问死者、探问疾病、养育孤儿、抚育子孙等，这其中包含了多少的辛苦。此外，自然灾害、暴虐的政治、不适时的赋敛等也会加到他们身上。农民所拥有的东西，可能会因为市场上太多了而不得不半价出售，而自己所缺乏的东西，可能要用两倍的代价来获取。结果很多农民卖了田地、卖了住宅、卖了儿孙来偿还债务。这就是农夫的生活。

与此相比，商贾的生活是什么样的呢？大商人积储了很多的东西，价格高的时候可以加倍地获得利润。小商人在摊上贩卖，手里有一些别人没有的货物，每天都在市场上游荡，看到上面征敛急迫的时候，就把这些东西卖出去，得到加倍的利润。这些商人，男的不用亲自耕种，女的不用亲自养蚕织布，但是穿的却是绫罗绸缎，吃的是山珍海味。他们没有农夫辛苦，农夫生产出来的东西却被他们所享受。因为家产丰厚，他们还结交了很多王公大臣，他们的势力甚至可以超过官吏，没有他们办不到的事。他们到远方去游逛，结果冠盖相望，不绝于路。这就导致商人剥削农夫。而一旦农民吃不饱饭、没有衣服保暖，就可能会作奸犯科，所以社会问题就产生了。

第四，如果我们忽视了农业，就会导致贫穷者奸邪，富足者淫逸，那么作奸犯科就会屡禁不止。《群书治要·说苑》中记载着一段话，魏文侯问李克："刑罚产生的根源在哪里？"李克回答："生于百姓邪曲不正，还有放纵奢侈的行为。凡是奸诈、邪曲不正的心，都是因为饥寒交迫才产生的。而放纵奢侈的人，都把心思耗费在文饰之上。"古代的奢侈品都是精雕细刻的玩物，还佩有锦绣的绶带。一旦人们把这些看成有价值的东西，那么男的就会放弃农业，去从事雕纹镂花；女的也会放下织机，去学习刺绣。农事受到了妨害，这是饥饿的根源;纺织受到了妨害,这是寒冷的根源。

"饥寒并至而能不为奸邪者,未之有也",老百姓饥寒交迫,还能够不做邪曲不正的事,这是从来没有的。那么有钱人是怎样的呢?"男女饰美以相矜而能无淫佚者,未尝有也",男女互相炫耀衣服饰品华丽漂亮,这样还能不奢侈放纵的,那也是从未有过的事。

"故上不禁技功,则国贫民侈;国贫民侈,则贫穷者为奸邪,而富足者为淫佚,则驱民而为邪也",因此,如果上面不禁止机巧之事,奇技淫巧的事情愈来愈多,奢侈品的生产愈来愈多,最后导致的是国家贫穷,而民众愈来愈奢侈浪费。贫穷的人就会想出一些奸诈的、邪曲不正的方式,来追求富裕的生活,而富裕的人还会互相攀比,过上更加放逸纵欲的生活。这就等于驱使民众去做邪曲不正的事。当民众被驱使走上了邪路,再用刑罚来诛杀他们,这就等于为民众设置了陷阱。所以"刑罚之起有源,人主不塞其本,而督其末,伤国之道也",刑罚的产生是有根源的,如果君主不堵塞它的根源,而只是在枝节上进行督促,做了错事就给予严惩,这对国家是有损害的。

从这里可以看到,古人思考问题很深远,而且能够考虑到根本,而不是就事论事。农民付出多、收入少,而工商业者付出少、回报却丰厚,这样会导致贫富差距加大。贫富差距加大了,贫穷的人就会做奸邪之事,富裕的人就会做纵欲放荡之事,这样作奸犯科的事愈来愈多。而一旦人们养成奢侈、放纵、浪费的习惯,国家的资源会愈来愈枯竭。在这种情况下,如果国家再不重视农业,耕田的人愈来愈少,人们的衣食都不能得到保证,那么遇到灾荒就没有办法接济了,也无法应对突发事件。

这些教诲对于我们现在的人也很有启发,它们告诉我们,要居安思危,重视农业这个根本,这样才不至于在有突发事件的时候应接不暇。

第 33 讲
用人的重要性

> 无论是治国还是治企,都离不开选人用人。用人关系到国家的治乱,关系到民风的善恶,还关系到领导者个人的正邪与成败。用人之道,全在"德才"二字。如果得到贤德的人,国家就会安昌,失去贤德的人,国家就会危亡,从古至今无不如此。

《群书治要》特别强调重用贤人的意义,我们可以把用人的重要性归纳为三个方面。

第一,用人关系到国家的治乱。《汉书》中说,"任贤必治,任不肖必乱,必然之道也",任用贤德的人,国家才能够得到治理,而任用不贤德的人,国家必然混乱,这可以说是总结历史发展规律得出的必然结论。

《典语》中也说,"夫世之治乱,国之安危,非由他也",国家治理的好坏、社会的安危,不是由其他什么原因所导致的。那到底是什么原因呢?"俊乂在官,则治道清;奸佞干政,则祸乱作。"如果德才兼备的人在领导的位置上,这个国家的政治就会清明。相反,如果邪恶之人干预朝政,祸乱就不可避免。

《群书治要·墨子》指出,一般人对于治理国家、任贤使能并不重视。作者做了一个形象的比喻:"现在的王公贵族都想使国家富裕,希望制度合理有序地运转起来，但是却不懂得尚贤使能。从这里可以得出结论：士君子只明于小术，而不明于大道。为什么这么说呢？假如现在的王公贵族有一头牛或一只羊，他一定会找一个好的屠夫来宰杀牛羊；如果有一套衣服需要裁制，他也一定会找一个好的裁缝来缝制；如果有一批病马需要医治，他一定会找一个好的兽医来医治；如果有一张破弓不能张开了，他也一定会找好的工匠来修补。虽然身边有骨肉至亲或者无缘无故富贵起来的人、相貌俊美的人，但是王公贵族知道他们没有这个技能，一定不会让他们去做这些事。为什么呢？唯恐他们损坏了自己的财物。王公贵族们对这些事尚且知道尚贤使能，但是对于治理国家，却不知道尚贤使能了。为什么这么说呢？到真正治理国家的时候，王公贵族会不假思索地举荐任用他们的骨肉至亲、无缘无故富贵起来的人，或者相貌姣好的人。由此可见，这些王公贵族爱他的国家、重视他的国家，还不如爱他的坏弓病马、衣服和牛羊之类的财物。所以说，天下的士大夫、君子们、在位者都是明于小术，而不明于大道的。"

这个比喻非常形象恰当。《说苑》中说，没有恒常安定的国家，也没有恒常得以治理的百姓。如果得到贤德的人，这个国家就会安昌；而失去贤德的人，国家就会灭亡。自古至今无不如此。所以，古代的圣明君主都非常尊重贤才。

《新序》中记载了魏文侯的一个故事。魏文侯非常重视贤才，每次路过段干木所居住的巷子口的时候，他一定会站起身来，然后扶着车前的横木，向这个方向表示致敬。仆人不理解，问他原因，魏文侯说，这不是段干木所居住的巷子吗？段干木是一个贤德的人，我怎敢不对他伏轼致敬呢？段干木是因为有德行而荣光，而我不过是因为土地广阔而荣光；段干木富有的是道义，而我富有的不过是财富。土地不如德行，财富不如道义，我理应重用这个人，我理应尊敬他。所以魏文侯就给了段干木百万的薪禄，而且经常向他请教治国的道理。魏国人听说这件事后，都特别欢喜。不久，秦国想要出兵攻打魏国，秦国大夫司马唐听到这件事后劝谏秦王说，段干木是一位贤德之士，而魏文侯对他礼遇有加，天下人没有不知道这件事的，这个时候还不应该去攻打魏国。秦国的君主认为他说得很有道理，就按兵不动，不再去攻打魏国了。

这个故事告诉我们，一个人能够重用贤德的人，天下人都佩服他，不敢轻易对他有所企图。为什么呢？《孟子》中说，一个人，一定是先侮辱了自己，然后才被别人侮辱；一个家庭，也一定是内部有了纷争，先毁灭了自己，才让别人看到有机可乘；一个国家，也一定是自己的内部起了纷争，别的国家看到这个国家不团结，才会打它的主意。所以，在一个国家，如果有贤德的人被重用，兴起伦理道德的教化，从上到下都团结一致，别的国家也就不敢对它有所企图。

《潜夫论》中也说，国家为什么会乱呢？怎么能够判断出这个国家将要混乱呢？关键一点就看这个国家是否重视贤德的人。为什么有的国君重用贤德之人，而有的国君不重用贤德之人呢？古人告诉我们，之所以不重用贤德的人，一个最重要的原因就是国君喜欢财货。《群书治要·六韬》中也说，如果在上位的国君喜欢财货，群臣就都喜欢获得利益，而贤德的人最大的特点就是不自私自利，欲望、财力对他没有诱惑。贤德的人一旦不被国君重用，他就会隐居起来。这个国家的民众因为没有获得良好的伦理道德的教导，自私自利的心全都产生了，那就是《孟子》中所说的"上下交征利而国危矣"，这个国家就危险了，各种各样的祸患也都产生了。

《新序》中记载了一个典故。秦国要去讨伐楚国，去之前，先派使臣去看一看楚国有什么宝器。楚王听说之后，就把令尹子西召过来，问他："秦国要看一看我们国家的宝器，是不是可以把我们国家的和氏璧、隋侯珠拿出来给他们看一看？"令尹子西回答说："我也不太清楚。"楚王又向昭奚恤询问这件事，昭奚恤说："秦国是想看一看我们的政治得失而另有企图，一个国家最重要的宝器在于贤德的臣子，像珍珠玉器这些玩好之物算不上国家最宝贵的东西。"楚王一听他回答得很有道理，就派他来应对这件事。昭奚恤怎么做的呢？他在东面设了一个高台，在南面设了四个高台，在西面设了一个高台，等秦国的使者到来的时候，昭奚恤对他说："您是我们国家的客人，请到东面的上位就座。"令尹子西、太宗子敖、叶公子高、司马子反依次坐在南面的高台上，昭奚恤自己坐在西面的高台上，他对秦国的使者说："您想看一看我们楚国的宝器，楚国的宝器是贤德的臣子。能够治理百姓、充实仓库，使百姓各得其所，有令尹子西在这里。手里拿着珪璧，能够出使诸国，化解彼此之间的仇怨，使两国结交友谊，没有战争的忧患，有太宗子敖在这里。能够保卫国土，紧守边疆，不侵犯邻国，邻国也不能够侵犯我们国家，有叶公子高在这里。治理军队，整修军器装备，抵御强敌，手里拿着战鼓激励百万的民众，所任用的人都可以赴汤蹈火、万死不辞，有司马子反在这里。缅怀先王霸业所成就的功绩，汲取治理动乱的经验，有我昭奚恤在这里。就请您尽情地观看吧。"秦国的使者听了之后无言以对，回去之后就向秦国的国君禀告说，楚国有很多贤德的臣子，这个时候出兵攻打它，还不是时候。于是，秦国就放弃了征伐楚国的念头。

历史上贤明的君主都是以贤臣为宝，而不是以珍珠、宝玉为宝，这样国家才得以安定。如果在上位的人都喜欢珠宝、财富，那么上行而下效，整个国家就危险了。从这里可以看到古人对于人才的重视。《盐铁论》中对此也做了评论："隋和，世之名宝也，而不能安危存亡。"隋侯珠与和氏璧虽然是世间名贵的宝物，但是有什么用呢，并不能使危亡的国家得以安存。要彰显自己的威德，只有靠贤臣良相，而不是珍禽异兽珠宝金银等。因此，贤王以贤为宝，而不以珠玉为宝，这才是明智的选择。

第二，用人关系到民风的善恶。《群书治要·后汉书》中记载："务进仁贤，以任时政，不过数人，则风俗自化矣。"一定要进用贤德的人，让他们来处理朝政。如果我们任用的是真正贤德的人，不过几个人，社会上的人心就会得到扭转，民风习俗由恶变善。

中国历史上有很多有道德、有学问的皇帝，他们都礼请儒、释、道三家的大德为国师，自己以学生之礼礼敬老师，跟着国师学习。皇帝对他们如此恭敬，上行而下效，整个社会就兴起了追求道德、爱好仁义的风尚。

《群书治要·文子》中指出了国家不能任用贤德之人的原因："上多欲即下多诈，上烦扰即下不定，上多求即下交争。不治其本，而救之于末，无以异于凿渠而止水，抱薪而救火也。"领导者之所以不能任用贤德的人，没有兴起教化，原因就是自己欲望太多。社会上层的人欲望很多，底层的百姓就会升起欺诈之风。上面的法令非常繁多，而且经常没有条理，下面的百姓就会不安定。上面的人有很多的贪求，下面的人就会交相争夺利益。不从根本上解决问题，而只在枝叶上解决问题，就如同想止住水却开凿河渠，想要救火却往里边放木柴一样。

第33讲 用人的重要性

《文子》中提到:"圣王在上,明好恶以示人经,非誉以导之,亲贤而进之,贱不肖而退之,刑措而不用,礼义修而任贤德也。"圣明的君主在世,他会把他所喜好的,还有他所厌恶的,明明确确地宣告天下,让人们知道,什么应该做、什么不应该做,让人们有正确的行为规范,经过非议或者称誉来引导舆论,通过亲近、任用贤德之人,鄙视并且罢退不肖之徒来治理国家。刑罚虽已颁布,但是却能够放置不用。也就是说,古代的人不是没有刑罚,刑罚也都很完备,但是因为没有人犯罪,就可以把这个刑罚搁置不用。这都是因为礼义道德得到了推行。之所以能够得到推行,最重要的原因就是那些贤德的人得到了重用。也就是说,如果贤德的君主出现,任用贤德的人,兴起伦理道德的教化,那么社会风气也可以在短期之内扭转。

历史上,每一个朝代其实都是在乱世的基础上兴起。为什么在建立朝代几年之后就可以恢复和谐、恢复安定呢?就是因为开国之君往往汲取了亡国之君的教训,他对自己要求很严格,能够修身,而且任用贤德之士,这样,在短时间内国家也就走上了正轨,社会也就很快安定和谐。

第三,用人关系到领导者个人的安危。任用什么样的人,对于领导者的事业成败和自身的命运都至关重要。

任用贤德的人关系到领导者的正邪与否。《蒋子万机论》中就讲到:"夫君王之治,必须贤佐然后为泰。故君称元首,臣为股肱,譬之一体,相须而行也。"君王要治理好国家,企业家要治理好企业,领导要带好一个团队,都必须有贤德的人来辅佐,这样才能达到国泰民安。因此,这个领导者、君主,被称为头脑,而臣子、被领导者,称为四肢。这就像一个身体一样,他们必须相互协调才能治理好国家。所以,用什么样的人,关系到君主的正邪。

《体论》中讲到:"(是以)为政者,必慎择其左右,左右正则人主正矣。"领导者一定要特别审慎地选择他所亲近的人,如果他所亲近的人都是正直之人,就没有人不正直,而人都能够正直,国家也就会有正气。

《说苑》中记载,齐桓公向管仲请教,说治国最大的忧患是什么,管仲说,最担心的就是"社鼠"。齐桓公不明白,问:"什么是'社鼠'呢?"管仲就说:"这个'社'就是土地的神像,要用很多的木头,把它们捆绑在一起,然后在上面涂泥,就做成了土地的神像。因为神像的中间一般都是空的,所以老鼠就经常以神像为脱身之所。如果你用烟去熏神像，哪怕烧了一整根的木头，也烧不死老鼠；如果你用水去灌它，又怕把神像上面的泥毁坏了。这样，里边的老鼠就无法杀死。而齐国也有'社鼠'，'社鼠'是谁呢？就是君主身边的人。君主身边的人如果不正，就会蒙蔽善恶，让君主无法了解实情。君主身边的人仰仗着君主的庇护，在百姓中夸耀自己的权势，鱼肉乡里。你不诛杀他们，就会给国家带来混乱；你想诛杀他们，他们又是君主所庇护的人，很难诛杀掉。这些人正是国家的'社鼠'。"

用人也关系到领导者的安逸与否。如果用人得当，领导者自己就不用很劳苦。所以《尸子》中说："夫用贤，身乐而名附，事少而功多，国治而能逸。"如果能够任用贤德的人，就会很安乐，而名声自然跟随而来，事情少而功劳大，国家得到治理，自身也很安逸。

《说苑》中记载了孔子的弟子子贱治理单父的故事。他弹着琴，自己从来没有离开公堂，单父就得到了治理，而孔子的另一个弟子巫马期，他也治理单父，但他披星戴月，事必躬亲，忙忙碌碌，不得安居。不过，这个单父也得到了治理。巫马期就问子贱："为什么你弹着琴，显得很安逸，就把单父治理好了呢？"子贱回答说："我的做法是任用贤人。而你的做法是任力，靠的是出力。'任力者固劳，任人者固逸也。'出力的人，肯定是劳苦奔波，而能够任用贤人的人，让这些贤能之士都发挥作用，自身就会很安逸，国家也能治理好。"子贱就属于后者，所以他四肢安逸，耳目不劳，平心静气，让百官把事情都治理好了。而巫马期却不然，他亲力亲为，虽然单父也得到了治理，但是还没有达到最高的境界——无为而治。无为而治的根本在于领导者自己有德行而又不嫉贤妒能，信任那些贤德的人，并对他们委以重任，这样就能够达到无为而治的最高境界。

用人还关系到领导者自身的成败。《晏子》中记载了一个齐景公的故事。齐景公有一次问晏子："我的先君齐桓公，曾经率领兵车三百辆，九次会盟诸侯，一统天下。现在我率领的兵车有一千辆，我可以赶上齐桓公的业绩，在他之后一统天下吗？"晏子说："齐桓公率领兵车三百乘，九次会盟诸侯，一统天下，那是什么原因呢？那是因为他左有鲍叔牙、右有管仲的辅佐。而您呢，现在左右全是倡优。谄媚、邪恶的人在前，阿谀奉承的人在后，又怎么可能赶上齐桓公而成就霸业呢？"晏子的话从一个侧面提醒齐景公，齐桓公之所以称霸天下，是因为他能够任用贤才、信任贤才，如果你也想称霸天下，不是要效法他有多少兵力，而要效法他任用贤人的智慧，还有度量。

所以，用人确实关系到君主的成败。用人如此重要，那么我们应该用什么样的人呢？

第34讲

应当重用哪些人？

> 《汉书》中说："任贤必治，任不肖必乱，必然之道也。"任用贤德的人，国家才能够得到治理，而任用不贤德的人，国家必然混乱。齐家、治国、平天下，说到底都需要用人做事。应该重用那些以德化百姓为使命、以德化天下为己任的圣贤人，重用孝廉之士和敢于犯颜直谏之人。

《说苑》中记载，周成王即将行冠礼，也就是成人礼，周公就让祝雍说一些祝词，并要求简明扼要。祝雍说："使王近于仁，远于佞，啬于时，惠于财，任贤使能。"意思是说，希望周成王能够亲近仁德的人，远离奸佞的人，珍惜时间，惠施财物，任用贤德的人和有能力的人。这里就提出了任贤使能作为用人的标准。

古人用人特别强调以德为先。为什么这么重视道德呢？《孔子家语》中做了这样一个比喻："(故)弓调而后求劲焉，马服而后求良焉，士必悫而后求智能焉。不悫而多能，譬之豺狼不可迩。"弓必须调好之后才能成为强劲的弓，马必须驯服以后才能成为良马，士必须诚实才能够求他的智慧和才能。如果士兵没有诚实之心，却多才多艺，能力很强，就像豺狼一样不可亲近。

也就是说，一个人没有德行，却有很多的才能，对国家、对社会的危害反而更大。具体而言，应该用哪些有德行的人呢？

第一，就是要任用孝廉之人。中国自古以来都把孝廉作为选才的标准。《孝经》中说，一个人不爱他的父母亲，而能够爱其他的人，这是和德行的本质相背离的。一个人不尊敬他的父母亲而尊敬其他的人，这也是和礼的本质相背离的。连父母这么大的养育之恩都不能记在心上，不想着去报答，能够对领导很忠心吗？如果对领导很忠心，那么也一定是有利可图。关于这方面，我们前面已经讲了很多。

"廉"，首先就意味着不贪。如果一个人的欲望过重，那么，为了满足自己过重的欲望，就会去做违法乱纪、以权谋私的事，所以修身要从戒贪开始。

春秋战国的时候，郑国有一个司城官叫子罕，他负责一个城市的工程。一次，有人想送他一块美玉，他拒不接受。这个送美玉的人说："我这一块美玉已经被专家鉴定过了，确实是价值连城，我才敢呈现给你的。"子罕说："你以美玉为宝，我以不贪为宝。如果我接受了你的美玉，我们两个人不就各失其宝了吗？不如你守住你的美玉，而我守住我的廉洁，这样我们就可以各守其宝了。"子罕以廉洁为宝，所以能够克除贪心，不被外在的利益所诱惑。

"廉"除了不贪之外，还有廉政的意思。《潜夫论》中有这样一句话："夫贤者之为人臣，不损君以奉佞，不阿众以取容，不堕公以听私，不挠法以吐刚，其明能照奸，而义不比党。"贤德的人做臣子，他不会损害君主的威德而为奸佞小人做事，不会阿谀奉承众人而取悦于人，不会败坏公家的利益而接受私情，也不会歪曲法律而改变正直的品格。他的贤明能够明察奸邪，他的道义使他不结党营私，这才是真正廉政的臣子。历史上，这样廉政的臣子也确实层出不穷。

比如，《后汉书》中就记载了祭遵的故事。祭遵曾经跟着光武帝出征黄河以北，并被任命为军市令。在光武帝的族中，有一个小孩犯了法，祭遵就按照法律把他处死了。光武帝得知这件事，当然非常生气，就命人把祭遵收监。任主簿的陈副进谏说，您常常想让军纪严明，现在祭遵奉法，不避权贵，就是想让军纪严明，使军令得到实施。光武帝听了之后，觉得很有道理，就赦免了祭遵，并且任命他为刺奸将军。光武帝经常告诫手下的将领，要小心祭遵，因为王族中的一个小孩犯了过失，都被他处死了，那么他一定也不会对将领们有所偏向。光武帝在平定了黄河以北之后，又任命祭遵为征虏将军。祭遵过世的时候，光武帝亲自去送他，看到他曾经坐过的车马，不禁痛哭流涕。祭遵过世之后，光武帝还经常问群臣，怎样才能够找到像祭遵这样忠于职守、奉公守法的臣子。从这里我们也能看到，光武帝也很了不起，他能够任用那些廉洁奉公、不徇私情的人。

第二，就是要任用那些德化百姓之人，也就是要用圣贤人。《吕氏春秋》中说，忠臣孝子是当君主、做父母的人特别想得到的，而荣华富贵也是做人臣、做人子所希望的。但是往往君主得不到忠臣，父母得不到孝子，而臣子儿女也不能够得到自己想要的富贵荣华，这是什么原因呢？

这是因为不懂得礼义，而不懂得礼义，是因为不学圣贤教诲。所以，古代的圣王无不尊师重道，特别尊敬圣贤人，以兴起道德的教化。一个人如果不尊师，没有办法了解大道，他的所作所为都是凭着自己的喜好或者世俗的观念，他就可能会随波逐流，或者他的人生会走很多的弯路。

《荀子》中告诉我们，"非我而当者，吾师也"，能够批评我，而且批评得很恰当，这样的人是我的老师。"是我而当者，吾友也"，表扬我，但是表扬得也很恰当，这样的人是我的朋友。"谄谀我者，吾贼也"，我本来没有真才实德，也没有能力，但是对方为了让我高兴，就谄媚我、奉承我，这样的人是我的敌人。所以我们要分清楚，我们身边的人是师、是友，还是邪佞之人。

在中国的历史上，很多有名的君主任用大臣都是任德不任力，首先看德行。晋文公逃亡时，陶叔狐跟从他，晋文公返回到国内之后三次封赏，都没有封赏到陶叔狐。陶叔狐不理解，就去见了咎犯，说："你看我跟从君主逃亡十三年，面色都变得黝黑，手足长了老茧，可是现在君主返回国内，三次行赏都没有轮到我，是君主把我忘了，还是我犯了什么大的过失呢？"咎犯把这一句话告诉了晋文公，晋文公说："我怎么会忘了他呢？能够用道使我的精神专注，用义来说服我，使我的名声得以显扬，使我成为德才兼备的君主的人，我认为这样的人应该受到最高的奖赏；以礼来规范我，以义来劝谏我，使我不能为非作歹的人，我认为这样的人应该受次一级的封赏；而那些勇猛强壮的勇士，有难在前，他就冲锋在前，有难在后，他就在后面断后，让我免于危

第34讲 应当重用哪些人？

难，我认为这样的人应该受到第三等的赏赐。三次行赏之后，就应该轮到有劳苦功绩的人了，而有劳苦功绩的人中，陶叔狐应该是第一位，我怎么能把他忘了呢？"

后来，周朝的内史听到了这句话，就说："晋文公要称霸了吧，因为古代的圣王都是先德后力，优先重视的是德行而不是劳力，晋文公可以说做到这一点了。"

这个故事告诉我们，能够以德行教化百姓，言传身教的人，应该受到国家最高的重视。他以德义教导国君，国君有正确的治国理念，这个国家自然就兴盛，而没有覆亡的危险，这也是防患于未然。

第三，就是要任用能犯颜直谏之人。这一点《群书治要》中记载得特别多，内容也非常丰富。比如，在《韩诗外传》中就记载着，晋平公到河里去游玩，很快乐，他就说："怎样能得到贤士，共享这种快乐呢？"划船的人听到了，就跪下来对他说："我们的君主不喜欢贤士罢了，为什么这么说呢？你看珍珠产生于大江大海，玉器都出于昆仑山，它们没有长脚，但是却来到了我们的国家，为什么呢？原因就是君主您喜欢它。而现在有贤士，贤士还长着脚，却没有来到我们的国家，什么原因呢？那是因为您没有真正喜好贤士，怎么能担心没有贤士呢？"晋平公听了之后说："你看我的食客，门左有一千人，门右有一千人。早晨的食物不够吃，就派人晚上去征收赋税；晚上的食物不够吃，就派人早晨到市场上征收租税。怎么说我不喜欢贤士呢？我养了这么多的食客。"划船的人说："你看鸿鹄，一振翅就能飞翔千里，它所依靠的是它翅膀上六条强劲有力的茎羽，而背上的粗毛、腹下的细毛，你增加一把不会使它飞得更高，你减损一把也不会使它飞得更低。您现在的食客不过是背上的粗毛、腹下的细毛罢了。"意思是说，真正有用的贤德之人，实际上是少之又少的。这些贤德之人，其实大部分都是隐居起来的，如果国君没有真正的爱贤之心去礼请他们出来辅佐自己，这些人是不会自己跑出来的。为什么呢？因为这些人出来做事不是为了升官发财、为了出名、为了自私自利，他出来是希望能够辅助国君，把这个国家治理好，让天下太平，老百姓过上安居乐业的生活。但是，如果这个国君没有礼贤下士的谦恭有礼的态度，那么他们来了之后也不会被重用，所以他们也不会轻易出来。如果一个国君真正喜好贤才，他一定谦恭有礼，对这些圣贤人礼敬有加。

《新序》中也记载着，晋平公向叔向请教国家最大的忧患是什么，叔向回答说："大臣重禄而不极谏，近臣畏罪而不敢言，下情不上通，此患之大者也。"大臣为了保存自己的禄位而不敢犯颜直谏，身边的近臣因为怕犯罪也不敢向君主直言，结果下情不上达，这才是国家最大的祸患。那么大臣之所以重禄不进谏，在很大程度上也是因为君主没有雅量，不愿意听劝谏，所以这些大臣会投其所好，说他喜欢听的话。古代圣明的君主都知道这个道理，所以他会引导属下犯颜直谏。

《吕氏春秋》中记载，赵简子把一个叫栾徼的臣子沉到河里了，为什么呢？赵简子说："我曾经喜欢音乐，喜欢美色，栾徼就把这些呈现到我的面前；我曾经喜欢宫室楼台，栾徼就为我建设好；我曾经喜欢良马和善于御马的人，栾徼也给我送来了。而我喜欢贤士已经六年了，但是栾徼却从来没有给我推荐一个贤人，这是在助长我的过失而减损我的美德。"像赵简子这样的君主，能够以义理来督查、责罚他的臣子，这样的君主可以和臣子一起做善事，而不会和臣子一起做错事，可以和臣子一起做正直的事，而不会和臣子一起做邪妄的事。

赵简子的这个故事表明，他有一个很大的特点，就是善于引导臣子去做正当的事。所以圣明的君主用哪些人呢？用那些能犯颜直谏、直接指正过失的人。《吕氏春秋》中说，"贤主所贵莫如士。所以贵士，直言也"，贤明的君主最重视的莫过于士，因为他能够犯颜直谏。如果他说的话很直接，那么君主很容易就能看到自己邪曲不正的地方。而君主的通病，就是他既想知道自己的过失，但是却又厌恶直言，这就如同把水的源头堵住了，却想得到水一样。如果真想清楚地看到自己的过失，那就要任用能犯颜直谏的人。

《吕氏春秋》中也记载了一个楚文王的典故。楚文王得到了"茹黄狗，宛路箭"，这是非常有名的狗和箭。他到云梦泽去田猎，三个月都不回宫；又从当地得到了一个美女，每天和这个美女在一起，一年都没有上朝听政。后来他的太保申说："先王曾经卜卦，认为我作为太保是很吉祥的。现在您的罪理应受鞭刑。"楚文王说："能不能变换一个方法，不要用鞭刑责罚我呢？"太保申说："我承继的是先王的法令，不敢废除。如果您不接受鞭刑，就等于我废除了先王的法令。我宁愿获罪于您,也不愿获罪于先王。"楚文王听了之后无可奈何,说:"那好吧。"于是太保申把席子拉了过来,让楚文王趴在上面,然后太保申把50根细细的荆条绑在一起,跪着把它们放在了楚文王的背上,如此做了两遍,说:"大王,您可以起来了。"楚文王说:"既然有了鞭笞的名义,有了受鞭刑的名义,你就不如痛痛快快地、名副其实地打我一顿好了。"

太保申说:"我听说,对于君子,能让他感到羞耻就可以了;对于小人,才需要让他感到疼痛。如果让他感到羞耻,他都不改变自己的行为,那么,让他感到疼痛又有什么帮助呢?"太保申说完之后,就站起身来往外走,他请求楚文王处死他,楚文王说:"这都是我的过失,太保你有什么过失呢?"

文王被太保的忠诚所感动,改变了自己的行为,他把太保申重新召回来,杀了茹黄狗,折了宛路箭,把当地的美女也放回去了,并且一心一意地治理楚国,最后他兼并了三十多个国家,使楚国日益强盛。楚文王后来能够有这样的功业,都是太保申犯颜直谏的功劳。

《群书治要·仲长子昌言》中指出,有五种情况是不可以劝谏的。一是废除皇后、废弃太子,二是对自己的情欲很放纵、不节制,三是专宠一人,四是宠幸那些阿谀奉承的人,五是娇贵外戚。有这五种情况之一,都不能够犯颜直谏,否则,很可能招来杀身之祸。但是太保申看到楚文王不节制情欲,而且宠爱一人,仍然不惜冒着生命危险去劝谏君王,可以说他是忠义之士,公而忘私,完全忘记了自己的利害得失。

第四,要任用不嫉贤妒能之人。人为什么会嫉贤妒能?最重要的原因就是有私心。他想的不是让这个团队更团结、做得更好,而是怕别人的能力影响、超过自己,怕别人受到领导的重用,使自己的利益受到损害。这种人气量很小,成就也不会很大。我们中国人说,"观德于忍,观福于量",看一个人有没有德行,就看他能不能够忍辱负重;看一个人有没有福气,就看他有没有度量。《孔子家语》中记载,子贡向孔子请教,说:"现在的人臣之中,谁能够被称为贤德的臣子呢?"孔子就说:"齐国的鲍叔牙、郑国的子皮,可以被称为贤者了。"子贡好奇地问:"难道齐国没有管仲、郑国没有子产吗?"因为管仲协助齐桓公治理齐国,而子产做郑国的宰相,他们都是很有才能的人,协助齐国和郑国的国君把国家治理得很强大。孔子回答:"你只知其一,不知其二。你说,是出力的人贤德呢,还是推荐贤才的人贤德呢?"子贡回答:"当然是推荐贤德之士的人贤德。"孔子说:"对呀,我听说鲍叔牙能够让管仲显达,子皮让子产显达,而没有听说过管仲和子产推荐了比自己更贤德的人让他们显达的。"孔子在这里评价一个人是不是贤德,主要看他是不是嫉贤妒能,他的心量是不是够大。能不能推荐德才兼备的人,这是我们选拔人才的一个重要标准。

《说苑》中有一个发人深省的典故。有一个卖酒的人,他的酒器非常干净,他的酒旗也挂得很高,但是他的酒搁酸了都卖不出去。他不知道什么原因,就问邻居,邻居说:"因为你们家有一只猛狗,别人带着酒器来买酒的时候,这只狗就迎上去咬人,这就是你的酒卖不出去的原因。"其实国家也有这样的"猛狗",它就是有权有势的人。有道德、有学问的人想来辅佐国君,但是有权势的人嫉贤妒能,诋毁他、陷害他,让他不能发挥自己的才能,这就是国家的"猛狗"。

这个故事告诉我们,贤能之人之所以没有被任用,就是因为国君身边所任用的人都是嫉贤妒能之人,他们像猛狗一样,生怕贤德的人来到国君的身边,取代自己的位置,使自己的利益受到损害。古人对此也有所认识,知道贤德之人关系到国家的安危成败,所以在制度上也特别规定,"使进贤者必有赏,进不肖者必有罪",而不敢推荐人才的人,被称为无能之人。这样的制度一旦实行了,那么臣子都愿意推荐贤者。

第五,就是隐恶扬善之人。《体论》中说:"君子掩人之过以长善,小人毁人之善以为功。"这里指出了君子和小人的区别。君子遮掩别人的过错以长养自己的厚道善良,而小人却诋毁别人的善行以夸耀自己的功劳。所以,古人观察一个人,就是看他是经常称颂别人、夸奖别人,还是经常毁谤别人、挑剔别人。

《格言别录》中有这样一句话:"德盛者其心和平,见人皆可取,故口中所许可者多。"意思是说,道德高尚的人心平气和,看到每一个人都有可取之处,都有比自己强的地方,有值得自己学习的地方,所以他口里所赞叹的人、肯定的人就有很多。相反,"德薄者其心刻傲,见人皆可憎,故目中所鄙弃者众",

德行浅薄的人，内心刻薄傲慢，见到每一个人都有可恶的地方、不如自己的地方、可挑剔的地方，所以他眼中所瞧不起的人、所轻视的人就有很多。看一个人是经常挑剔、毁谤别人，还是经常赞叹、称扬别人，就可以知道这个人德行的厚薄了。作为领导者，更应该知道，"来说是非者，便是是非人"。一个有德行的人，他念念不忘的，是使整个集体团结一致，能够把事情办好，所以他绝对不会到领导面前说同事的坏话。

当然，在开会的时候，大家应该畅所欲言，把问题摆在桌面上，就事论事，对事不对人。不要私下说别人的不好，说三道四，有失厚道。

第 35 讲
用人七忌

> 对任何一个国家、任何一个时代，或任何一个企业来说，用人问题是无法回避的重要问题。用人得当与否，直接关系到国家和企业的兴衰成败。领导者在选才上要十分谨慎，知晓用人大忌，留住人才，避免失误。

《群书治要·六韬》中记载，周文王向姜太公请教：君主非常重视举贤任德，但是国家却得不到治理，这是什么原因呢？姜太公说："虽然君主任命了贤人，却没有重用贤人，所以没有取得应有的效果。"而贤人之所以得不到重用，是有原因的，所以，我们在工作中要把握用人的七个大忌。

第一忌就是用贤而疑。

《群书治要·刘廙政论》中说："自古人君莫不愿得忠贤而用之也。既得之，莫不访之于众人也。忠于君者，岂能必利于人？苟无利于人，又何能保誉于人哉？"意思是说，自古以来，当君主的没有不想得到忠贤之士并且任用他们的。而得到这些忠贤之士之后，又免不了向众人调查这些忠贤之士的情况。但是，忠于君主的人，哪里能够事事都有利于他人呢？如果有一件事得罪了人，没有给人带来利益，怎么能够让众人都称赞他，使他在众人中赢得好的名声呢？

所以，人君如果自己不贤明，他就不知道什么样的人是忠贤之士，即便得到了忠贤之士，忠贤之士来到他的身边辅佐他，他也会怀着猜疑之心，向众人调查。而众人又不一定都是贤德的人，他们会对这个贤德之人有一些偏颇的言语和评论。如果君主听之任之，就会对忠贤之士产生怀疑，从而不予重用。

《新序》中说，贤明的人不被重用，是因为"不肖嫉贤，愚者妒智，是贤者之所以隔蔽也，所以千岁不合者也"。不贤德的人会嫉妒贤德的人，愚钝的人会嫉妒有智慧的人，所以贤明的人被阻隔，不能够被君主所用，以致君主难以碰到德才兼备的人。有的君主不肯用贤德之士，有的用了贤德之士但不能持久，有的用得很久但不能够善始善终。君主分不清谁是贤德之人，谁是不贤德之人，什么人对他是真正的忠心耿耿，什么人来到这里是有利可图。所以，他一味地听从大家的评论。大家认为这个人好，他也就认为这个人好；群臣诽谤一个人，他就认为这个人不行。最后作者得出这样的结论："故谮诉不行，斯为明矣。""谮"就是诬陷的话，"诉"就是诽谤的话。如果诬陷、诽谤都行不通，君主能够判断什么样的人在说什么样的话，说这些话出于什么目的，这才叫明智。

《群书治要·典语》把君主和臣子之间的关系做了比喻："夫君称元首，臣云股肱，明大臣与人主一体者也。"古人把君主称为大脑，把大臣称为大腿和胳膊，也就是四肢，这就表明大臣和君主之间是一体的关系，谁也离不开谁，需要互相配合、互相信任。从历史上看，尧帝能够明白地辨别德才兼备的人，并且让德才兼备的人担任官职，这就如同强健了四肢，对自己的帮助怎么会小呢？如果一个人不符合选拔的标准，就不要授予他官位。如果一个人是值得信任的、德才兼备的人，就要不加怀疑地任用他。所以，君主任用臣子，就像身体信任他的手一样。臣子侍奉他的君主，也像手触摸他的身体一样。"安则共乐，痛则同忧"，他们同享安乐，患难与共，确实是一体的关系，谁也离不开谁，怎么还能互相怀疑呢？

第二忌就是求全责备。

《文子》中说："自古及今，未有能全其行者也，故君子不责备于一人。"从历史上看，自古至今没有哪一个人能在个人操守行为上十全十美、无可挑剔,所以君子对于任何一个人都不会求全责备。作者用了两个比喻:"夫夏后氏之璜不能无瑕,明月之珠不能无秽,然天下宝之者,不以小恶妨大美也。"夏禹所佩戴的璧玉不是没有瑕疵的,而夜明珠也不是没有污点的,但是天下的人仍然认为它们是宝贵的东西。"今志人之所短,而忘人之所长,而欲求贤于天下,即难矣。"现在只记得别人的短处,而忘记了别人的长处,还想在天下求得贤才,这是难上加难。

这段话告诉我们,即使是珍贵的璧玉、夜明珠,都不是没有瑕疵的。如果我们对人求全责备,还想求得贤才,那就太难了。

用人的第三忌就是能不当官,任非其才。

《管子》中说:"明主之择贤人也,言勇者试之以军,言智者试之以官。试于军而有功者则举之,试于官而事治者则用之。"要考察一个人才到底有没有才能,不能只听他说,而要给予相应的官位进行考验。所以明智的君主选择贤人时,对那些说自己勇敢的,就让他带领军队;对那些说自己有智慧的,就让他担任一个官职。他率领军队取得了功劳,就举荐他、任命他;他做官把一个地方治理得很好,就任用他。这都是要试用的。这个试用期很重要,在试用的过程中能够看出,这个人是不是真的有能力、有才德。如果一个人能力很低,就不能给他高官之位。

《群书治要·典语》中还指出,要"料才核能"地任用人才。"料"就是评估、估量。估量人才的才能,考核他的才能,这是治理国家的要务。

在历史上,舜任命百官的时候,是根据每个人的才能给予不同的位置。比如,任命皋陶来断狱,任命契为司徒掌管"五伦"的教化,任命禹来治水。谁擅长什么,就让他去干什么,这样舜就可以垂拱而治。舜他本身做什么了吗?他就是把自己做好,把修身做好,给大家做一个表率。

再看汉朝,汉朝在表彰功臣的时候,也是根据他们的功劳给予不同的封号。萧何、张良、韩信被称为"三杰"。张良"运筹帷幄之中,决胜千里之外",他很善于谋划,善于用兵;萧何"镇国家,抚百姓",最擅长的就是治理国家、治理百姓;而韩信擅长的就是率军打仗,是一个很好的带队将军,他率领百万大军"战必胜,攻必取"。他们的才能不同,所以他们被授予不同的封号。这也提醒我们,团队中的人,有的人擅长治理事务,有的人擅长出谋划策，有的人擅长文字工作，有的人擅长讲课，有的人擅长人际交往、处理公共关系。他们的才能是不一样的，所以，要根据他们的特长，分配不同的任务，这样才能够各尽其才。"马无辇重之任，牛无千里之迹，违其本性，责其效事，岂可得哉！"马无法承担负载搬运的任务，牛也没有奔跑千里的能力。如果违背它们的本性使用它们，还想让它们取得功效，这怎么可能呢？任用人才也是一样的道理。

"使韩信下帷，仲舒当戎，于公驰说，陆贾听讼，必无曩时之勋，而显今日之名也。"假使让韩信负责对军队和战争的谋划，让董仲舒率军打仗，让于公（此人善于断狱）到处游说、当外交官，让陆贾（此人善于游说）断案，一定不能创建先前那样的功勋，也就没有今日的显名。为什么呢？因为韩信不善于筹划，只善于打仗，董仲舒通古博今却手无缚鸡之力，于公公正不阿却不善辞令，陆贾善于辞令但缺乏断案的魄力、决心。如果将他们安插错位，结果自然不能尽如人意。

在现实生活中，每个人都各有所长，不可能尽善尽美，如果以一个统一的标准衡量人才，就很难把真正的人才选拔出来，有一些奇才也会因此而被遗漏。所以我们衡量人才、选拔人才，应该根据他们的不同才能，给予他们不同的职位。这样，真正的人才便会各得其所。

第四忌就是德不当位、功不当禄。

《管子》中记载："君之所审者三。"君主要审慎考虑的有三个方面。哪三个方面呢？"一曰德不当其位，二曰功不当其禄，三曰能不当其官。此三本者，治乱之原也。"第一是臣子的德行和他的位置不相匹配，第二是臣子的功绩和他所享受的俸禄不相匹配，第三是臣子的能力和他的官位不相匹配。这三者是治乱的根本。

先王任用人才的时候，秉持了一个原则，"以德底爵，以能底官，以功底禄"，就是根据他们的德行给以爵位，以他们的能力给以官位，以他们的功劳给以相应的俸禄。只要坚持了这个原则，再加上"具赏罚以待其归"，能够做到的就奖赏，做不到的就惩罚，那么，便没有人敢背离正道。

第五忌就是偏听偏信，受人蒙蔽。

《群书治要·政要论》中指出："为人君之务，在于决壅。决壅之务，在于进下。"君主最重要的就是不受人蒙蔽,而不受人蒙蔽的关键就在于使下面的言论都能够传达给君主。要想使下面的言论传达给君主,最关键的就是广泛地听取众人的意见。若想真正广泛地听取大众的建议,最重要的一点就是要对贫富贵贱一视同仁,使得做奴役的、做童仆的、放牧的、养马的这些底层人士都能够畅所欲言。如果能做到这一点,那么君主所听到的、所看到的就很广博,也就没有什么东西可以蒙蔽他了。

在历史上,有的臣子观察君主的喜好,君主喜欢什么他就顺着君主的意思去说,进而蒙蔽并且控制君主。比如,秦朝的赵高就是蒙蔽君主的佞臣。他看到皇帝恣意游乐、放纵自己的情欲,就趁机对皇帝说:"当皇帝的之所以尊贵,就是因为他能够为所欲为,就是因为人们感觉他像神明一样。只有得到人民的仰望,君主才能被尊重。而神明有什么特点呢?神明是只能听说,而不能露面的。所以不能让大臣总是见到皇帝,这样才能显示出皇帝的威严。"结果这个秦二世就信以为真,从此赵高专权。当秦二世面临丧身亡国的时候,才幡然醒悟,原来自己被赵高蒙蔽了。这个典故告诉我们,如果偏信一个人的言论,而听不到其他人的意见、听不到实情,就容易被人蒙蔽。

第六忌就是嫉贤妒能。

《荀子》中说:"明智的君主喜欢和大家共同商议事情,而昏庸的君主喜欢独断专行。明智的君主尚贤使能,进而使国家得到治理,人民安居乐业。而昏庸的君主妒忌贤德的人,畏惧有能力的人,于是就毁灭了功绩,致使国败家亡。"这表明,嫉贤妒能的人做不了大事,而且还可能把已有的功绩丧失。明智的君主对臣子用之不疑,而且认为臣子的贡献就是自己的贡献,臣子的能力就是自己的能力,这样才能具备最高的智慧,对国家进行最好的治理。

《吕氏春秋》中记载,卫灵公在天气寒冷的时候,想要开挖一个深池。臣子宛春进谏说:"天气这样寒冷还征发徭役,恐怕会伤害到百姓。"卫灵公说:"天气很寒冷吗?"宛春说:"您穿着狐皮大衣,坐在熊皮的垫子上,所以您不觉得寒冷。但是老百姓的衣服破了得不到修补,鞋子有了缺口也得不到编织。您自己感觉不到寒冷,但是老百姓却能感到寒冷。"卫灵公一听就说:"你说得太好了。"于是下令不再征发徭役。这时,左右的人挑拨说:"君主您要开挖深池,不知道天气寒冷,但是宛春知道。由于宛春的劝谏,您下令不再做这件事。恐怕现在福德都会归到宛春的身上,而怨气都会归到君主您的身上。"但是卫灵公非常明智,他说:"你说得不对。宛春不过是鲁国的一个匹夫而已,是我举荐他、任用他,百姓还没有看到他的能力,也没有看到他的德行。我现在就是通过这一件事,让百姓看到他的德行和能力,这就如同让百姓看到我的善行一样,他的善不就是我的善吗?"

所以《吕氏春秋》评论说,卫灵公谈论宛春的这些话,可以说明他明白做君主之道,这是明君应该具备的风范。"人主之不通乎主道者则不然,自为之则不能,任贤者恶之,与不肖者议之,此功名之所以伤,国家之所以危",那些不懂得君主之道的人,却不是像卫灵公这样做的。他们自己没有能力,又厌恶贤德的人,对贤德的人怀有忌妒之心,并且还与不贤德的人评议忠良,这是功名之所以受到伤害、国家之所以危亡的重要原因。

这一段论述告诉我们,只要君主知人善任,任用的是真正贤德的人,那么他不需要花费很大的力气就可以使天下得到治理。他也不必耗费资财,天下的贤士就都能够各得其所而喜悦。因为有这些贤德之士在位,他们言传身教,百姓自然而然地受到良好的教化,彼此和睦相处。

第七忌就是"已树而择"。

晋国的赵简子对鲁国的阳虎说过这样一句话:"自今已来,择人而树之,毋已树而择之也",从此以后,不要再举荐一些不贤德的人,一定要先选择好,然后再培养他,不要等培养、重用之后才发现当初所选非人。这也是我们现在选拔人才时要注意的。

这七条用人的忌讳是我们在工作中必须掌握的,这样才能使真正德才兼备的人被重用,事业才能够健康发展!

第36讲
观人之法

> 要用人,就需知人,欲知人,必先观人。古人非常重视观人,只有懂得了观人,才能实现"知人善任"。而要做到观人准确,就要从观言、观事、观行、观友、观德、观侫、观心、观诚等八个方面入手。

古人非常重视观人,目的是知人善任。《孟子》中说:"是以惟仁者宜在高位。不仁而在高位,是播恶于众也。"要把有仁德心的人选拔到领导者的位置上,一个人没有仁德之心却高高在上,就等于把他的过恶播撒给广大的民众。然而知人善任并不容易。古人讲了很多具体的观人之法,我们概括为八个方面。

第一就是观言,也就是观察一个人的言语。《周易》中有这样一段话,对我们通过观察人的言语来看这个人的性情很有帮助:"将叛者其辞惭,中心疑者其辞枝,吉人之辞寡,躁人之辞多,诬善之人其辞游,失其守者其辞屈。"将要背叛的人,他的言辞显示出惭愧不安;心中有疑虑的人,他的言辞杂乱无章,毫无头绪,散漫琐细;善良的人,他的言辞很少,因为他心地纯净,思虑很少,念头很少;心浮气躁的人,表现在外面就是爱说话;诬陷好人的人,说话吞吞吐吐，游移不定；失去操守的人，他的言辞表现出理亏，因为他做了坏事，失去了品格，所以他有那种理屈词穷的感觉。

但是观言不如观事，所以第二个方面就是观事，观察人所做的具体事情。

《新序》中记载了一个关于观事的故事。子路治理蒲县三年了，孔子路过这个地方，刚进入蒲县境内，他就说："子路治理得不错，能够恭敬诚信。"到了城镇，他又说："子路治理得不错，他尽忠职守，与民讲求信用，而且宽容对待百姓。"到了县衙，也就是办公的场所，孔子又赞叹："子路治理得不错，他能够明察秋毫地审断案件。"子贡听了这些，就问："夫子，你还没有看见子路，就三次称他治理得不错，这是为什么呢？可不可以讲给我听一听？"孔子就说："我进入蒲县境内的时候，看到荒地都得以开垦，田野修整得很整齐，沟渠都挖得很深，这是因为他恭敬而诚实，所以民众才愿意尽力耕种田地。到了城镇，我看到房屋的墙都建得很高大，树木长得很茂盛，这是因为他对待民众忠信而宽厚，所以人民做事就不敢苟且。到了县衙，我发现衙门里非常清闲，这是因为他平时判案能明察秋毫，所以人们不敢轻易来申诉打扰。"这个故事告诉我们，通过一个人所做的事，可以看出一个人的恭敬心。

第三就是观行。《说苑》中指出了"六正""六邪"，可以用这个标准来观察一个人的行为。那么什么是"六邪"呢？

"一曰安官贪禄，不务公事，与世沉浮，左右观望。如此者，具臣也。"一个人安享官位，贪图俸禄，但是不致力于办好公事，随波逐流，这样的人是具位充数之臣，叫作"具臣"。

"二曰主所言皆曰善，主所为皆曰可，隐而求主之所好而进之，以快主之耳目，偷合苟容，与主为乐，不顾其后害。如此者，谀臣也。"对君主所说的话都说好，对君主所作所为都认可，还暗地里探求君主有什么喜好，并且把他喜好的东西进奉给他，目的是愉悦君主的耳目，一味地苟且迎合君主。为什么呢？为的是自己的荣耀。与君主整天寻欢作乐而不顾及他的后患，这样的人是"谀臣"，也就是阿谀奉承的臣子。《新序》中记载：楚恭王生了大病，他知道自己快不行了，就把令尹招来，对他说："常侍管苏和我相处的时候，常常用道义来劝导我，我和他在一起就感到不安心，见不到他也不会思念他。虽然如此，他对我很有帮助，他的功劳不小，一定要重用他，给他很高的爵位。而申侯伯和我相处的时候，经常放纵我的欲望。我的行为肆无忌惮他也不劝谏，我喜欢的，他就让我去做，甚至劝我去做。我喜好的，他还先我去尝试。我和他在一起非常快乐，看不到他就会有点忧戚，也很想念他。虽然如此，他对我却没有帮助，他的过失不小，一定要把他打发走。"令尹听了之后，就答应了楚恭王。第二天，楚恭王过世了，令尹就拜管苏为上卿，而把申侯伯逐出楚国。这个故事告诉我们，有的人一时讨我们喜欢，阿谀奉承，一味地投我们所好，满足我们的欲望，但对我们提升道德修养并没有帮助。所以，要和那些能够劝我们走正道的人相处。

"三曰中实险诐，外貌小谨，巧言令色，又心疾贤，所欲进则明其美，隐其恶，所欲退则明其过，匿其美，使主赏罚不当，号令不行。如此者，奸臣也。"有的人内心实际上险诈邪僻，外表却谨小慎微、花言巧语，给人一种很善的感觉，这种人嫉贤妒能，对于他要举荐的人就宣扬他的美德、隐藏他的过恶，对于他要罢黜的人就宣扬他的过恶、隐匿他的美德，从而使君主赏罚不当，号令不能够施行。这样的臣子被称为"奸臣"。

"四曰智足以饰非，辩足以行说，内离骨肉之亲，外妒乱朝廷。如此者，谗臣也。"有的人智慧足以文过饰非，口才足以到处游说，小则可以离间父子兄弟反目成仇，大则煽风点火，使整个朝廷混乱，这样的臣子被称为"谗臣"。

"五曰专权擅势，以为轻重，私门成党，以富其家，擅矫主命，以自显贵。如此者，贼臣也。"有的人独揽大权，结党营私，为的是使自家富裕；擅自篡改君主的命令，以使自己显达、荣贵，这样的臣子是"贼臣"。

"六曰谄主以邪，坠主于不义，朋党比周，以蔽主明，使白黑无别，是非无闻，使主恶布于境内，闻于四邻。如此者，亡国之臣也。"有的人用邪曲不正的道理谄媚君主，陷君主于不义；结党营私、排除异己，蒙蔽君主的视线，使君主黑白混淆、是非不分；使君主的恶名传布于国内，闻名于四邻。这样的臣子被称为"亡国之臣"。如果一个国家任用的是赵高、易牙这样的亡国之臣，就一定会使国家陷于危亡。

第四就是观友，观察一个人所结交的朋友。《韩诗外传》中也说："故同明者相见，同听者相闻，同志者相从。"有同样敏锐眼光的人才能够互相发现，有同样敏锐听力的人才能够互相倾听，志同道合的人才会相互跟从。所以说，我们想要了解一个人时，看看他所结交的朋友，还有他所任用的人，就能知道这个人的德行如何了，因为同声相应、同气相求，志同道合的人有同样的志趣、品德，自然会结交在一起，成为朋友。

"非贤者莫能用贤，故辅佐左右所任使，有存亡之机、得失之要也，可无慎乎！"不贤德的人，就不能够重用贤人，因为即使有贤德之人，他也发现不了，他也不愿意重用。因此，君主所任用的辅佐之臣，是君主存亡的征兆、得失的关键，怎么能够不谨慎呢？

第五就是观德，观察一个人的德行。《说苑》中指出，观察一个人有没有德行，首先看他够不够谦虚。如果一个人有了功名，有了成就，有了金钱、地位、事业，还能够谦虚、自卑而尊人，那么，这个人是有发展前途的人，是有后福的人。相反，"贵为天子，富有四海，德不谦者，失天下，亡其身，桀、纣是也，可不慎乎！"一个人贵为天子，富有四海，但是没有谦虚的德行，就会失去天下，丧失性命，这就是桀纣的所作所为，怎么能不谨慎呢？"故易曰：'有一道，大足以守天下，中足以守国家，小足以守其身，谦之谓也。'"《周易》中有一个道理，大可以守护天下，中足以守护国家，小可以守护自身，这一道理就是谦虚。古语还说，"观德于忍，观福于量"，看一个人有没有德行，就看他能不能够做到忍。《金刚经》中说，"一切法得成于忍"。"忍"的内容很广泛，比如，在利益面前能不能忍住贪心，看到美色时能不能忍住贪爱、放纵，这都是德行的表现。

第六就是观佞。怎么看一个人是君子还是小人，是奸臣还是忠臣呢？

《韩子》中有一句话："凡奸臣者，皆欲顺人主之心，以取信幸之势者也。是以主有所善，臣从而誉之；主有所憎，臣因而毁之。"奸臣小人都有一个特点，那就是都愿意顺着君主的心思去做、去说，目的是取得君主的信任和宠幸，所以君主认为好的事，他一定会跟着赞叹，君主所憎恶的事情，他一定会跟着诋毁。这种人就是奸臣。

第七就是观心。

观察人心的时候，重要的是观察这个人是不是有仁爱之心、同情之心。《韩诗外传》中记载，田子方外出时看到路旁有一匹老马，他长叹了一声，问车夫："这是什么马？"车夫回答说："这是公家养的畜生，现在年老了不能再使用了，就把它放了出来。"田子方听了后说道："年轻的时候用尽了它的力气，年老力衰了就把它抛弃，仁者是不应该这样做的。"于是，他就花钱把这匹马赎了回来。那些穷困的士人听说了这件事之后，就知道谁是他们可以归附的人了。

《韩子》中也记载了一个故事。乐羊在魏国做将领，他要去攻打中山国。中山国是一个很小的诸侯国，而乐羊的儿子恰恰在中山国，中山国的国君就把他的儿子杀了做成人肉羹送给他，乐羊居然接过来吃了。魏文侯一听，就对堵师赞说："你看乐羊为了我，居然把他儿子的肉都吃了。"堵师赞说："他都能够吃他儿子的肉，那么谁的肉他不能吃呢？"后来，乐羊的确攻下了中山国，魏文侯根据他的功劳给予赏赐，但是却怀疑他的用心，怀疑他没有仁爱之心，再也不重用他了。

还有一个孟孙的故事。孟孙外出打猎，捕获了一只幼鹿，他让秦西巴把幼鹿带回去。幼鹿的母亲一直跟在幼鹿后面呼号着，久久不肯离去，秦西巴看到之后，不忍心，把幼鹿放了。孟孙听说此事后，一生气就把他撵走了。但是三个月后，孟孙又把他召回来了，请他当自己儿子的师傅。孟孙的车夫问："你以前怪罪秦西巴，把他驱逐了，现在又让他当您儿子的师傅，这是什么原因呢？"孟孙说："你看秦西巴连一只幼鹿都不忍心伤害，他又怎么忍心伤害我的儿子呢？"《韩子》的作者得出了这样一个结论："巧诈不如拙诚。"与其巧于欺诈，不如守拙存诚。乐羊因为有功而受到封赏，却被魏文侯怀疑他的存心；秦西巴虽然获罪，但是更加被孟孙信任。

最后一点就是观诚。这个"诚"与"诚恳"的"诚"意思不同，是要我们全面地考察，综合地考虑，再得出结论。

比如，《晏子》中记载，齐景公向晏子请教求贤之道，晏子说："通则视其所举，穷则视其所不为，富则视其所分，贫则视其所不取。"看这个人通达、得志的时候举荐的是什么人；看他穷困潦倒的时候不去做的事是什么，因为古人说"人穷志不短"，虽然一个人很穷困，但是不符合道义的事，他仍然坚持不做；看他富裕的时候和谁来分享，会不会惠施财物、救济贫穷；看他贫困的时候不去争取的是什么，也就是说，尽管他需要某个东西，但是不符合道义，也是不去争取的。

第 37 讲
尊贤者王

> 无论是企业竞争之道还是治国为政之道，都在于"得人"，而得人之道在于尊贤用贤。贤德之士德才兼备，有治国之略而无功利之心，有济世之才而无为官之念。尊重和礼遇贤德之士，必定会换来贤德之士鞠躬尽瘁的回报，立功于天下，成名于后世。

在《孔子家语》中，鲁哀公向孔子请教为政的关键。孔子回答说："文、武之政，布在方策。其人存，则其政举；其人亡，则其政息。故为政在于得人。"孔子说，周文王、周武王的政令制度、治国理念，都记载在方策之中。"方"，就是古代写字用的木板，"策"就是书写用的竹简，"方策"也就是典籍的意思。如果有周文王、周武王这样的人来推行，这些制度、理念就能够起作用。如果没有周文王、周武王这样的圣贤君主，这些治国之道也就无从谈起。所以，"得人"对于治理国家、管理企业都至关重要。

当然，有人提出质疑，说现在的社会找不到好的人才。其实不然。我们看《说苑》上的一个典故。齐宣王坐着，淳于髡侍坐在一旁。齐宣王说："先生，请说说我有什么喜好吧。"淳于髡说："古代的君王所喜好的有四种，而您只喜欢其中的三种。"齐宣王问："您可以详细地给我说说吗？"淳于髡说："古代的君王喜欢骏马，您也喜欢骏马。古代的君王喜欢美味，您也喜欢美味。古代的君王喜欢美色，您也喜欢美色。但是古代的君王喜欢贤士，大王您唯独不喜欢贤士。"齐宣王说："国家没有贤士，如果有贤士的话，我也会喜欢他们。"淳于髡说："您看古代有骅骝、骐骥这样的骏马，现在没有这样的骏马了，您就会从众多的马中去挑选，可见大王您是真喜欢骏马。古代有豹胎、象胎这样的美味，现在没有这样的美味了，但是您也会从众多的美味中去挑选，可见您真的是喜欢美味。古代有毛嫱、西施这样的美女，现在没有毛嫱、西施了，但您也会从众多的美女中去挑选，可见大王您也喜好美色。如果大王一定要等到尧舜禹汤时代那样的贤士出现才喜欢他们，那么尧舜禹汤时代的贤士也不喜欢大王您了。"齐宣王听了之后，默默无语。这个故事告诉我们，其实天下并不缺少贤士，天下德才兼备的人、有道德学问的人不少，只是领导者没有用心求取罢了。

《中论》中也有这样一段阐述："凡亡国之君，其朝未尝无致治之臣也，其府未尝无先王之书也。然而不免乎亡者，何也？"即使是使国家灭亡的君主，他的朝廷中也不是没有可以使天下大治的臣子，他的府库中也不缺乏古圣先贤的典籍，但是免不了灭亡，这是什么原因呢？原因就在于"其贤不用，其法不行也"，有了贤德的人却不被君主重用，他的治国方法、策略也不被君主推行。"苟书法而不行其事，爵贤而不用其道，则法无异于路说，而贤无异于木主也"，假使把那些治国的理念、方法都书写下来，记在典籍之中，但是君主把它束之高阁，不去学习；任命了贤臣，却不采取他的意见和策略，那么，这些治国的方法同路边的闲话就没有区别，而贤德之人也像木制的神主一样不起作用。

所以，天下并不缺少贤臣，而是君主根本没有想方设法地去求取贤才。所以，尊敬贤才首先要去求贤，求到了贤才，要重用他们。《孔子家语》中记载，鲁哀公向孔子请教，问："当今的君主，您认为谁是最贤明的呢？"孔子说："我没有碰到过贤明的君主，如果非要说有一个贤明的君主，那就是卫灵公了吧。"鲁哀公说："卫灵公是怎么做的呢？"孔子说："卫灵公有一个弟子叫公子渠牟，凭他的智慧和信义，可以治理一个拥有千乘兵车的中等国家，卫灵公很喜爱他，并且非常重用他。卫国有一个读书人叫林国，他若是发现贤德的人一定会举荐，如果贤德的人被退黜，林国就把自己的俸禄分给他，所以魏国没有被埋没的读书人。卫灵公知道了，对林国非常尊敬。卫国还有一个士大夫叫庆足，每逢多事之秋，他就出来帮助治理国家。而到了国泰民安的时候，他就从官位上退下来，把位置让给那些贤德的人。卫灵公对他非常尊敬，并且奉为上客。卫国还有一个大夫叫史鱿，因为开始时他和卫灵公的政见不合，于是离开卫国。卫灵公在郊外住了三日，反省自己，琴瑟不奏，一定要等到史鱿回国之后方肯回朝。所以我认为，卫灵公是一个贤德的君主。"这个故事告诉我们，真正贤德的君主，他最大的特点就是对贤德之士格外尊敬。

《荀子》中指出："尊圣者王，贵贤者霸，敬贤者存，嫚贤者亡，古今一也。"意思是说，尊敬圣贤的人可以称王天下，以贤人为贵的人可以称霸天下，尊敬贤德的人可以免于灭亡，而怠慢、侮辱贤德的人终究会走上灭亡的道路。这是古今通用的道理。

《韩子》中记载了一个周文王的故事，从中可见周文王对于贤德之人的礼敬态度。周文王有一次去讨伐崇国。途中他的袜带开了，他左右一看，发现没有一个人可以为他系袜带，便自己把袜带系上了。姜太公一看，就问："君王，您为什么要自己系上这个袜带呢？"周文王说："我听说，上等的君主所交往的人都是他的老师，中等的君主所交往的人都是他的朋友，而下等的君主所交往的人都是他指使的人。我虽然不贤德，但是现在和我相处的这些人都是先君的旧臣，所以没有人可以被我指使，帮我系上袜带。"正是周文王谦恭、礼让的态度，才使得众臣心悦诚服。

《吕氏春秋》中也指出："贤主必自知士，故士尽力竭智，直言交争，而不辞其患。"贤明的君主一定要自己去结交士人。如果士人觉得你对他有知遇之恩，他就会竭尽全力地回报你。如果你做错事了，他就敢犯颜直谏，不担心自己被处死。

春秋战国的时候，豫让在晋国做智瑶的家臣。智瑶被杀了，豫让费尽心机要替他报仇。他的朋友问他："以前你也曾经事奉过范氏，事奉过中行氏，但是他们被诸侯灭亡之后，你并不想着为他们报仇。现在智氏被人杀了，为什么你一定要为他报仇呢？"豫让说："范氏、中行氏在寒冷的时候不给我衣服穿，在我吃不饱饭的时候不给我食物吃,他们以一般士人的礼节来对待我,我也以一般士人的礼节回报他们。但是到了智氏这儿,一切就不一样了。我吃不饱饭,他就给我食物;我穿的衣服不够暖和,他就给我衣服。在朝会的时候,他特别尊敬我,他以国士的待遇对待我,所以我也一定要以国士的态度回报他,因此一定要为他报仇。"由此可见,贤明的君主一定要自己去结交贤德之士,而且要礼敬他,这样才能拥有真正的股肱之臣、国家良将。

关于这一点,《说苑》中记载了一个齐桓公的例子。齐桓公为了称霸天下,想请管仲来帮他治国。管仲说:"身份低贱的人不能够统治身份高贵的人。"桓公就拜他为上卿。但是国家还是没有得到治理,齐桓公就问原因。管仲又说:"贫穷的人不能指使富裕的人。"齐桓公一听,居然把齐国市场上一年的租税都交给了管仲。但是国家还是没有得到治理,齐桓公又询问什么原因,管仲说:"关系疏远的人不能够控制、管理关系亲密的人。"齐桓公听了之后,就把管仲立为"仲父",以侍奉父亲的礼节礼敬管仲。最后,齐国终于得到了治理,而且称霸天下。孔子听到这件事之后,这样评论:"即使管仲这样的贤德之才,如果得不到这三种权力,也不能够使他的君主南面而称霸天下。"齐桓公之所以能够在管仲的辅佐下,九合诸侯,一统天下,是和他对待管仲的态度息息相关的。

在中国历史上,这样的例子不胜枚举。魏文侯也是一个通过礼贤下士而称霸诸侯的代表人物。《说苑》中记载,魏文侯从中山国直奔安邑,田子方落在队伍的后面,途中魏文侯的儿子太子击遇到了田子方,便下车快步走上前去,结果田子方还是坐在那儿,和原来一模一样,纹丝不动。他对太子说,你替我告诉君主,在朝歌等着我。太子听了之后,就有点不太高兴。他说:"是有权有钱的人待人骄慢,还是没权没钱的人待人骄慢呢?"田子方说:"当然是贫穷的人待人骄慢了。富贵的人怎么敢待人骄慢呢?君主待人骄慢就会导致亡国,大夫待人骄慢就会丧失地位,而贫穷的人骄慢不过是保持贫穷而已,对这个人而言,没什么损失。"太子听了之后,就赶上了魏文侯,把田子方与他的对话转告给了魏文侯。魏文侯听了之后说:"如果不是你的缘故,我怎么能够听到圣贤人的这一番话。我在仁德方面比不上子方,所以我对他很礼敬,和他成为朋友。自从我和子方成为朋友之后,君臣之间的关系更加亲密,百姓越来越心悦诚服，友爱贤士产生了良好的效果。当我攻打中山国的时候，因为我在作战、用兵方面比不上乐羊，所以我对他非常礼敬，结果乐羊用了三年的时间就把中山国打下来献给我。那个时候我便收获了和天下武士交友的果实。"由此可见，魏文侯能够称霸天下，就是因为他知人善任，因为他对仁人贤士特别礼敬。田子方对太子这样傲慢，魏文侯不仅没有指责，而且还教导太子要用仁爱之心去结交有德有才之士，所以魏文侯称霸天下也是顺理成章的。

魏文侯有一个弟弟叫季成，有一次他对魏文侯说："田子方虽然是个贤德的人，但他并不是拥有国土的君主，而您对他以君主之礼相待。如果有比田子方更贤德的人出现，您又将给予什么样的礼遇呢？"魏文侯说："像田子方这样的人，不是你可以议论的。他是一个有仁心的人，而有仁心的人是国家的珍宝。有智慧的人应该受到器重，知识广博通达的人应该得到尊崇。一个国家拥有了有仁心的人，群臣之间就不会相争；拥有了有智慧的人，四邻的诸侯都不敢心存窥视之心；拥有了广博通达的人，君主就会越来越受到尊重。所以，像田子方这样的人不是你能够议论的。"

从这两个故事中我们可以看到魏文侯的明智。即使别人对他所任用的贤才有所微词，他也依然信任如故，这也是他成就霸业的一个重要原因。

在这方面，能和魏文侯相媲美的，就是赵简子。《新序》中记载着一个类似的关于赵简子的故事。赵简子的车走上了一条狭长又弯曲的山路，群臣都下了车，光着膀子帮着推车，只有虎会不帮忙。他不仅不帮忙，还扛着戟，唱着歌。赵简子看了非常不高兴，说："群臣都来帮助推车，唯独虎会你扛着戟，还唱着歌。身为人臣，侮辱了君主，该当何罪呢？"虎会回答说："做臣子的侮辱了他的君主，其罪过是死而又死。"赵简子问什么叫死而又死，虎会说："首先是罪臣自己被处死，然后他的妻子、儿女也受到牵连，这就叫死而又死。君主您已经听到了臣子侮辱君主的下场了，那么您也想听一听做君主的如果侮辱了臣子的结果吗？"赵简子问："那会是什么结果？"虎会说："做君主的侮辱了臣子，有智慧的人就不会再为君主出谋划策，能言善辩的人就不会再为他出使其他的国家，勇敢善战的人也不会再为他卖命作战。有智慧的人不为他出谋划策，这个国家就危险了；能言善辩的人不为他出使其他的国家，这个国家就不能够和其他国家搞好关系；勇敢的人不为他作战，边境就一定会受到侵犯。这个国家还有安全可言吗?"赵简子一听,觉得很有道理,于是他不仅没有责罚虎会,还拜虎会为上客,对他非常敬重。所以说,古代的君主之所以有那样的成就,绝非偶然,和他们对待贤德之士的态度有很大的关系。

《说苑》中还记载了一个故事。田忌离开了齐国,奔往楚国。楚王问他,齐国和楚国经常相互吞并,您对这件事怎么看呢?田忌回答说,如果齐国任命申孺做将军,那么楚国只要发兵五万,由上将军率领他们,就能够获取敌军将领的首级而返。但是,假设齐国任命眄子做将军,那么,楚国即使征发了所有的士兵,加上楚王您亲自做将军出征,也仅仅是免于不被获取而已。后来两军交战。开始的时候,齐国确实派申孺做将军,结果楚国征发了五万士兵,派上将军率领,果然带着敌军将领的首级凯旋。后来,齐王换了眄子做将军,楚国征发了所有的士兵,而且由楚王亲自率领,最后确确实实仅仅是没有被敌军擒获而已。楚王问田忌:"先生,您为什么很早就知道了这个结果?"田忌回答说:"申孺为人有一个特点,他侮慢、轻视贤德的人,又很轻贱不贤德的人。这种态度使得贤德的人和不贤德的人都不愿意为他效力,因此他必然败亡。而眄子尊敬贤德的人,又能够可怜或者关爱那些不贤德的人,所以无论是贤德的人还是不贤德的人,都会竭尽全力承担责任,因此楚王您才大败而回。"这个故事告诉我们,看一个将军能否打胜仗,要考察他的德行。如果他是礼贤下士之人,对人恭敬有礼,就可能不战而胜。如果将军好大喜功,刚愎自用,对人不尊敬,那么打仗的结果也不言而喻。所以使用"以礼敬人"的人特别重要。

《尸子》中说:"下士者得贤,下敌者得友,下众者得誉。故度于往古,观于先王,非求贤务士而能立功于天下、成名于后世者,未之尝有也;夫求士不遵其道而能致士者,未之尝见也。"意思是说,礼贤下士的人能够获得贤才,对敌人礼敬的人可以化敌为友,对众人礼敬的人可以获得众人的称誉。纵观历史的发展和古代圣王的治国经验,如果不依靠贤才,没有哪一个先王可以立功于天下,成名于后世。君主如果没有按照"道"来求取贤才,也不会招纳到真正的贤才。这说明礼敬的态度非常重要。一个领导者对贤德之士有礼敬的态度,才能够获得贤德之士的帮助,才能够成就事业。大海之所以能够纳百川,就是因为它把自己放在了低处,所以古人说"道在低处"。为什么一个人能够感召众多贤德之人帮助他呢?就是因为他对贤德之人有谦恭、礼敬的态度。

这个道理在《说苑》中也有说明。《说苑》中记载，孔子对子贱治理单父非常满意，他问子贱："你治理单父，大家都非常高兴，非常满意。你能不能告诉我，你是怎样治理得这么好的？"子贱说："我对待百姓的父母如同对待自己的父母，对待百姓的儿子如同对待自己的儿子。我还体恤孤儿，百姓有丧事的时候，我发自内心地感到哀痛。"孔子说："你已经做得不错了，但是这还不够。"子贱又说："我像对待父亲一样对待的人有三个，像对待兄长一样对待的人有五个，结交的朋友有十一个。"孔子听了之后又说："像对待父亲一样对待的人有三个，可以教导百姓孝了；像对待兄长一样对待的人有五个，可以教导百姓悌了；结交的朋友有十一个，可以教导百姓好学了。但这也是中等的善事，中等的人会归附，还是不够。"子贱听了之后又说："在我的百姓之中，比我贤德的人有五个，我对待他们非常恭敬，他们教导我怎样使国家、百姓得到大治。"孔子说："想成就大事的人，秘诀就在于此。以前尧舜都非常谦恭地对待臣下，这样才招来了贤德之士帮助他们治理国家。所以，能够举荐、任用贤德的人，这才是百福的根本、神明的关键。可惜，你治理的地方太小了。"

这个故事告诉我们，治理的关键就是能够发现贤人、重用贤人，重用贤人、兴起伦理道德教化，就会使百姓真正归附。

第 38 讲

官人无私，唯贤是亲

> 自古以来，选人用人问题一直是人们关注的一个大问题。一个企业或国家的兴旺或衰落，在很大程度上取决于其用人决策。领导者推荐、任用和提拔人才一定要出于公心，要公平公正。只有摒除私心，公正地对待贤人，贤人才会归附，才能为领导者所用。

要想得到人才，就必须公正地对待贤人。只有领导者公正地对待贤人，贤人才会归附，才能够为领导所用。

《群书治要·仲长子昌言》中记载了这样一句话："王者官人无私，唯贤是亲。勤恤政事，屡省功臣。赏锡期于功劳，刑罚归乎罪恶。政平民安，各得其所。则天地将自从我而正矣，休祥将自应我而集矣，恶物将自舍我而亡矣。"意思是说，君主授予官职应该摒除私心，授官是为了把国家治理好，不是为了自私自利，因此只将贤德与否作为考察官员、提拔官员的重要标准。要勤于政事，多去探望有功劳的人，赏赐有功劳的人才，惩罚那些罪恶的人，这样才能政治平稳，人民安定，大家各得其所。天地就会因为我而自然而然地正常了，不会有天灾人祸的现象，吉瑞也会因我而汇集，恶的事情也会舍我而去。

《新序》中记载了一个典故。晋平公路过九原的时候感叹："这个地方埋藏了多少忠臣呢？如果能够使这些人起而复生的话，我应该带谁回去呢？"叔向一听就说："那一定是赵武吧。"晋平公说："你是偏向你的老师才这样说的吧？"叔向说："那就让我说说赵武的为人吧。赵武站立时好像都撑不起自己的衣服，说话时也好像表达不清楚，但是他亲自举荐的贫寒之士竟然有四十六个人，这正是因为他没有私心。我因此以为他贤德，而不是偏向自己的老师。"这说明，为官者要公正地对待贤人，公平地选拔，这样才能称得上贤德。

《韩子》中也记载了一则故事，说明举荐贤才是根据才德而不是根据被举荐之人和自己关系的亲疏远近。解狐和邢伯柳两个人之间有怨仇。有一天，赵简子问解狐："谁可以做上党的地方官呢？"解狐回答："邢伯柳可以胜任。"赵简子感到很奇怪，就问："这个人不是你的仇敌吗？"解狐回答说："我听说忠臣举荐贤才不回避自己的仇人，废黜不贤德的人也不偏袒自己的亲近。"赵简子一听，非常称赞，便任命邢伯柳为上党的地方官。邢伯柳知道是解狐推荐了他，就去见解狐表示感谢。解狐说："举子，公也；怨子，私也。往矣，怨子如异日。"意思是说，举荐你是出于公心，因为你能胜任这个官职，而我怨恨你是因为我们之间有私仇。你回去吧，我还像以前一样怨恨你。《弟子规》中说："恩欲报，怨欲忘。报怨短，报恩长。"虽然解狐还没有做到"恩欲报，怨欲忘"，但是他的这一点公心，也是非常可贵的。

《孔子家语》中记载了子路请教孔子的一段话。子路问孔子："贤明的君主治国首先应该注重的是什么呢？"孔子说："要尊敬贤德的人，轻贱不贤德的人。"子路接着问："可是我听说，晋国的中行氏，他也尊敬贤德的人，轻贱不贤德的人，为什么他还灭亡了呢？"孔子说："中行氏虽然尊敬贤德的人，却不能够任用他们；轻贱不肖之人，却不能够罢免他们。贤德的人知道中行氏不会重用自己，就有怨恨之心；不肖之人知道他一定会轻视自己，就对他有仇恨之心。仇怨这两种情绪并存于国家，邻国的敌兵又在郊外作战，中行氏还想不灭亡，怎么可能呢？"

所以，有贤德的人一定要重用，不贤德的人一定要罢免，这才是真正的尊贤。如果像中行氏这样，有了贤德的人却不能够重用，有了不贤德的人也不能够罢免，事业就很难兴盛，也会导致败亡。《典语》中也有这样的记载："敬一贤则众贤悦，诛一恶则众恶惧。"尊敬一个贤德的人，就会使很多贤德的人高兴。而你诛杀一个恶人，那么所有的恶人都会感到畏惧。这说明，治国、治企要赏罚分明，对贤德的人就要赏，对不肖的人就要罚，不能够是非不清、黑白不分。

《六韬》中描述了七种贤者不被重用的情况。出现了这七种情况，贤德的人就不会得到重用了。

第一种，"主弱亲强，贤者不用"。君主很弱小，而他的亲属都很强势，那么权力就无法集中在君主的手中，即使出现贤德的人，也不能够被重用。

第二种，"主不明，正者少，邪者众，贤者不用"。君主不够明智，而正直的人很少，邪曲不正的人却很多，那么贤德的人就不会被重用。

第三种，"贼臣在外，奸臣在内，贤者不用"。贼臣在外诽谤，奸臣在内进献谗言，那么贤德的人就不会被重用，而被君主所怀疑。

第四种，"法政阿宗族，贤者不用"。贤者最大的特点就是公正廉明，当你的政令、制度都偏向自己亲信的人及与家里关系好的人时，贤者当然就得不到重用了。

第五种，"以欺为忠，贤者不用"。把欺骗自己的人当成了忠臣，那么贤者就不会被重用。

第六种，"忠谏者死，贤者不用"。贤臣发现君主有错误，犯颜直谏，但是君主喜欢巴结谄媚的人，不仅不奖赏贤臣，反而还置他于危险的境地，甚至一生气把他杀了。因此，这个时候贤者也得不到重用。关于这方面的例子历史上有很多。

比如，《傅子》中记载了夏桀王和商纣王两个人的例子。夏桀王整天荒淫无度，喝酒取乐，不务朝政。这时有一个叫关龙逄（也叫关龙逢）的臣子就向他进谏，而且站在他的身边不走。夏桀王很生气，于是把关龙逄关了起来，很快就处死了他。因为夏桀王所任用的都是奸佞之臣，结果夏朝很快就灭亡了。

商纣王也是如此。《史记》中记载，商纣王整天喝酒享乐，沉迷于靡靡之音，还喜欢和女子饮酒取乐。当时他任用了"三公"，"三公"还都是很贤德的人，一个是鄂侯，一个是九侯，还有一个是西伯昌，也就是后来的周文王。九侯有一个女儿长得非常美丽，九侯就把她进献给商纣王。但是九侯的女儿不喜欢过度淫欲，商纣王很生气，就把她杀死了。不仅如此，他还把九侯也杀死

第38讲 官人无私，唯贤是亲

了，并且做成了肉酱。鄂侯看到了这一点，就去劝谏他，劝谏时言语非常激烈，结果商纣王很生气，把鄂侯也杀死了，并把他做成了肉干。西伯昌听说了这件事，不免唉声叹气。商纣王知道后，就把他关在羑里，所以羑里这个地方也被称为历史上第一个监狱。后来，西伯昌的几个臣子想方设法，向商纣王进献了一些美女、宝马、金银珠宝等，商纣王才把西伯昌放了出来。纣王身边也有三个贤臣——微子、比干和箕子。微子三番五次地劝谏商纣王，但是商纣王听不进去，微子就逃走了。比干是商纣王的叔父，为了纠正他的错误，比干犯颜直谏，结果商纣王很生气，他说："我听说圣人的心和别人的心不一样，我想看一看比干的心是不是和别人的心不一样。"所以他就将比干杀了。箕子看到商纣王这样荒淫无道，非常害怕，就装作癫狂，沦为了奴隶。但是商纣王还是不放过他，把他关了起来，这样就没有人再敢劝谏商纣王了。商纣王荒淫无度，商朝很快就灭亡了。

第七种，"货财上流，贤者不用"。财物都流到在上位者那里去了，这说明什么呢？说明在位者贪财好利。他贪财好利，显然不会听贤者的劝告，贤者也不会得到重用。

这七条告诉我们，贤德的人哪一个朝代都有，世世代代都不会缺乏，只是领导者没有加以重用。为什么没有加以重用呢？第一，他认识不到贤德的重要性；第二，他不能够公平地对待这些贤德的人。

一般人都比较急功近利，常常从表现形式来判断一个人是否有智慧，判断事情的得失，所以他可能认识不到真正贤德的人。

《桓子新论》中记载了一个淳于髡的故事。淳于髡到了邻居家里，看到灶台的烟囱非常直，而且柴火就堆在灶台旁边，他就提醒邻居说，你这样恐怕会有火灾。他建议邻居把烟囱做得弯曲一些，将柴火远离灶台。但是邻居家的人觉得他很烦，并没有听从他的建议。后来果然发生了火灾，烧到了旁边堆放的柴火，把邻居家的房屋也都烧着了，人们都赶来救火。火被扑灭之后，邻居就开始杀羊摆酒，犒劳这些救火的人。之后，这个邻居确实把烟囱做得弯曲了，也把柴火搬离了灶台，但是仍然不肯请淳于髡来饮酒吃饭。有智慧的人就讥讽他说："教人曲突远薪，固无恩泽；焦头烂额，反为上客。"什么意思呢？如果人没有智慧，就分不清孰轻孰重。淳于髡教导他把烟囱做得弯曲一些，把柴火搬离灶台，如果按照淳于髡的建议做了，根本不会发生火灾。不知道感谢淳于髡，请淳于髡来做客，而等失火之后人们都跑来帮他灭火，他对这些人感恩戴德，把他们视为上宾。所以，一个人没有智慧，他就分不清哪一个轻，哪一个重，不知哪一个人应该礼敬、尊重，往往还会舍近求远、本末倒置。

《贾子》中记载，君王要给人授予官阶，官阶分为六个等级。第一是"师"，第二是"友"，第三是"大臣"，第四是"左右"，第五是"侍御"，第六是"厮役"。

什么是"师"呢？"师"的智慧是源源不断的，他的行为可以作为世人的表率，他对世人有问必答、有求必应。无论他到哪里，都可以让那个地方的人更受尊重。比如他到了一个封地，就可以加重这个封地的分量；他进入了一个国家，就可以加重这个国家在人们心目中的分量。这样的人叫作"师"。

什么是"友"呢？"友"就是他的智慧足以磨砺人，他的行为足以辅助人，他明于进贤之道，敢于退黜不贤德的，对内能够匡正君主的过失，对外能够称扬君主的美名，这样的人被称为"友"，是第二等级的人。

什么是"大臣"呢？"大臣"的智慧足以帮助为政者谋划国事，他的行为足以做人民的表率，他的仁德足以使上下相处愉悦，国家的法律他一定是谨慎地遵守，君主为难时他一定会为君主效死。他忠于职守，不徇私枉法，即使是君主，也不能托他办一些私事。这是第三等级的人。

什么是"左右"呢？"左右"也会修养自己的身心，端正自己的行为，在乡里不会做对不起乡里的事，他的所言所行不会让朝廷有惭愧之心，不会辱没朝廷。他还会冒死劝谏君主。这是第四等级的人。

什么是"侍御"呢？他既不贪财也不淫色，侍君没有二心；君主有过失，他虽然不敢犯颜直谏，但是脸上会表露出忧愁。他担心君主的安危、国家的治理，这是第五等级的人。

最后的等级叫"厮役"，就是谄媚、巴结、奉承君主的人。

后面还说："故与师为国者，帝；与友为国者，王；与大臣为国者，霸；与左右为国者，强；与侍御为国者，若存若亡；与厮役为国者，亡可立而待。"能够与师一起来治理国家的人，可以称帝；和友一起来治理国家的人，可以称王；和大臣一起治理国家的人，能够称霸；和左右一起治国的人，国家还能够强盛；与侍御一起治理国家，存亡就很难说了，幸运的时候你可能幸存，但是，一旦遇上特别的情况、不幸运的时候，国家就会灭亡；和厮役一起治理国家，所任用的全都是厮役，那么灭亡是顷刻间的事情。所以圣明的领导者都重视和师友相亲，这样才能使人民富裕，使国家安定。

《尸子》中记载了一个故事。范献子在河里游玩，大夫都在左右侍奉着。范献子问："谁知道栾氏的后人？"大夫们都没有回答。这时清涓放下了楫，问范献子："您为什么要问栾氏的后代呢？"范献子说："自从我灭了栾氏之后，留下的年老的人还没有死，年少的人已经成壮年人了，我怕他们复仇，所以才问起这件事。"清涓说："君主您如果能修明晋国的政治，内得大夫之心，外不失去百姓，那么即使是栾氏之子，又能够对您怎样呢？如果您不能够修明晋国的政治，内不得大夫之心，外又失去百姓，那么这个船中所坐的人都是栾氏的后人。"范献子一听，就说："你讲得太好了，对我太有启发了。"第二天上朝的时候，他就命令赏赐清涓良田万亩，但是清涓推辞不受。范献子说："我是用万亩的良田，来换你的这一番善言。即便如此，也远远比不上你的一番话。这样看来，我还是占了便宜的。"从这里能看到，古代的明君对于贤德的人是何等尊重。对于贤德的人提供的好建议，他不仅仅是马上去做，而且对于能够提出好方法、好建议的人，还给予重赏。这也是重视贤才、礼敬贤才的一个重要表现。

《尸子》记载，古时做宰相的人不是最有能力的人，而是最能够举荐贤才的人。他知人善任，而且不嫉贤妒能，把那些贤才都安排在合适的位置上，发挥他们的才能。这样才能够使德才兼备的人源源不断地涌现，国家才能够日益昌盛。

历史上最著名的关于进贤的故事，就是鲍叔牙向齐桓公举荐管仲。齐桓公从莒国返回齐国之后，想让鲍叔牙做宰相，因为鲍叔牙一直跟着他，也有很大的功劳。鲍叔牙却推辞，他说："君主您对我有特别的恩惠，使我不受冻馁，这已经是您的赏赐了，但是要谈起治理国家，这并不是我的能力所及的，唯有管仲才能做好。"接着他分析了自己不如管仲的五个方面："管仲对待百姓很宽容，这是我不如他的地方；他治国不失根本，这是我不如他的地方；他的忠信可结交于诸侯，这是我不如他的地方；他制定的礼义，可以让四方的诸侯都效法，这也是我不如他的地方；他能够披盔戴甲、手执鼓槌，立于军门来鼓舞将士的士气，这还是我不如他的地方。所以您一定要重用管仲。"鲍叔牙的一番言论将齐桓公说得心悦诚服，但是齐桓公说："管仲曾经亲自射过寡人，射中了我的腰钩，几乎要把我射死了，现在我任用他，这不是引狼入室吗？"鲍叔牙又劝说："当时管仲是为了他的君主。如果您能够宽恕他，让他返回齐国，他对待您也会非常忠心，也会像对待他以前的君主那样忠心耿耿。"于是齐桓公听从了鲍叔牙的建议，亲自迎接管仲，和他一起到庙堂上行礼，并且向他请教治国之方。后来，齐国在众多的诸侯国中脱颖而出，称霸天下。

《尸子》中有一句话："有大善者，必问孰进之；有大过者，必云孰任之，而行赏罚焉，且以观贤不肖也。"意思是说，臣子如果有大的功绩，就一定要追问是谁推荐他的，一同给予赏赐，而臣子有了大的过失，也一定要追问是谁举荐了此人，并且对举荐者连带处罚。

所以，对于为政者而言，一定要秉承"进贤者为上赏，蔽贤者为上戮"的原则，这样才能够把真正贤德的人举荐出来，才能够使国家没有遗漏的人才。

第39讲
得人之道

> 古人云："千金易得，一将难求。"贤才和良将的确很难得，但未必就不能得。贤德之人德行深厚，志向高远，因此不能以常人之道求之。如果我们能以善感人、以富安人、以诚动人、以德教人、以道成人，贤德之人何乐而不归附？

前面我们讲了贤才对于治理国家的重要性，那么怎样才能够得到真正德才兼备的人呢？这里给大家讲五种方法。

第一就是以善感人。

《群书治要·新语》中说："夫善道存乎心，无远而不至也；恶行著乎己，无近而不去也。"如果你的所言所行都遵循善道，那么即使很远的地方的人，都会被你感召而来。如果你的恶行昭著，即使你身边很亲近的人，也会离你而去。历史上有很多这样的典故，比如"周公躬行礼义，郊祀后稷，越裳奉贡而至，麟凤白雉草泽而应"。周公亲身实践礼义，以郊祀之礼隆重地祭祀他的先祖后稷，以示不忘本，知恩报恩，饮水思源，所以，南海边的越裳国使者都带着贡品来朝拜，麒麟、凤凰、白雉等祥瑞的鸟兽都在草泽中应现。相反，"殷纣无道，微子弃骨肉而亡"。商纣王荒淫无道，不听大臣劝告，每天不务正业、荒于朝政，结果他的庶兄微子也弃他而逃亡了。所以，"行善者则百姓悦，行恶者则子孙怨。是以明者可以致远，否者以失近"。如果一个人行善，百姓都爱戴他；如果一个人行恶，连他的子孙都怨恨他。所以，明智的人可以招纳远方的贤才，而以身行恶的人连身边的人都会失去。

这说明，能否感召到人才，关键在于自身的修为。如果我们自己有德，就会感召远方的人来投奔、学习。假如自己恶行昭著或者自私自利，那么自己身边的人都会很寒心，弃己而去。

我们现在招聘人才，都强调高薪聘请，但是实际上高薪聘请到的人才，不一定是真正有德行的人。因为这些人今天如果仅仅是为钱财而来，为高薪而来，那么终有一天别人给他出更高的薪水，他也一定会为钱财而走。现在的企业跳槽的现象特别严重，只要别的企业提出更高的薪酬条件，员工就会义无反顾地跳槽。什么原因呢？因为他是为财利而来的，企业也是以财利来吸引他的。应该采取什么办法求取贤才呢？这是领导者必须思考的问题。

《群书治要·三略》中有这样的阐述："有清白之志者，不可以爵禄得；有守节之志者，不可以威刑胁。"意思是说，如果一个人很清高，志向纯洁远大，领导者就不能用高官厚禄来得到他；如果一个人坚守节操，很有志向，领导者也不能用威刑来胁迫他，因为有节操的人宁愿一死，也不接受威刑胁迫，就像文天祥一样："人生自古谁无死，留取丹心照汗青。""故明君求臣，必视其所以为人者而致焉"，明智的君主求取臣子，一定要看一看这个人的志向，然后再用正确的方法招纳他。"致清白之士，修其礼"，对很清高、道德很高尚的士人，领导者就必须修明礼义，要有礼敬之心。"致守节之士，修其道"，想招纳坚守节操的人，领导者就要修明自己的道义。"而后士可致，而名可保"，这样，贤士才能被招来，自己的名声才得以保全。

《群书治要·傅子》中也记载了类似的一段话："举贤之本，莫大正身而壹其听。"要想得到贤才，最重要的是修正自身，按照圣贤人的教诲去做。"身不正，听不壹，则贤者不至。"如果你的行为不端正，听的也不是圣贤教诲，反而是世俗的言论，那么贤德之人也就不会来了。为什么呢？因为他知道，即使来了也不会被重用，因为大家志不同、道不合。这样就会错失人才。像历史上周厉王之所以任用荣夷公，就是因为二人志同道合，他们都有贪财牟利、残暴不仁的嗜好，所以两人在一起狼狈为奸，排除异己，最后导致国破家亡。所以，举贤的根本，还在于修正自己的身心，一心听从圣贤的教诲。

《中论》中也说："故人君苟修其道义，昭其德音，慎其威仪，审其教令，刑无颇僻，惠泽播流，百官乐职，万民得所，则贤者仰之如天地，爱之如亲戚，乐之如埙篪，歆之如兰芳。故其归我也，犹决壅导滞，注之大壑，何不至之有乎？"意思是说，如果领导者能够修明自己的道义，彰显自己美好的声誉，对自己的言行谨慎，慎重地颁布教化和政令，刑法没有偏颇邪僻之处，恩泽广泛地流散，百官都能安于自己的本分，以尽职尽责为乐，百姓各得其所，安居乐业，那么贤德的人就会像敬仰天地一样敬仰他，像爱戴自己的父母亲属一样爱戴他，快乐得就像听了埙篪演奏的音乐一样，愉悦得就像闻到了兰草的芬芳一样。所以，贤德的人归附，就像是除去水道的阻塞一样畅通。如果这样做了，哪里还会有贤德的人不来归附的道理呢？

孔子特别强调为政在于得人。那么怎样得人呢？"取人以身，修身以道，修道以仁"，获取贤才要修养自身，修养自身要依道而行，而行道的根本就是仁爱。什么是"仁"，什么是"爱"呢？"仁者人也，亲亲为大"，仁爱之心，是人之为人的根本。要从哪里培养仁爱之心呢？要从"亲亲"培养，也就是首先要孝敬父母、友爱兄弟。如果一个人连父母都不爱，那么爱祖国、爱人民也就无从谈起。"义者宜也，尊贤为大"，所谓的"义"，就是要做适宜的事，而要做适宜的事，关键就在于尊重贤才、依靠贤才，这样才能够垂拱而治。

《周易》中说"同声相应，同气相求"。如果我们身边没有德才兼备的人才，我们就应该反省，自己的德行是不是有欠缺。如果自己的德行没有欠缺，那么德才兼备的人才自然而然就会蜂拥而至。

第二就是以富安人。

领导者的任务就是要得到众多的贤才。如何才能得到众多的贤才呢？这个道理很简单。如果想让善于驾车、善于射箭的人越来越多，就要让他们富裕起来，尊敬他们，使他们有良好的声誉。这样，善于射箭、善于驾车的人才会越来越多。而要实现国泰民安，就要使贤德的人富裕起来，使人们尊敬他们，让他们得到很高的位置，得到很好的声誉，这样，国家的贤德之士也会越来越多。所以，对于治理国家，古代的圣王有这样一句话：不要让不义的人富裕，不要让不义的人尊贵,不要喜爱不义之人,也不要接近不义之人。

这就告诉我们,当我们遇到真正的人才时,首要的任务就是让他们富裕起来,并且给他们一个施展才华的舞台。

《韩诗外传》中记载了一个故事。宋燕在齐国做宰相,结果被驱逐了。回来之后,他便招集门尉陈饶等26个人,对他们说:"诸位大夫,有哪些人愿意和我一起去其他的诸侯国呢?"陈饶等人都伏在地上,没有回答。宋燕就叹了一口气:"唉,太可悲了,为什么士大夫容易获得,却难以使用呢?"陈饶回答:"并不是士大夫容易获得而难以使用,是您不能够正确地安抚他们。"宋燕问:"此话怎讲?"陈饶说:"您给士人的薪俸,是三斗的秕穰,他们连养家糊口都不够,但是您家的野鸭、大雁却有吃不完的粮食。这是您的第一个过失。您家果园里种满了梨、栗,后宫的妇女用这些果子互相投掷,但是士人却没有尝到过一颗。这是您的第二大过失。您家的绫罗绸缎华丽地装饰在厅堂之上,随风而破败,但是士人却不能够用它们做自己衣服的滚边。这是您的第三个过失。钱财是您所轻视的,而生命是士人所重视的。您连所轻视的东西都不愿意付出,却希望士人们能够付出他们所重视的东西,这就好比您用铅做刀(用铅做的刀,刀质非常软,不锋利),却希望它有干将(古代的名剑)的用途,这不也是很困难的吗?"宋燕一听,就知道自己做错了。

虽然高薪不一定能够招纳到真正贤德的人,但是对于真正贤德的人,要让他们富裕起来,过上有体面、有尊严的生活,衣食无忧,这也是必要的条件。这也是尊敬贤才的一个很好的表现。

第三就是以诚动人。

《体论》中说:"君臣有义矣,不诚则不能相临。"君臣之间以道义相处,但是没有真诚之心,就不能够互相面对,君主也无法统治这些臣子。

关于这一点,《尸子》中列举了周文王和齐桓公的例子:周文王求见姜太公的时候,一天五次往返,为的是请姜太公出来辅佐他;而齐桓公对待管仲也非常慷慨,赐予他数座城池作为封赏。文王之所以能请出姜太公,齐桓公之所以能够请出管仲,让他们帮助自己平定天下、称霸天下,都是因为他们能任用贤才,并真诚地礼敬这些人才,这样才弥补了自身的不足,受到了天下人的尊重和认可。

《中论》中有这样一句话："故明主之得贤也，得其心也，非谓得其躯也。"明智的君主得到贤才，是得到了他的心，而不是得到了他的身。如果贤才"身在曹营心在汉"，对君主也没有太大的帮助。所以，作为领导者，最重要的就是要以真诚心来打动下属。

古时的圣君对于臣子确实做到了以诚相待。比如，《体论》中就记载了古代的圣君关心、爱护臣子的状况：当臣子生病的时候，他会多次去探望；当臣子过世的时候，他会亲临大殓、小殓这样的丧礼，并且在整个丧葬期间减衣缩食，不奏琴瑟。这种礼的表现就是因为他对自己的大臣过世有一种发自内心的哀伤，而不仅仅是一种形式。"世未有不自然而能得人自然者也"，世间没有不是出自自然的本心而得到人心的。"色取仁而实违之者，谓之虚"，如果表面对人仁慈，内心实际上有所违背，这叫作虚伪。"不以诚待其臣，而望其臣以诚事己，谓之愚"，做君主的不以真诚之心对待自己的臣子，还希望臣子能够以真诚之心来侍奉自己，这是愚蠢的君主。所以要想得到贤臣，就要有一颗仁爱之心、真诚之心，这样才能够以诚换诚、以心交心。

《傅子》中也记载："使用人如用己，恶有不得其性者乎？"如果你用别人就像用自己一样，怎么会得不到人心呢？怎么会得不到真诚的回馈呢？《吕氏春秋》中也说："行德爱人，则民亲其上；民亲其上，则皆乐为其君死矣。"君主能够有德行、真心实意地爱人，人民就会亲附其上。人民亲附其上，就都愿意为他的君主效死。

古时候，赵简子有两匹白色的骡子，他特别喜欢。阳城胥渠是广门的一个小官，夜晚求见他说："我是您的臣子阳城胥渠，现在得了病，医生告诉我，如果能够得到白骡的肝，这个病就可以治好，如果得不到，就只能等死了。"赵简子听说这件事后马上说："杀死一个畜生，可以活人命，这不是仁义之事吗？"他召来了厨师，杀了白骡，取了肝脏，把肝脏送给了阳城胥渠去治病。没过多久，赵国出兵攻打翟族，这位广门的官吏带着左部七百人、右部七百人，奋勇争先登上城池，斩获了敌军将领的首级。从这里可以看到，如果君主能够以诚心、爱心来对待自己的属下，那么属下也会竭尽全力地侍奉君主。这就是以心换心的结果。

第四就是以德教人。

《管子》中记载:"得人之道,莫如利之。利之道,莫如教之。"得人的方法,就是要让人们获得利益。而什么才是真正的利益呢?真正的利益就是让人们受到好的教育。所以,一个团体的领导者、一个国家的国君,应该同时具备三个职能,那就是"作之君、作之亲、作之师"。"作之师"这一个角色特别重要。你要教导属下为人处世、待人接物的原则,这样属下才能够理解你、认同你、跟从你。他做错了事,才知道反省自己。这才是真正的利人之道。

《汉书》中记载:"臣闻,尧受命以天下为忧,而未闻以位为乐也。故诛逐乱臣,务求贤圣,是以教化大行,天下和洽。"意思是说,我听说尧受命为天子之后,以天下为忧,没有听说他以天子之位为享乐。所以他诛杀、驱逐了那些乱臣贼子,一定要求得贤圣之人来治理国家。因此教化才能够流行,天下才能够和睦融洽。这就说明,一个领导者,他真心关爱百姓,要使百姓过上幸福安康的生活,就一定会重用贤德之人来做官。贤德之人会兴起伦理道德教化的风气,使百姓都跟着向善,社会风气也会越来越好。

那么,如何教化百姓呢?《政要论》中告诉我们:"故君子为政,以正己为先,教禁为次。若君正于上,则吏不敢邪于下;吏正于下,则民不敢僻于野。"只有正己才能够化人。要教导人民,首先要端正自己,其次才是制定惩罚和禁止的规定。所以领导者要先受教育,做出表率。

《傅子》中对这方面的解释更为具体:"立德之本,莫尚乎正心。心正而后身正,身正而后左右正,左右正而后朝廷正,朝廷正而后国家正,国家正而后天下正。"立德的根本在于端正自己的心,自己的心端正之后,行为自然端正了。自己的行为端正了,左右的人就会跟着端正。左右亲近之人都端正了,整个朝廷也就端正了。整个朝廷端正了,整个国家也就能端正,最后天下也都能端正。"故天下不正,修之国家;国家不正,修之朝廷;朝廷不正,修之左右;左右不正,修之身;身不正,修之心。"所以,为政者要想治国平天下,就要从修养自己的身心做起。

只有自己去除了自私自利、名闻利养、五欲六尘、贪嗔痴慢,才能够把下属带好,把人教好。

第五就是要以道成人。

我们学习传统文化,最重要的就是求道。比如,《论语》中说:"志于道,据于德,依于仁,游于艺。"《大学》开篇也说:"大学之道,在明明德,在亲民,在止于至善。"学习传统文化最根本的目的是要开启自己的明德,帮助他人回归自己的本性、明德。

用道来引导人、成就人、提升人,这才是"得人"最重要的方面。

如果我们能够真正按照上面的几个要求去做,相信我们的国家、我们的团队都不会缺少贤德之士了,而招纳了贤德之士,政治自然会清明,人民自然会富足,国家也自然会长治久安,事业也会兴旺发达。

第 40 讲
师尊则道隆

> 《吕氏春秋》中说:"古之圣王,未有不尊师者也。"尊师对于明德、传道、治国都至关重要,它从另一个侧面体现了中华民族的聪明智慧。对于智慧和德行"双馨"的"人师",我们必须具足礼敬之心、恭敬之心和至诚之心,这样才能使圣贤文化薪火不灭、代代相传,才能开创国泰民安、万民和谐之盛世。

孝道和师道是中华传统文化的大根大本,中华传统文化之所以能承传,也就是因为尊师重道。

《学记》中说:"凡学之道,严师为难。师严然后道尊,道尊然后民知敬学。"可以说,尊师对于明德、传道、治国都至关重要。首先我们看一看尊师与明德。《大学》中说:"大学之道,在明明德。"《论语》中也说:"朝闻道,夕死可矣。"老子也说:"上士闻道,勤而行之。"从这里我们看到,古人所学的不仅仅是知识技能,他所学的是什么呢?是道,其目的就是"明明德"。而要想开启明德,明心见性,尊师就非常重要了。因为"道之所存,师之所存",如果不尊师就没有办法超凡入圣,也就谈不上修身、齐家、治国、平天下了。

有人把"学"解释为"觉也,效也。后觉者习效先觉之所为也"。所谓的师就是先觉者也,弟子就是后觉者也,弟子为什么要拜师呢?目的就是求得觉悟，而这个觉悟是自性本具的明德，必须从真诚恭敬之心中求得。如果一个弟子遇到了名师，却不知道尊师念恩，就难得师道之真谛。即使他的老师是孔子再来，也没有办法帮助他开启自性之明德。所以印光大师说："一分诚敬得一分利益，十分诚敬得十分利益。"当然，万分诚敬就得万分利益。

所以，同一位老师讲课，学生的接受程度不同，契入的境界不一样，进步的程度也就不同。这是什么原因呢？

这是因为学生的恭敬心不同。《群书治要·礼记·曲礼》中有一句话，"毋不敬"，要对一切恭敬，在任何时候都保持这种恭敬的态度。《中庸》中也说："道也者，不可须臾离也，可离非道也。"也就是说，道，是不可以离开片刻的，如果可以离开片刻，就不能称之为道了。诚敬心一旦不见了，就会随顺习气，背离我们的本性。所以，对万事万物要始终保持诚敬的态度。那么，这种诚敬的态度从哪里培养起来呢？实际上就是从对老师的恭敬态度之中培养而来的。我们把对老师的这种恭敬推而广之，对我们身边的一切人、事、物保持恭敬，其效果会很好。

我们再看一看尊师与传道的关系。中国传统社会有两种人最受尊重，那就是医生和老师。中国古人重义轻利，而医生和老师这两种职业，为社会大众做贡献而不讲回报、不讲利益。古人说"千金不卖道"，古代的老师不用学问来牟利，他遇到清寒但是又真心向道的学生，不仅不收学费，反而还要补贴学生的生活，让他继续求学。正是老师这种谋道不谋食的品质，赢得了社会大众的尊重。中国古人说："师哉！师哉！桐（童）子之命也。"老师啊老师，童子的慧命都寄托在老师的身上。《论语》中也说："师者，所以传道受业解惑也。"道，就是圣贤相传之道，而师道之所以尊严，就是因为真正的名师都不是为了标榜自己，不是为了自己出名，而只是"为往圣继绝学"。所以"传道者"所传承的，是古圣先贤道脉的这种无我的精神。正是为师者的这种品质、精神，才光耀千秋、赢得万众的敬仰。

在中国古代，对老师的尊重表现在一些礼仪上。比如，孩子和父亲初次拜见老师的时候，父亲都会带着很好的礼物，这不是为了谄媚巴结老师，而是为了表达内心对老师的恭敬。见了老师之后，父亲要带着儿子向孔子像行最重礼。这个最重礼，在中国传统社会是三跪九叩首的礼，现在就是三鞠躬礼。然后请老师上座，他再带着儿子对老师行最重礼。为什么要这样做呢？我们知道，孩子最尊敬的人就是他的父亲，他看到自己的父亲对老师如此敬重，又怎么敢不遵从老师所讲的话呢？那么老师教导他什么呢？老师教导他孝敬父母。也就是说，家长在家里教孩子尊敬老师，老师在学校教导孩子孝敬父母，老师和家长配合，孩子就很容易接受教育了。

中国古人对老师很尊重，这在古礼中还有一种表现。比如，《礼记·曲礼》中说："男子二十，冠而字。"男子20岁要行冠礼，也就是成人礼。这时他的朋友、平辈会送他一个字，表示对他的尊重，因为他已经成人了，不能再称他的名了。从此以后，他的亲朋好友、亲戚、同学都要称他的字，表示对他的尊重。他去朝廷做官，皇帝要称他的字，表示对他的尊重，只有他的父母、老师可以一生称他的名。这表明，老师的恩德和父母的恩德是相等的。父母给我们生命，老师给我们慧命。当皇帝接见群臣的时候，都是面南背北，以君臣之礼来接见。但是他在接见老师的时候，就不能够以君臣之礼来接见了，而必须以主宾之礼来接见：一个站在东面，一个站在西面。这是提醒皇帝，虽然你贵为天子，富有四海，是一国之君，但是老师永远是你的老师。"上行则下效"，皇帝都这样尊师重道，全国也就形成了尊师重教的风气。

在丧礼中，父母过世的时候要守丧三年，要穿孝服；老师过世的时候，学生要守心丧三年。也就是说，虽然不用穿孝服，但是要在内心感念老师的恩德，不忘老师的教诲，这就叫心丧。中国古人对于老师的尊重，都是通过具体的礼仪来表现的，渗透到他们生活的点点滴滴。

古人说，"经师易遇，人师难遭"。什么是"人师"呢？"人师"就是德行和才识都非常卓越的人，他可以"学为人师，行为世范"，无论是在诚意正心的修养上，还是在平治天下的智慧上，都堪为学人表率，足为后世取法。

圣贤之道要靠谁来弘扬光大呢？要靠行道之师来发扬光大。弟子要承传老师的道业，所以必须具足恭敬之心。孔子的弟子曾参本来是很鲁钝的，但是因为他对孔子十分恭敬，所以他能够承传孝道，把孔子的道业承传下去。正是因为孔子看到了他的恭敬之心，所以专门把《孝经》传授给了他。

《孝经》中记载，孔子和曾参对话的时候，孔子首先提出了一个问题："先王有至德要道，以顺天下，民用和睦，上下无怨。汝知之乎？"古圣先贤有至高的德行、至简要的道理，能够使天下和顺，老百姓之间能够相亲相爱，上下之间没有怨恨，你知不知道这个"至德要道"是什么呢？曾参听老师问了这样一个问题，马上"避席曰"，也就是赶紧恭恭敬敬地起身回答："参不敏，何足以知之？"我自己不够聪敏、不够通达，怎么能够知道这样的"至德要道"呢？我们从"避席"这两个字，可以体会到曾参对老师的恭敬之心。"避席"是古代的一种礼节，古人习惯于席地而坐，"避席"就是要离开自己的座席而伏于地，以表示对对方的尊敬和自己的谦虚，这就叫"避席"。曾子很尊敬老师，所以老师一发问，他便避席而答，显示了他对老师的恭敬之心。

　　孔子曾经评价曾子说"参也鲁"，说明曾参在弟子之中，不是最聪慧的，甚至还很鲁钝。有一次，曾参和父亲一起去耘苗，本来应该把草除掉，曾参却不小心把苗给除掉了，曾参的父亲非常生气，情急之下就拿着大杖打在了他的背上，曾参没有躲避，结果这一下打得太重了，曾参就昏倒在地。他醒来后，还向父亲请罪，关心地问父亲："您刚才教诲我的时候是不是生气了，对您的身体是不是有影响。"他为了让父亲安心，让父亲知道自己的身体并无大碍，还弹琴唱歌，歌声还非常欢快。大家认为曾参非常孝顺，但是孔子听到这件事后却很生气地说："你们去告诉曾参，不要再来见我了，我没有这样一个弟子了。"曾参对老师非常信任、非常恭敬，既然老师这样说了，他还真不敢去见老师了。他请人向老师请教原因，孔子说："假设曾参的父亲盛怒之下一不小心把他打死了，那他就是陷父亲于不义之中。那你想想，他的父亲这一生还有幸福可言吗？别人也会纷纷指责他，说你看这个人这么狠心，居然把自己的儿子都打死了。"孔子告诉曾参，以后再遇到类似的情况，应该"小杖则受，大杖则走"。如果父亲拿的是小柳条这样很小的、很轻的东西打你，你可以接受；如果拿的是很重的，像锄头、大杖这样的东西打你，你就赶快跑，不要让父亲打到了。曾参才明白，原来并不是一味地顺从父母才是孝，一味地顺从父母而没有智慧，可能会陷父母于不义之中。

　　《论语》中说，季康子问政于孔子，孔子说："子欲善而民善矣。君子之德风也，小人之德草也。草上之风，必偃。"如果你真的想让民众向善，民众一定会向善。在位者、领导者的德行像风一样，一般百姓的德行像草一样，风向哪边吹草就向哪边倒。如果君主希望百姓都能够尊师重道，方法很简单，那就是自己率先垂范，做出一个尊师的榜样。这样"上行则下效"，所以"古之圣王，未有不尊师者也"。(出自《吕氏春秋》)历史上的汉明帝就是一位尊师的典范。汉明帝做太子的时候，曾经向桓荣学习《尚书》，做了皇帝之后，与桓荣相处时仍然以学生的身份自居。汉明帝造访太常府的时候，是以师生之礼与桓荣相见，并且设几杖，召集百官和桓荣的弟子数百人，一起向桓荣行弟子礼，并由他亲自执礼，带头听老师讲学。老师身体不舒服的时候，汉明帝派使者去慰问，让专门负责皇帝膳食和医疗的官员络绎不绝地去服侍桓荣。汉明帝还亲自到老师家询问病情，进入老师所居住的街巷的时候，下车步行，手捧经书，走到老师的跟前，轻抚老师垂泪哭泣。他还送给老师很多器具、衣服等用品，让老师更加舒适地休养。在他的带动下，文武百官来探病的时候，再也不敢到门口才下车，而且都在桓荣的床前下拜。桓荣去世的时候，汉明帝亲自换丧服送葬，并且把老师安葬在尊贵的位置。

中国人有句话说"至诚如神"，唯有至诚之心，才能感通天地之道，感通夫子之教。这也告诉我们，对老师的尊重，也就是对圣贤之道的尊重，也是传承圣贤之道所必须的！如果我们的领导者都能够尊师重道，那么我们社会弘扬传统文化的风气就会自然而然地形成。

第41讲
摒"四患"与反"四风"

> 要达到政治清明,国家太平,必须防微杜渐,摒除四种祸患:"一曰伪,二曰私,三曰放,四曰奢。"古人非常重视居安思危,只要看到这四种祸患存在,就知道很难推行德政和善政,也很难达到天下太平,因为"伪乱俗、私坏法、放越轨、奢败制"。这四者不除,就没有办法施行德政。

《群书治要·申鉴》中指出:"致治之术,先屏四患。"哪四患呢?"一曰伪,二曰私,三曰放,四曰奢。"这些都是我们想要国家太平必须先摒除的四种祸患。中国古人懂得居安思危,防微杜渐,只要看到这四种祸患存在,就知道很难推行德政、善政,很难达到天下太平,所以先要除这四患。我们依次来看这四患。

"一曰伪。"

伪的对立面就是诚,真诚才能凝聚人心,而虚伪会失去人心。什么是"诚"呢?曾国藩曾经给"诚"下了一个定义,"一念不生谓之诚",说"诚"就是一念都不生的状态。换句话说,我们放下了执着、分别、起心动念的状态,这种状态是无所求、无所恃,众生有感就有应的状态,也就是《老子》中所说的"圣人处无为之事,行不言之教。万物作焉而不辞,生而不有,为而不恃,功成而弗居"。

古人说:"得道者多助,失道者寡助。"得的是什么道?得的就是这种真诚心、至诚心,真诚心与道相应,而且真诚心是我和众人共同具备的,是人与人相通的,是一,不是二。所以,你真诚心一发,就能感动人,感动人们不分彼此,共襄盛举。

真诚心是从哪里培养起来的?古人说,从不妄语开始。每一句话发自自己真诚的心,没有任何的虚伪、应付,没有自欺欺人,久而久之养成习惯,慢慢地,真诚心就能够显现。

人为什么会虚伪,为什么要伪装?其实在很大程度上还是因为私欲放不下。明明有私心,还要把话讲得很好听,把自私自利伪装起来。实际上伪装得再好,可能会蒙骗一般的人,但蒙骗不了有道德学问的人、心地清净的人;而且即使蒙骗一般人,也是骗得了一时,骗不了长久,迟早有一天还是会被人看穿。

我们看老师讲课,有的人讲得特别有感染力,那么这种感染力来自哪里?讲课能否动人,主要看自己有没有真诚心,或者说有几分真诚心。为什么我们读经典可以百读不厌?因为这些内容都是先贤心性的自然流露,是从真心本性中流淌出来的,和我们的心性相应,而我们的真心透出一分,我们对经典的体会就会加深一分。中国古人有句话说:"圆人说法,无法不圆。"如果讲的人有真诚心,达到了华严境界,那么他讲《弟子规》也是在讲《华严经》;如果讲的人掺杂着自私自利、名闻利养,那么,即使他讲的是《华严经》,他讲出来也是世间法。

"二曰私。"

人一真诚,对待人时都是念念为对方着想,没有私心。这一念心提起来,你的办事能力、待人接物的能力就会迅速提升。不需要有人教你,不需要很多方法,只要你有一颗为人着想的心,你就知道该去做什么。很多人经常分享说,讲课前会很紧张,为什么会紧张?因为还有"私"没有放下,还有一个"我"没有放下。

人为什么会有压力?我们仔细观察一下,当人有压力的时候,其实都是在考虑着自己的利益。怕课讲不好，最后分数不高，被人笑话，面子上过不去。归根结底，还是有私心没有放下。所以，人常常想到自己的时候，他的能力很难大幅度地提升。相反，当你承担了责任，念念为对方着想时，特别是当你念念为对方服务，看到对方的需要时，你的办事能力、观察能力全都大幅度地提升。人为什么会很累？人有私心就会很累，要常常想到自己，为自己谋私利。只要我们提起念念为对方好的心境，心就非常单纯，活得也就会非常轻松。而当你真正这样做的时候，结果一定是"得道者多助"，一定会有很多人帮助你。所以，一个人越是不为自己，人们就越爱护他、信任他，愿意和他合作。

我们看"送礼"，古人送礼为的是表达自己的情义，对所送的人没有求取之心，没有私心，所以送礼的人很幸福、很轻松，他在买礼物的时候想到的是接受礼物的人看到礼物时的那种愉悦的表情。而接受礼物的人想到自己的朋友千里迢迢还没有忘了自己，内心也感到很温暖。而现在，常常无论是送礼的人还是接受礼物的人都很有压力，为什么呢？因为都有私心、有企图、有目的，为了达到一己私利。这就导致送礼的人很辛苦，挖空心思地想着对方到底喜欢什么，生怕自己送的礼不符合人家的心意，而接受礼物的人也很有压力，因为今天接受了这个礼，改天对方就来向你提要求，请求你办事了。

"三曰放。"

放就是放纵欲望。一旦一个人放纵欲望，沉溺于感官的满足，他的孝心、恭敬心就会全都抛之脑后，他就没有恩义、情义、道义可言了。对于国君而言，如果放纵欲望，他的心思就根本不在治国理政之上，他有欲望、有嗜好，也很容易被佞臣所挟制。

《淮南子》中记载，齐威王的王后死了，齐威王想立一个新的王后，但是不确定到底立谁好，于是他就命令群臣商定此事。薛公田婴想要迎合齐威王的心意，就给齐威王献上了十只玉耳饰，齐威王特别赞美其中的一个。第二天，田婴便向人打探那只被赞美的玉耳饰在谁里，然后劝齐威王立谁为王后。齐威王非常高兴，从此之后对田婴格外器重。所以，君主的意图、嗜欲一旦显现于外，就会为臣子所了解，拿这个来挟制君主。做领导的要懂得节制，甚至还要放下自己的嗜欲，不能够放纵欲望。

"四曰奢。"

奢就是奢侈。关于这一点，前面讲了很多，"成由勤俭败由奢"，"从俭入奢易，从奢返俭难"。一个人即使荣华富贵了，生活条件好了，也要保持俭约的生活方式，因为这样的生活简单，容易满足，心地清净。所以，古人说"人到无求品自高"。

范仲淹小时候家境非常贫寒，他求学时，每天只能煮一锅稀饭，隔夜这一锅稀饭凝结成块，他把这一锅稀饭划成四个格子，每顿就着咸菜吃其中两格子的稀饭，就这样艰苦求学。他有一位同学是留守（古代一种官职的名称）的儿子，把这件事告诉了他的父亲，他的父亲很同情范仲淹，特意馈赠他很多美味佳肴。范仲淹却把这些美食放在一边，没有食用。过了一段时间，这些美食都腐烂了。留守的儿子看到之后很惊讶地说："我的父亲听说你生活清苦，特意赠给你这些美食，你为什么不吃？"范仲淹说："我并不是不感恩你父亲的美意，但是我吃粥、吃咸菜已经很久了，习惯了，现在突然吃起这些美味佳肴，我怕以后不再能够习惯吃粥的生活。"这就是范仲淹的难得之处，他保持了一种俭约的生活方式，不奢侈浪费，这样生活就容易满足，就可以把心思都用在求学、求道和治国理政上。

上面所讲的这四个字"伪、私、放、奢"，针对的是整个国家的治理，实际上治国和治家的道理是相通的。如果夫妻都不讲真话了，都虚伪、互相不信任、同床异梦，那么，这个家庭的幸福能保证吗？如果家里的每个人都想着自己的私利，每个人的私心都很重，这个家能够和睦吗？如果家里没有家规，从上到下都放纵、奢侈，这个家肯定会败亡。所以，《群书治要》中的智慧是小大圆融，小到修身、齐家，大到治国、平天下，统统用得上。我们看一个家族，或者看一个团队、一个企业、一个国家能否兴盛，就从这四点来看。如果一个家族、一个团队、一个企业、一个国家的人，都能真诚相待，不是虚情假意、只做面子上的功夫，没有私心，处处为他人着想，又有严格的规矩，不放纵自己的欲望，严格要求自己，生活节俭，那么这个家族、团队、企业、国家肯定会兴盛。

十八大之后，习近平总书记提出，要反对"四风"，即反对形式主义、官僚主义、享乐主义和奢靡之风。这"四风"其实就是现代语言诠释的"伪、私、放、奢"这四个字。

第41讲 摒"四患"与反"四风"

形式主义就是虚伪、不真诚,伪才会搞形式。官僚主义就是自私自利的集中体现,升官为了发财、摆阔、耀武扬威,不是为了服务人民,而是让人民服务于我,这才有了官僚主义。享乐主义就是放纵自己的欲望,享乐人生。奢靡之风就是奢侈浪费。"四风"完全和这四个字对应,所以现在社会所出现的问题,古时早已出现了。下面就接着说说"四患"的危害。

"伪乱俗。"

虚伪会扰乱社会风气。比如,商场的礼仪小姐,看似彬彬有礼,但是常常中看不中用,因为一问三不知。孔子说:"巧言令色,鲜矣仁。"她尽给你讲好听的话,目的并不是真正给你提供好的服务,而是想从你的口袋里赚钱。这都是虚伪的引导,不是尽本分,不是发自内心。这样,社会风气就会发生改变,人们会变得见利忘义,乃至于假冒伪劣充斥,人与人之间缺乏信任感,对好人好事都缺乏信任。

"私坏法。"

自私会破坏法令纲纪。法必须公正,古人讲"天子犯法与庶民同罪",这样才能贯彻法律的精神。执法者如果有私心,与自己关系好的人统统不用守规矩,这个社会的正义、法令就乱了。就一个团队而言,团队要有团队的规矩,而且领导者要先守规矩,否则整个团队的规矩就会被破坏。我们经常讲"行有不得者,皆反求诸己",遇到问题谁首先应该承担责任?领导者自己。如果领导者遇到问题都推卸责任,那么整个团队也会"各相责,天翻地覆",遇到问题互相指责,互相挑剔,互相抱怨。

《史记·循吏列传》中记载了一个故事。春秋时期,李离是晋文公手下的法官,他因为误听证词而杀了人,就把自己拘禁起来,以死谢罪。晋文公说:"官有贵贱,罚有轻重。下面的办事人员有过失,这不是你的罪过。"李离说:"我的官位很高,并没有让位于下属;领取的俸禄很多,也没有与下属分利。现在我误听了证词而杀了人,却要怪罪下属,我没有听说过这样的道理。"于是他推辞了晋文公的赦免令。晋文公接着说:"既然你都自以为有罪,那我不也有罪吗?"李离说:"法官也要受法律的约束,判刑失误就要受刑,判死罪失误就要以死谢罪。您因为我能听微决疑,才让我做法官。但是现在我误听了证词杀错了人,这是我的罪过,应当死。"他不接受赦免,以剑自刎而死。从这个故事中可以看到,秉公执法的人,首先要以法律约束自己。职位愈高,所负的责任愈大,就更应该率先垂范、承担责任。

"放越轨。"

放纵会助长越轨的行为。放纵自己的欲望就会逾越礼教,逾越礼教虽然并不犯法,但是礼教一旦被破坏,整个社会就会物欲横流、人欲泛滥。古人把礼比作洪水的堤坝,如果人们认为堤坝没有用而把它废弃,必然导致洪水泛滥,伤害的人一定会很多。所以,古人制礼作乐防患于未然。他们知道,人的欲望一旦打开,就像洪水一样,自己都控制不了自己。

"奢败制。"

奢侈会败坏礼法制度。古人说:"爵一,齿一,德一。"要尊敬有爵位的人,也就是领导者,尊敬上了年纪的人,尊敬有德行的人,这是倡导一种尊贤、敬老、尊敬有德者的风气。而如果没有礼的规定,通过钱就可以提升社会地位,那么,这是在引导一切向钱看、唯利是图,甚至是笑贫不笑娼。

古人设置的制度是为了培养人的德行,让人们愿意做一个有德行的人,使有德行的人受到尊敬,而不是把财放在第一位。如果事事都是金钱至上,以一个人的金钱多少来评价这个人的价值,那就是在引导见利忘义的风气。现代社会之所以出现了食品安全问题、贪污腐败问题,其实就是因为人们为了财富而不择手段。因此,要不断完善制度,引导和鼓励人们向善、向德,使有德行的人受到尊重、得到提拔、受到重用。

"贱财利则不争,不争则强不凌弱、众不暴寡",人们把财利看得很轻,而把仁义看得很重,就不会去争夺财物;不争夺财物,就不会出现以强凌弱、以众欺寡的事情。这是从因果关系上分析问题,从理智上培养起人的向善好德之心。

"四者不除,则政无由行矣",这四者都不除,德政是没有办法施行的。为什么呢?因为民心都在堕落。如果这种情况继续下去,就会"俗乱则道荒",风俗混乱了,道德就沦丧。道德一沦丧,即使天地也不能够保全人的本性。所以,必须赶紧推行伦理、道德、圣贤教育,这样才能够亡羊补牢、扭转乾坤、力挽狂澜。

第41讲 摒"四患"与反"四风"

《老子》中说:"人法地,地法天,天法道,道法自然。"那么天地有什么特点?"天无私覆,地无私载,日月无私照。"天地无私,容载万物。天地很有平等心,所以,人如果接触自然、亲近自然,就能够体会到自然的这种心胸,就能够产生感恩心,自己的心胸也会开阔。

"法坏则世倾,虽人主不得守其度矣",礼法制度被破坏了,整个社会处于无序的状态,即使是君王,也很难坚守这些法度,因为积弊已久,要再扭转就很不容易。

"轨越则礼亡,虽圣人不得全其行矣",常规的礼被超越了,礼义教化也会消亡,纵使圣人来了,也很难维护正道。

"制败则欲肆,虽四表不能充其求矣",没有了礼法的约束,欲望就会横行,而没有任何顾忌。虽然国家土地辽阔,但也没有办法满足人们的欲望和消费。

这些教诲提醒我们,要反对这四种风气,摒除这四种祸患。这也说明,我们今天所遇到的问题,其实古人早已遇到了,不仅遇到了,还分析了它的祸患,指出了解决的方法。

第42讲

仁者无敌，协和万邦

> "仁"是中国人所追求的最高的道德原则、道德标准和道德境界，它包括孝、悌、忠、信、礼、义、廉、耻、仁爱、和平等内容，其中孝悌是仁的基础。具备仁德心的人不会和任何人起对立，并由此致力于和谐世界的构建，这就是"仁者无敌，协和万邦"。

中华传统文化不仅能够治国，而且能够平天下，也就是使天下太平，构建和谐世界。那么中华传统文化是怎样在人的心灵中革除战争的思想观念，筑起保卫和平的屏障的呢？

中华传统文化的根就是一个"孝"字，中国从汉代一直到清朝都是以"孝"来治天下的。"孝"字，上面是"老"字的上半部，下面是"子"字。这个字告诉我们，上一代和下一代是一体的，而不是两个。如果你有两个的观念，孝也就不存在了。而上一代还有上一代，下一代还有下一代，这上一代和下一代自始至终都是一体的。

儒家从纵横两方面讲孝。从纵的方面讲对父母的孝顺，而又把孝推而广之，要祭祀祖先，和祖先是一体的；从横的方面讲兄弟之间的友悌，又把友悌之心推而广之，讲"四海之内，皆兄弟也"。所以，把孝的教育做好了，纵向的人伦关系就和谐了；把悌的教育做好了，整个横向的伦理关系也就处理好了。

孝传达给我们的是一种什么样的观念呢？是一种一体的观念。这种一体的观念树立起来了，人们就能真正认识到，其实我们和万事万物都是一体的，要平等对待，和睦相处。《孟子》中说："尧舜之道，孝弟而已矣。"孟子还提到，其实治天下、平天下非常容易，但是人人都愿意到远方去求，"道在尔而求诸远"，道本来就在近处。人人都能够孝顺父母、友爱兄弟，那么，把这种孝悌之心推而广之，天下自然太平了。为什么呢？因为孝悌之心培养起来的是一个人的仁爱之心。把孝悌之心推而广之，其实就是"竖穷三际，横遍十方"，也就是庄子所说的"天地与我并生，万物与我为一"。"竖穷三际，横遍十方"的东西是什么呢？其实就是人真正的自性。很多人都认为这个身体是我，其实这个身体并不是我。为什么呢？这是因为，如果这个身体是我，那么我想让身体青春永驻，年年十八，不要衰老，但是这是我控制不了的。既然身是我，为什么我又控制不了它呢？这只能说明这个身体是我的身体，其实并不是真正的我。

笛卡尔提出了一个命题，说"我思故我在"，他不认为这个身体是我，认为那个可以思维的是我，所以说"我思故我在"。但是中国人认为，这个能够思考的东西仍然不是真正的我，真正的我是什么样的呢？那就是"竖穷三际，横遍十方"的东西，其实就是整个宇宙万物，那才是真正的自我。所以，当你了解了这个事实真相的时候，你不仅和他人是一体的，和动物、植物是一体的，而且和山河大地是一体的，你怎么可能和别人对立呢？有这种认识的人，我们把他称为"圣人"，就像尧舜禹汤一样，他们达到了仁者无敌的境界。仁者无敌并不是说仁德之人打遍天下无敌手，而是说真正有仁德心的人，他体会到了宇宙人生的真相，明白了"天地与我并生，万物与我为一"，所以他的内心不和任何一个人对立，这就叫"无敌"。既然是一体的，我们怎么还会和人家对立呢？比如我们的牙齿不小心咬到了舌头，舌头会跟牙齿过不去，跟它斤斤计较，并去报复它吗？一个人真正认识到这种一体的关系，认识到这才是宇宙人生的真相，其所作所为自然就会像圣人一样。

圣人和普通人之间的区别是什么？我们看一看舜就知道了。舜被列为二十四孝之首，他的后母、弟弟三番五次要置他于死地，但是舜没有怀恨在心，而总是反省自己做得不够好，没有让父母、弟弟满意。最后他的德行感化了他的后母和他的弟弟，也感化了天下的百姓，所以尧帝把位置让给他。这样的人就是"圣人"。他明了宇宙人生的真相，知道自己和天地万物是一体的，所以他不会记恨别人，不会与人对立。如果别人打我一拳，我就踢他一脚，别人再狠狠地打我一拳，我再狠狠地踢他一脚，这就叫冤冤相报，没完没了。这样，冲突会不断升级，彼此受到的伤害越来越严重，问题却永远解决不了。

中华传统文化的神奇之处就是人与人之间的和谐。中国古人之所以能够协和万邦，使万国来朝，靠的不仅仅是武力的强大，逼迫他国来臣服、朝贡，而是首先把自己的国家治理好，人与人之间相处和睦、谦恭礼让，最后外国人到中国来参观考察，一看非常佩服，愿意向中国学习。这就叫"王天下"。在历史上中国非常强盛的时期，绝不仅仅是经济的强盛，更重要的是文化的兴盛。中国过去被誉为"礼仪之邦"，中国的皇帝被尊称为"天可汗"。"天可汗"就是天底下公认的领导者，他不是凭着武力的强大，干涉别国内政，最后让对方给自己一个封号，而是这些国家心悦诚服地接受中国的领导，愿意学中国的文化，所以就形成了万国来朝的局面，这种局面就是"王天下"。也就是说，把自己的国家治理好，做出一个好榜样，让大家都来学习，都来效仿。

一个真正明了宇宙人生真相的人，就是我们所说的圣人、贤人、真人，他们有一个特点就是确实能够做到"在这个世界上没有我恨的人，没有我不能原谅的人，甚至没有我不爱的人"。这是他必然达到的境界。中国传统的文化、传统的价值观是以孝悌为基础的，对父母能够孝顺，对兄弟能够友悌互助，把这个心向上提升，那就是互爱，也就是《论语》中所说的"四海之内，皆兄弟也"。我们不仅对别人要有关爱的情感，当别人有需要的时候，还要发自内心地给予同情、给予救助。互爱之心向上提升就是互助，也就是《孟子》中所说的"老吾老，以及人之老；幼吾幼，以及人之幼"。而互爱互助之心再向上提升，那就是大同世界，也就是我们现在所说的和谐社会、和谐世界。大同世界是什么样的呢？《礼运·大同》中有如下描述："天下为公"，天下不是一家的天下，是全天下人的天下；"选贤与能"，把贤德的人、有能力的人选拔出来当领导者;"讲信修睦",人与人之间讲求信用,睦邻友好;"故人不独亲其亲,不独子其子",人们不仅仅赡养恭敬自己的父母,不仅仅养育关爱自己的孩子,也同时关爱其他人的父母和其他人的孩子;"使老有所终,壮有所用,幼有所长,鳏寡、孤独、废疾者皆有所养",使老年人得到养老送终,壮年人能够为社会所用,幼童能够得到良好的教育,健康成长,鳏寡孤独等弱势群体都能得到良好的照顾和赡养。这正是我们今天所追求的"中国梦"。

要实现中华民族的伟大复兴,不仅仅是使中国的经济强大,更重要的是把中国优秀的传统文化带给世界,为世界解决诸多的难题提供启示。2014年3月习近平总书记在德国科尔博基金会的演讲中就指出:"中国自古就提出了'国虽大,好战必亡'的箴言,以'和为贵''和而不同''化干戈为玉帛''国泰民安''睦邻友邦''天下太平''天下大同'等理念世代相传。中国历史上曾经长期是世界上最强大的国家之一,但没有留下殖民和侵略他国的记录。我们坚持走和平发展道路,是对几千年来中华民族热爱和平的文化传统的继承和发扬。"总书记的这些讲话,无论是在国内还是国外,之所以都深受欢迎,一个重要的原因就是他对中华优秀传统文化有着深刻的理解和认同,所以经常在讲话之中引经据典,并把这些理念运用到治国理政之中。所以,不读《群书治要》,不了解中华优秀传统文化,就很难深入理解习近平总书记的一系列治国理政的方针、思想,还有这些最新的理念。

中国古人所倡导的是"王天下"而不是"霸天下"的理念。"王天下"就是《大学》中所说的:"古之欲明明德于天下者,先治其国;欲治其国者,先齐其家;欲齐其家者,先修其身……自天子以至于庶人,壹是皆以修身为本。"自己的身修好了,百姓的身修好了,全国人民相处彬彬有礼,和谐和睦,别的国家的人来访问,看到之后自然非常羡慕,愿意向我们学习,这就叫"王天下"。

"汤以七十里之地王天下,文王以百里之壤而臣诸侯",商汤时期商汤的地盘方圆七十里,但是他却成为天下诸侯国效仿的榜样,叫"王天下";周文王所统治的地区也不过百里之地,但是他却使所有的诸侯国都臣服。为什么呢?因为周文王有德行。在周文王还是诸侯的时候,就有虞、芮两国的国君因为田畔产生了争执,他们决定向周文王也就是当时的西伯昌请求裁决。结果他们一进入周文王治理的国境,看到全国上下无不谦让,就很惭愧,不好意思再争执了。他们回去后,各以田畔相让。天下的人听说这件事之后,归附周的有四十多个诸侯国。这些诸侯国之所以臣服于周,就是因为他们为周文王的治理所折服,因而愿意主动向周学习以德义为核心的文化。

《群书治要·淮南子》中说:"今谓强者胜则度地计众,富者利则量粟称金。如此,则千乘之君无不霸王,万乘之国无破亡者矣。国之亡也,大不足恃;道之行也,小不可轻。由此观之,存在得道而不在于大,亡在失道而不在于小也。"意思是说,现在有人认为,只要强大就可以制胜,于是丈量本国的地域、计算本国的人口;有人认为,只要富有国事就顺利,于是热衷于计量储存的粮食、称量金银。如果真是这样的话,那么有千辆马车的君主无不可以称霸诸侯,有万辆马车的大国更是永远不会灭亡。国要灭亡,即使是幅员辽阔的大国,也是靠不住的;而施行王道政治,即使是小小的国家,也不可轻视。由此看来,国家得以存在,是因为有道,而国家之所以灭亡,在于失道,而不在于国家的大小。

从中国的历史来看,中华文化之所以能够对邻邦乃至世界各国产生深远影响,最重要的原因就在于,当外国人到中国来参观考察之后,看到五伦关系和谐、稳定,社会安定,国家治理得井井有条,于是非常羡慕,所以把中国誉为"华夏之族""礼仪之邦",才心甘情愿地来学习,接受中国人的文化,接受中国人的领导。这种"王天下"的传统,和当代西方列强所奉行的"霸天下"的传统完全不同。中国人自童蒙教育时期就明白"势服人,心不然;理服人,方无言"。你用权力强势去压服人,别人表面上不敢反抗,却不是真心服从;你从礼仪、道德上让人服气,那才能令人心悦诚服。明朝时郑和下西洋,他带领了世界上最强大的舰队,每到一个地方,带给那里的国家和人民的是茶叶、丝绸、瓷器,是先进的造纸术和造船术,没有侵占别的国家一寸一尺的土地。所以直至今天,郑和仍然受到东南亚人民乃至世界人民的崇敬和纪念。例如,在马来西亚有很多的郑和庙,人们以此纪念他给他们带去的文化和智慧。

英国著名的历史哲学家汤恩比先生在《未来属于中国》这一本书中指出,未来的国家、未来的世界要统一,必须依靠中华文化,因为中国在历史上有长期统一的历史,也有长期统一的经验、方法和制度。这个统一不是靠武力的统一,而是靠文化的统一。中国文化为什么能够给世界带来和平、和谐呢?一个重要的理念就是和而不同。这就像我们的大花园,五彩缤纷的花凑在一起让大家觉得美不胜收,如果这个花园只剩了一种花、一个颜色,大家就会觉得很单调、很乏味,这就叫和而不同。再比如我们奏乐的时候,乐队有不同的乐器,但是它们合奏形成的是同一首乐曲,听了之后让人感觉很和谐。如果只有一种乐器或者一个音符,那种和就体现不出来了。正是因为有这样一种理念,中国历史上才能把来自不同民族、不同文化背景,甚至不同宗教信仰的人完美地团结在一起,组成一个大家庭,大家在一起像兄弟姐妹一样友好相处。

汤恩比先生认为,能够真正解决 21 世纪社会问题的,唯有中国的传统文化。他从文化的角度研究历史,非常审慎地研究了各个国家的文明发展史,在这个基础上,才得出了这样的论断。这说明什么呢?这说明,他对中华文化的认识是出于深刻的理解和深入的研究。我们也相信,如果中华文化果真被世界各国所接受,那么它带给世界各国的一定是和谐、和平与和合,而不是灾难、战争与侵略。

结语
传统文化如何学习？

当今时代，人们对中华传统文化愈来愈感兴趣，想深入学习传统文化，那么，怎样学习传统文化呢？学习传统文化的关键，就是要能够重新认识传统文化，对传统文化有信心，对古圣先贤的教诲不心存怀疑。如果心存怀疑，恭敬心就树立不起来了。孔子说，他一生"述而不作，信而好古"，孔子的这种求学态度值得我们学习。什么叫"述而不作"呢？这是对古圣先贤的教诲非常崇敬，而不夹杂自己的意思在其中。这是不傲慢，是谦卑，"谦则受教有地，而取善无穷"。

我们为什么会对古圣先贤的教诲有信心呢？因为古人所讲的道理，都是恒常不变的规律。这个规律就像太阳从东方升起从西方落下一样，自古至今都是如此，也就是天不变，道亦不变。圣贤经典所记载的，就是这个道，这个道就是自然而然的、恒常不变的规律。古代如此，今天也如此。

对古人有信心的另一个原因，就是古人的心地比现代人更加清净。现代人心浮气躁，也沉淀不下来，所以所体悟的没有古人深刻。不要认为科技发展了，时代进步了，我们现代人就比古人更聪明、更有智慧。

为什么圣贤文化到今天还不过时？根本的原因就是，它是古圣先贤自性的流露，而圣人的心性和我们凡人的心性、古人的心性和我们现代人的心性是"一"不是"二"，所以它不会过时。古圣先王不是一般人，都是"明明德"的人，都已经明心见性。他们是依照性德来待人接物、治国平天下的，怎么可能过时呢？这些性德的流露，也就是说这些经典的道理，是超越时空、亘古不变的。

"信而好古",就是不怀疑圣贤人的教诲。如果我们也回归真心,开启自性的明德,定然也能体会到他们的境界。现在我们还没有达到那个境界,就像圣贤人站在二十层,而我们只站在二层,看不到圣贤所看到的境界。

六经之首是《周易》,我们通过《周易》的三个含义来看一看中国古人是怎样理解创新的。

《周易》的第一个含义,就是"易"的意思,这个就是恒常不变的道,或者是本体,或者说是规律。这个规律是不变的、不易的。

第二个含义,就是变易、变化。它告诉你世间的现象是变化莫测、变幻无穷的,所以我们要懂得与时俱进,这样才能不抱守残缺。只有掌握了那个不易的、不变的规律的人,才有资格谈创新。

《周易》的第三个含义,就是简易、简单的意思。中国人讲大道至简,真正深刻的道理一定是以非常简单的方式表达出来的。中国古圣先贤做学问的方法是把复杂的问题简单化,以利于在场的每一位听众。孔子说"朝闻道,夕死可矣",说明这个"道"非常深奥,对我们的人生意义很大。

老子对"道"有一个描述,他说:"上士闻道,勤而行之;中士闻道,若存若亡;下士闻道,大笑之。"这句话的意思是说,上等的人听到了这个"道",立刻能够体悟、接受,马上就在生活中力行、实践。中等的人听了之后会半信半疑,有点相信,觉得有道理,但是它和我们大众所奉行的又不一样,所以他有点犹豫不决。"下士闻道,大笑之。"下等的人听到了这个"道",觉得这个"道"太离谱了,离我们的现实太远了,讲这个有什么用,于是哈哈大笑。最后一句说得更好:"不笑不足以为道。"如果你讲的这个东西大家都能够接受,都鼓掌欢迎,都认可,都赞叹,没有人笑话,那么这个东西就不足以成为"道"了。

从老子的这一段话中可以看到,圣人所体会的"道"确实非常深奥,不是一般人都能够理解和认可的。

孔子采取了一种比较平易的方式来教导弟子,他把很深奥的道理变得非常简单,也就是说,这个弟子的水平有多高,他就给他讲多高深的话,让他能够接受、能受益。他给弟子讲"道",弟子听不懂,他就给弟子讲"得";讲"得"还听不懂,他就讲"人";讲"人"还是听不懂,他就讲"孝悌忠恕"。

总之，要有益于来提问的弟子。所以，当弟子向他请教什么是"孝"时，他的回答是不同的。为什么不同呢？其实都是针对他弟子不同的毛病、习气，还有当时的境况来回答的。他的回答对弟子的修身、境界提升一定是有帮助的。

现在很多人做学问的方法恰恰相反，是把简单的问题复杂化，以此来炫耀自己学识丰厚。他知道很多你不懂的东西、你不懂的理论，但是讲完之后，你都听不懂，又怎么能从中受益呢？

《周易》这一名三义告诉我们，时代是变化莫测的，要懂得与时俱进。《论语》中孔子说，礼仪也是随着时代的不同而有所增加、有所减少、有所损益的，但是，礼的精神是不变的。要抓住精神，学习精神，这就是"不易"的道理。只有掌握了"不易"的道理的人，才知道什么可以损，什么可以易，什么可以增加，什么可以减少。从这个意义上说，我们就不能够不学《论语》，不能够不学古圣先贤的智慧，目的是掌握那个普遍的道。

要想弘扬或者是深入学习传统文化，必须具备两个条件，扎两个根。第一，就是德行的根；第二，就是文字学的根。德行的根，可以通过学习《弟子规》《太上感应篇》《十善业道经》来扎好。如果德行的根没有扎得很深，就不能够叶茂，遇到外界的风一吹，就可能被连根拔起。风指的是什么呢？就是名闻利养。如果给你高官厚禄、很大的名声，你看你的心会不会动。很多人没有这个根基，微风一吹都受不了，更何况是高名厚利呢？很多人在财色名利的诱惑下，把持不住自己，因此，童蒙养正的根基特别重要。

第二个根，就是文字学的根。四大文明古国只有中国延续至今，得益于我们中华民族独特的汉字，它集音、形、义于一体，现在我们仍然可以从很多文字中看到远古先民的生活信息。

以汉字为载体的文言文是古人创作的书面语言形式，它记载着中华民族古老的物质文明和精神文明。而汉语文字意义和语法的相对稳定性让我们能跨越千年的时空，和古圣先贤对话，汲取他们的经验和智慧。学好文字、学好文言文，就是我们通向中华传统文化的唯一桥梁。

那么文言文应该怎么学习呢？文言文的学习方法很简单，就是背诵。你能够背诵五十篇的文言文，就看得懂文言文；你背上一百篇的文言文，就能够写文言文。而背诵对儿童而言，是一件轻而易举的事，因为孩子的记忆力最好，很多东西他只要读上几遍，就能够倒背如流。在他记忆力好的时候，充分发挥他记忆力好的特点，让他多读诵圣贤经典，并根据他的理解力进行不同程度的讲解。

学习传统文化还有一个方法，那就是古人说的"读书百遍，其义自见"。"自见"就是开悟。因为书读了一百遍，你的心就定下来了。读书百遍，那是手段，让你把心定下来才是目的。你又记诵了一些内容，那都是副产品，而不是根本的目的。

怎样开启你的明德呢？明德是自性本具的，要因戒得定，因定开慧。读书百遍，就是老师给你的戒律，让你学习的方法。你通过这个方法把心定下来，你的智慧、明德自然就开启了。你通过读书的方法把心定下来，这时，你和圣人的心性是相通的，而这些书都是圣人心性的流露，你又怎么会看不懂呢？所以，你读一遍还不懂就读两遍，两遍还不懂就读三遍，每读一遍，你对书的体悟都是不一样的，因为你的定力越来越深了。"一门深入，长时熏修"，你的"戒定慧"也就越来越圆满，这样，离明心见性、"明明德"也就越来越近了。

再比如，我们挖井，挖了一点，没有挖出水，就换一个地方再挖，又没有挖出水，再换一个地方继续挖，仍然没有挖出水。如果我们选定了一个地方，一直深入挖下去，就一定能够挖到水。所以，"一门深入"也是在培养一个人的定功。

为什么要"长时熏修"呢？因为我们的习气非常重，不经过长时的熏修很难改正。特别是一个人心性的提升，不是说听了几次课、念了几篇文章就能够实现的，而必须经过长时的熏修，不断提醒，不断砥砺练心。只有这样，才能够进入圣贤的境界。这是我们学习传统文化应该遵循的方法。